国家社科基金
GUOJIA SHEKE JIJIN HOUQI ZIZHU XIANGMU
后期资助项目

创新驱动战略下的财税政策
激励效应与优化研究

陈旭东　等著

中国财经出版传媒集团

经济科学出版社
Economic Science Press
北京

国家社科基金后期资助项目
出版说明

  后期资助项目是国家社科基金设立的一类重要项目，旨在鼓励广大社科研究者潜心治学，支持基础研究多出优秀成果。它是经过严格评审，从接近完成的科研成果中遴选立项的。为扩大后期资助项目的影响，更好地推动学术发展，促进成果转化，全国哲学社会科学工作办公室按照"统一设计、统一标识、统一版式、形成系列"的总体要求，组织出版国家社科基金后期资助项目成果。

全国哲学社会科学工作办公室

前　言

党的十八大明确指出"科技创新是提高社会生产力和综合国力的战略支撑，必须摆在国家发展全局的核心位置"，确立实施创新驱动发展战略。党的十九届五中全会又明确提出，要坚持创新在我国现代化建设全局中的核心地位，把科技自立自强作为国家发展的战略支撑。全会提出了到二○三五年基本实现社会主义现代化远景目标，要在"关键核心技术实现重大突破，进入创新型国家前列"，这是我们党在编制五年规划建议历史上第一次将创新引领摆在各项规划任务的首位并进行部署，强调深入实施科教兴国战略、人才强国战略、创新驱动发展战略，完善国家创新体系，加快建设科技强国。党的二十大报告中进一步强调要加快实施创新驱动发展战略，"必须坚持科技是第一生产力、人才是第一资源、创新是第一动力"。这些战略安排就是要在确保创新在我国现代化建设全局中的核心地位的基础上，充分发挥科技在中华民族伟大复兴战略全局中的支撑引领作用。坚持创新的核心地位必须以"强化国家战略科技力量"为支撑、以"提升企业技术创新能力"为路径、以"激发人才创新活力"为核心、以"完善科技创新体制机制"为保障。

当前，我国已经开启全面建设社会主义现代化国家新征程，科技创新在党和国家发展全局中具有十分重要的地位和作用。根据历年《中国统计年鉴》的数据，从 2012 年提出创新驱动发展战略起，经过十多年的发展，我国科技投入大幅提升，全社会研发经费从 2012 年的 1.03 万亿元增长到 2022 年的 3.08 万亿元，居世界第二位；研发强度从 2012 年的 1.91% 提高到 2022 年的 2.54%，接近经合组织（OECD）国家的平均水平；2022 年基础研究经费是十年前的 3.9 倍，达到历史最高值……如今的中国，万里苍穹有"嫦娥"奔月、"北斗"指路、"天和"遨游星辰、"羲和"逐日，神州大地之上有复兴号列车奔跑……科技创新引领经济社会发展，中国在迈向高质量发展的道路上走得更加从容。但在成绩面前，我们也要清醒认识到，我国科技创新在原创能力、高端人才、关键核心技术等方面还有不少短板弱项，既要抓住重要发展机遇，也要应对一系列风险挑战。

财政居于"国家治理的基础和重要支柱"的特殊地位，财税政策在创新驱动中大有可为。随着 2016 年《国家创新驱动发展战略纲要》的颁布，中央和地方都提出加大财政科技经费投入力度、优化投入结构、创新财政科技投入方式等财政支持措施。我国经济已由高速增长阶段转向高质量发展阶段，政府如何配置创新资源、提高财政资金使用效率、发挥财税政策引导激励效应仍是迫切需要关注的问题。本书立足于当前创新驱动转型关键时期，全面评价政府财税科技政策效应、提升财税政策促进科技创新的有效性、逐步构建适应创新驱动发展的财税政策保障体系，这对于我国优化科技创新治理体系、跻身创新型国家前列、实现经济高质量发展具有深刻现实意义，同时对于当前科技创新财税政策的梳理与实施效果分析也为 2021～2035 年的中长期科技发展规划政策制定提供了理论与实践依据。本书主要内容如下：

第一篇：创新驱动战略下财税政策概述。

本篇研究：一是分析我国创新体系存在的问题，包括基础研究投入相对较少、企业创新能力不足、政府财政科技资金使用效率低下等，并在问题剖析基础上提出破除创新体系困境的关键在于：保障基础研究投入规模力度、建立引导企业研发投入激励机制、创新市场方式配置财政科技资金；明确财税科技政策促进创新的政策目标，即注重综合运用多种财政政策工具，实现科技创新投入端的有效供给和产出端的有效需求；兼顾多种税收政策工具，提供创新各环节差异性、实质性、引导性激励机制。二是对财政科技支出政策、科技创新税收政策进行更加细致的统计、分类、梳理，一方面便于总结政策设计特征及其存在的问题，另一方面为后文政策效应实证分析及提出政策优化建议奠定基础。

第二篇：财政政策与创新创业。

创新驱动发展应该关注创新系统全链条。对处于基础研究、技术研发、科技成果转化、产业化及商业化各阶段的创新活动，政府与市场要合理分工、因实施策。本篇财政科技支出与创新创业关系研究中，以财政科技支出规模、结构、效率为研究对象，依据创新不同阶段特征，建立激励理论分析框架，揭示不同财政政策工具作用机制及实际作用效果。具体重点工作：一是利用线性规划、参考熊彼特增长等理论构建增长模型，从国家层面和省级层面研究财政科技支出结构的最优组合及其对创新绩效影响。二是在激励理论框架下，考察财政科技政策对企业激励效应，研究政府补助对科技创新类企业经营绩效的作用机制。三是在实施创新驱动发展战略背景下，考察财政科技政策和政府引导基金对创业活动的影响。

第三篇：税收政策与科技创新。

税收政策是激励企业科技创新的常用工具之一，具有较强的导向作用。由于存在高科技企业投入大、回报周期长、企业研发费用归集认定复杂等问题，本篇进一步分析企业享受税收优惠政策对科技创新的作用机制。本篇重点工作：一是与绿色发展要求相结合，研究环保税对企业技术创新的激励效应，旨在使环境保护税真正服务于绿色发展、促进企业的技术创新。二是进行财税政策的对比分析，分别将财政补贴与税收优惠纳入统一研究框架，研究不同财税政策对企业研发激励效应的差异，进而提出政策协调方案、实施差异化政策驱动企业自主创新。

第四篇：财税政策与区域科技创新。

当前我国创新发展出现地区发展不平衡，大量科技资源、科技型企业集中于北上广深，而国家创新驱动发展是系统创新，离不开各地区共同参与、协同并进，因此财税政策支持区域创新体系建设的研究成为热点。为研究地方政府参与区域创新系统建设效果，本篇重要工作：一是选取典型调研地区研究区域协同创新，京津冀协同发展的一项重要内容是协同创新共同体建设，因此建立科技创新协同视角，对区域科技创新协同中的财税政策进行评价并借鉴国内外先进地区科技创新协同经验，提出有针对性、加快区域协同创新发展的财税对策建议。二是研究一种政府和市场相结合的财政政策工具——政府引导基金与区域企业创新，分析在市场化运作方式下引导企业创新和推动产业转型升级的具体实现路径。三是基于依靠科技创新实现稳增长和防风险的长期均衡要求，研究地方债务与区域创新之间的均衡关系。

本书使用了以下研究方法：

第一，调查研究法。为获取科技创新在实践中的信息资料，本课题组进行大量实践调查，选取典型地区和企业进行走访调研。课题组与天津、北京、上海、深圳、济南、青岛、苏州、合肥、石家庄等地的财政、税务、招商、科技委员会多部门座谈研讨，了解财税科技扶持政策现状及存在的问题，为全面了解科技政策在不同经济环境和政策环境下的激励效应奠定基础。课题组先后走访全国各地多家企业进行了实地调研，既选择不同规模、不同行业的科技企业，也重点关注在新能源、人工智能等科技创新的前沿领域中有较大研发投入力度的企业，这些企业较好地代表了科技型企业对财政扶持政策的需求，有助于了解企业创新过程中面临的困难及对财税科技政策的需求。基于大量实地调研，本课题组凝练出全书研究内容，使研究内容更具有现实意义。

第二，文献研究法。搜索大量的国内外经典文献，并梳理、归纳、提炼出近些年来学者、专家们对财政科技投入激励企业科技创新问题的主要思想和精华，同时搜集了一些财税政策与企业科技创新之间关系的文献，并且阅读了相关的经典著作。通过对文献的梳理，本书一方面吸收了其中的部分观点和思想，另一方面也提炼出已有研究尚未触碰的领域，并在书中进行深入分析。

第三，规范分析和实证分析相结合。本书首先界定清楚基础概念，再通过梳理、总结相应的基础理论作为本书的理论支撑。其后通过研读、梳理大量相关文献对不同财政投入形式激励企业科技创新的效应进行理论分析并进行比较，形成规范的研究问题方法。本书选取利用国家宏观统计数据、政府信息公开申请数据、创业板上市企业和新三板挂牌企业等相关数据，在进行相关描述性统计的基础上，运用实证模型分析各种财政补贴形式影响企业科技创新的效用，验证理论分析的结论，从理论分析和实证结果中总结和分析激励效应的差异，并寻找有助于提高财政科技投入效率的方式和对策。

第四，比较分析法。本书主体篇章分别研究财政科技支出、税收政策与创新创业，第二篇和第三篇从多角度研究了财税政策的效应，便于整体对比分析不同政策手段的效果。为更好探索政策落地实施效果，本书个别章节将不同政策手段纳入统一研究框架，试图对比分析其对企业科技创新的影响效应，比较分析中发现各财税政策的优劣，便于进一步调整和优化。

本书是天津财经大学陈旭东教授主持的国家社会科学基金后期资助项目（编号：20FJYB004）的最终成果，全部研究历时三年，在陈旭东教授及所带领的青年教师和研究生团队数次调研、讨论的基础上撰写完成。全书写作分工如下：前言部分和全书框架由陈旭东教授拟定，第1章（刘畅），第2章（刘畅），第3章（刘畅），第4章（刘畅、李璟），第5章（王雪滔、王芳），第6章（穆雪迎），第7章（刘畅），第8章（刘畅），第9章（王雪滔、董凤），第10章（郭青华），第11章（王誉），第12章（杨硕），第13章（杨硕），陈旭东教授全程参与部分文字撰写并最后统稿。

　　本书主要参加人刘畅博士现为天津外国语大学国际商学院讲师，王誉博士为天津商业大学经济学院讲师，杨硕博士为青岛市社会科学院助理研究员，王雪滔博士为天津社会科学院助理研究员，郭青华为天津商业大学经济学院讲师。

目　　录

第三篇　税收政策与科技创新

第一篇

创新驱动战略下财税政策概述

第1章 绪 论

科技是引领发展的第一动力，是建设现代化经济体制的战略支撑。2012 年，党的十八大明确提出实施创新驱动发展战略；2015 年，党的十八届五中全会提出五大发展理念——"创新、协调、绿色、开放、共享"，把创新摆在国家发展全局的核心位置；2016 年，"十三五"规划纲要提出要实施创新驱动发展战略，把发展基点放在创新上，以科技创新为核心，以人才发展为支撑，推动科技创新与大众创业、万众创新有机结合，塑造更多依靠创新驱动、更多发挥先发优势的引领型发展。2016 年发布的《国家创新驱动发展战略纲要》提出国家创新"三步走"：到 2020 年进入创新型国家行列，基本建成中国特色国家创新体系；到 2030 年跻身创新型国家前列，发展驱动力实现根本转换；到 2050 年建成世界科技创新强国，成为世界主要科学中心和创新高地。2021 年"十四五"规划和 2022 年党的二十大报告均提出坚持创新在我国现代化建设全局中的核心地位。通过深入实施科教兴国战略、人才强国战略、创新驱动发展战略，我国科技事业发生了历史性、整体性、格局性变化，已成功实现 2020 年的"第一步走"，已经进入创新型国家的行列。

政府加强相关财税政策落实是推进科技创新发展的重要保障。从财政支出方面看，2006 年我国颁布《国家中长期科学和技术发展规划纲要（2006－2020）》，提出创建创新型国家的战略目标，随后实施的若干配套政策要求各级政府把科技投入作为预算保障的重点，在 2006 年中央财政科技投入实现大幅度增长的基础上，"十一五"期间财政科技投入增幅明显高于财政经常性收入增幅。为促进科技进步，我国 2007 年公布《中华人民共和国科学技术进步法》，明确国家财政用于科学技术经费的增长幅度应当高于国家财政经常性收入的增长幅度。在国家如此重视科技投入政策指引下，我国政府不断加大对科技创新的财政投入力度，从国家总体规模看，出现大幅度稳定增长，国家财政科学技术支出从 2007 年的 2114 亿元飞跃到 2022 年的 11128.4 亿元，约增长了 4 倍。① 从税收优惠方面看，长期以来对小型微利企业、高新技术企业实行优惠税率，企业用于技术更新的固定资产可适用加速折旧政策，为更大力度鼓励企业研发，2017 年 5 月 2 日出台新政策将科技型企业研发费用的加计扣除比例从 50% 提升至 75%；2018 年 5 月 1 日起允许符合条件的研发企业在一定时期内未抵扣完的进项税额予以一次性退还；2022 年 1 月 1 日起为了进一步支持科技创新，鼓励科技型中小企业加大研发投入，科技型中小企业研发费用的加计扣除比例从 75% 提升至 100%，各种减税优惠税收举措大大促进了市场创新活力。新时代创新驱动战略实施背景下必然对政府加大财政科技经费投入力度、优化投入结构、创新财政科技投入方式及税收优惠手段等财税创新保障措施提出更高要求，因此本书为适应当前创新驱动战略下优化财税政策的需求而进行深入研究。

1.1 选题意义

本书致力于研究各种财税政策支持创新的作用机制和激励效应，具有理论方面和实践方面的双重意义。理论方面，着重探索财税手段对创新创业的激励机制，以及激励效应的差异。实践方面，探索财税政策支持创新实现的优化途径，助推创新驱动战略的有效实施。

1.1.1 理论意义

丰富财税政策与科技创新之间关系的研究。从财政政策角度出发，探讨财政科技支出中基础研究与应用研究的最优结构，不同财政支出对科技创新及创新创业的激励效应差异性；从税收政策角度出发，研究环境保护税的征收对科技创新的效应。

量化比较了不同的财税政策与科技创新的关系。将财政政策和税收政策纳入统一研究框架，研究不同财税政策对企业研发激励效应的差异，进而为协调科技财税政策驱动企业自主创新奠定理论基础。

突破传统科技财税政策工具探讨对区域创新的效应。区别于财政直接科技支出与税收科技优惠，政府引导基金和地方政府债务也具有财政政策

---

① 数据来源于历年《全国科技经费投入统计公报》。

属性，探讨其对科技创新的作用机制，为构建激励科技创新的财税政策全貌提供理论依据。

1.1.2　现实意义

鼓励企业了解政府资助政策，便于进行创新决策。企业是创新活动的主体，在创新投入环节，清晰的科技财政资助政策有助于降低企业资金压力与创新的失败风险；在创新产出环节，清晰的科技税收政策有助于企业提高自主创新能力和盈利能力。

为政府决策提供建议，增强科技财税政策使用效果的科学性。通过分析不同财税科技政策对企业科技创新投入与产业、创新创业活动及区域创新的效应，为政府制定科学有效的财政政策和税收政策提供现实证据，提高财政科技资金使用绩效。

1.2　国内外研究综述

自亚当·斯密（1776）在《国富论》中对创新和经济增长的相互作用进行研究后，各国学者展开了对科技创新作用的深入研究。其中，财税政策作为激励科技创新的重要工具，在促进科技发展上发挥着至关重要的作用，也引起国内外学者对财税政策对科技创新激励效应的研究。

1.2.1　国内研究综述

1.2.1.1　公共政策对企业科技创新的促进作用

政府在创新能力建设中的作用角色和政策制定问题一直是关注的焦点，在我国大力深化科技体制改革背景下，公共政策更是成为政府推动科技创新的重要工具手段。胡志坚和冯楚建（2006）认为发达国家及一些新兴工业化国家和地区通过制定和实施科技政策促进了科技进步与创新，着重介绍了国外在制定和实施的各类科技支持政策，包括科技投入政策，促进企业研发投入的财税政策、金融政策、政府采购政策、知识产权政策及科技人才政策等。周文和和郭玉清（2007）扩展了研发创新和资本积累共同驱动的内生增长模型证实了政府采取公共政策支持企业研发创新的必要性，并指出政府可以使用研发补贴、减税、直接提供资助等方式，但激励效果会不同。王汉新（2014）认为公共政策在促进新能源技术创新方面起到重要作用，并从税收优惠、政府采购、政府财政资助等政策手段说明了公共政策对新能源技术创新的作用途径。周海涛和林映华（2016）构建政府支持企业科技创新的"市场需求—能力供给—环境制度"结构框架，从政府角色定位、政策选择、支持对象、支持手段、资助方式五方面提出构建思路。总体来看，各国在促进科技创新的过程中，政府常用的两类公共政策手段包括建设有利于创新的制度环境与发挥财政投入职能，其中国家的财政政策起着直接而关键的作用。胡卫（2008）指出大多数国家通过财税政策导向，作用于科技创新的各个环节，进而促进科技创新。曲顺兰和路春城（2007）采用实证模型得出在我国现有经济水平和科技环境下，对于企业科技创新的激励效果而言，直接的财政资金扶持比税收优惠政策更好。在大力发展服务经济、创建创新型国家背景下，韩霞（2011）指出要发挥财政资金的引领和导向作用，强化税收政策对创新的激励效应。康志勇（2018）研究发现政府科技创新资助对企业新产品创新能力的提升具有积极的促进作用，但基于中国现阶段的各种外部制度环境和企业自身条件，这种促进作用的发挥具有一定的滞后性和持续性。

综上所述，多数学者指出公共政策之于科技创新的重要作用，但在具体政策手段效果上存在一些争议。公共政策的落地实施依赖于社会环境以及政策实施主体、实施对象的客观条件，因此研究关注点应随着环境条件变化寻求更优政策手段。

1.2.1.2　财政科技支出对企业创新影响效应研究

政府对创新活动进行财政支持以克服因创新活动外部性导致的市场失灵已成为经济学的共识，实践中各国政府也积极为实现技术创新采用各种财政激励政策，但关于政府财政科技投入对企业创新的影响却存在诸多争论。

有些学者认为政府财政科技投入具有"激励效应"或"挤入效应"，政府利用财政手段配置创新资源有利于降低私人研发成本，缓解研发周期长、不确定性高的早期创新项目风险，弥补创新导致的私人收益小于社会收益的差距。姚洋和章齐（2001）讨论 R&D 投入主体中，企业应承担主要责任，政府承担为企业提供资金自主或信贷支持的责任。程华等（2009）认为对企业科技创新进行补贴，有助于带动经济发展结构与方式的形成和转型，除此之外还应对科研院所和事业单位提供财政科技补贴。朱云欢和张明喜（2010）认为为弥补 R&D 活动的外溢效应和研发风险，政府可以使用财政补贴政策来弥补创新外部性，降低企业失败风险成本，激励企业进行自主研发。郭晓丹等（2011）研究发现政府补贴和企业R&D 支出之间不是单纯互补或替代的联系，政府补贴有助于促进企业增加 R&D 投入，同时还会产生溢出效应。很多实证结论使用不同企业进一步验证了财政投入对企业创新投入的正向激励效应。朱平芳、徐伟民（2003）以上海市行业面板数据为研究对象，得出政府补贴对大中型企业的企业创新投入的激励效应更为显著，且激励效果与政策的稳定性相关。解维敏等（2009）以上市企业相关数据进行实证分析，认为政府有必要对企业进行政策和资金支持来激励企业进行 R&D 活动。白俊红（2011）以行业面板数据验证政府补贴的激励效应，且存在企业规模、行业情况等异质性。顾群等（2016）利用深圳证券交易所 2008～2013 年上市高新技术企业的数据证实财政补贴对高新技术企业的创新投入具有正向促进作用，在对创新模式的影响中，财政补贴对企业探索式创新激励效应更明显。

但政府财政科技投入对企业创新影响并不总能达到政策制定的初衷，一些学者认为政府公共研发投入的增加会增加全社会对创新资源的需求，提高创新资源价格，带来企业自主创新成本上升，进而降低企业研发投入的积极性，因此认为政府财政科技投入对企业创新没有影响甚至产生"抑制效应"或"挤出效应"。安同良等（2009）通过建立企业与 R&D 补贴政策制定者之间的动态不对称信息博弈模型，研究表明在政策制定者信号甄别机制缺失或失效的情况下，企业所释放的虚假信号很可能达到欺骗政策制定者的目的，从而严重削弱政府 R&D 补贴的激励效应。梁莱歆等人（2009），吕久琴和郁丹丹（2011）及吴剑锋和杨震宁（2014）均得出同样的结论。肖兴志和王伊攀（2014）还发现企业通过寻租等社会资本投资与政府机构建立起良好关系，更有助于企业获取政府补贴，充实利润，投入社会资本的企业获得的政府补贴额度要比不投入社会资本的高出一半，而且在一定条件下，政府补贴会扭曲市场配置资源，破坏了市场正常的竞争秩序，不利于创造公平竞争环境促进企业的科技创新。黎文靖和郑曼妮（2016）研究指出财政科技投入的负面影响包括政府创新补贴政策有可能面临企业的"迎合"行为，从而引致低质量策略性创新。吴非等（2018）的研究指出财政 R&D 补贴也可能挤出企业创新融资需求，最终不利于企业开展创新研发活动。

可见，科技创新相关文献对政府财政投入究竟是激励效应还是挤出效应并未有定论，一些文献还研究了财政科技投入对创新影响的"混合效应"。李苗苗等（2014）指出在一定区间内财政政策对企业 R&D 经费投入和企业技术创新能力影响是积极的，超过一定范围则产生抑制作用，建议政府财政支持应设置适当的门槛。毛其淋和许家云（2015）实证研究发现政府财政适度的补贴才能显著激励企业创新，随着"适度区间"下降政府应动态调整补贴规模与范围，以更好地发挥财政补贴对创新的激励作用。周明和吴翠青（2017）也发现了政府补贴强度对企业科技创新活动的影响呈"U"型。王丰龙等（2017）研究表明政府财政科技支出对企业创新产出的影响不显著，但是对东部地区和大城市有显著的推动作用，因此政府财政资源应有所聚焦，集中投入有发展的优势地区。童锦治等（2018）使用 2012～2016 年中国上市公司数据，研究表明财政补贴对企业研发创新的激励效应具有差异性，具体体现在：对成熟期企业比较显著、对成长期和衰退期企业不显著；对成熟期的非国有企业、高科技企业、非制造业企业和非垄断企业比较显著；对其他类别的企业不显著。

财政科技投入可以说是创新的关键引擎，但基于诸多因素影响，其"挤入""挤出"争论不休，并未有定论。总结起来大致可以分为三种观点：（1）激励效应论。认为财政政策有利于降低企业 R&D 投入成本，满足企业进行科技创新活动的资金需求，促进企业增加 R&D 投入。（2）挤出效应论。在市场容纳科技创新资本或资源一定的情况下，政府增加R&D 投入，就意味着挤出了社会或者企业的科技创新 R&D 投资。（3）激励效应与挤出效应并存论。认为存在最优财政补贴规模，随着财政补贴规模的不断增加，财政补贴对企业科技创新的作用由激励效应转化为挤出效应。实证分析出现分歧的主要原因是数据获得的渠道以及采用的模型不一致，研究结果难有代表性和稳定性，仍待进一步提高。

1.2.1.3 税收优惠与财政补贴激励效应的差异性研究

近些年国内关于税收优惠与财政补贴对创新的影响效应已进行了颇为丰富的研究。税收优惠与财政补贴两种激励方式各有特点，存在诸多差异。戴晨和刘怡（2008）通过实证模型发现税收优惠比财政补贴对企业 R&D 投资具有更强的激励作用，提出以税收优惠为主、财政补贴为辅的激励政策。冯发贵和李隋（2017）运用非平衡面板模型考察受产业政策扶持的企业，也发现税收优惠政策显著改善了企业的业绩，财政补贴政策作用不显著。张帆和张友斗（2018）的实证研究论证了财政补贴的政策效应整体上小于税收优惠的政策效应，在增加企业研发投入上税收优惠政策有更强的挤入效应。江静（2011）认为政府直接补贴和税收优惠对不同所有制类型企业的创新活动激励具有差异性，建议对内外资企业以统一公平的税收优惠为主，使用财政直接补贴企业研发时，应以内资企业为主，减少对港澳台和外资企业的直接补贴。柳光强等（2015）利用上市公司的微观数据分析了税收优惠和财政补贴对信息技术、新能源产业发展的激励效应，发现对不同产业、同一产业来说两种政策工具均有明显差异，并求解出使政府投入达到最高效率时税收优惠与财政补贴的最优比例。柳光强（2016）进一步考虑信息不对称视角下税收优惠、财政补贴两种政策激励效应的差异性，指出应根据特定领域或产业的特殊性出台相应的政策，明确两种政策工具不同的激励目标。在两种政策工具对创新投入的影响方面，陈远燕（2016）基于 20 万户非上市公司的企业数据，实证分析发现我国财税政策能够激励企业研发投入，并且财政补贴政策比税收优惠更有效。储德银等（2016）基于上市公司微观数据得出类似结论，研究发现财政补贴与税收优惠能够产生正向激励效应，并且对战略性新兴产业企业研发费用投入的激励效果要优于人力资本投入，两种政策对研发费用投入的激励效果基本相同，但税收优惠对人力资本投入的激励效果并不显著。在两种政策工具对创新产出的影响方面，储德银等（2017）利用战略性新兴产业上市公司微观数据实证研究发现使用税收优惠、财政补贴政策激励企业增加专利产出的效果并不显著。财政补贴政策产生的间接效应显示：通过企业研发费用投入所传导的间接效应会抑制专利产出，通过人力资本投入所传导的间接效应会显著激励企业专利产出。税收优惠政策产生的间接效应显示：通过人力资本投入所传导的间接作用不利于增加企业的专利产出，企业研发费用投入的间接作用有显著的激励效应。陈远燕等（2018）以高新技术上市公司为研究对象，实证研究发现对企业专利授权数量而言财政补贴和税收优惠两种政策均产生正向影响，其中税收优惠影响效应更大，但对企业发明授权数据二者影响均不显著。

关于税收优惠与财政补贴这两种激励创新最关键的政策工具，其作用机制不同，在不同产业、不同阶段的激励效应均存在一定差异。综合而言，基于不同产业的发展规律，政府应关注政策适用性，实施差异化政策、强化政策效果，切忌"一刀切"。

1.2.1.4 政府以市场化方式间接激励创新创业的研究

创业投资在高新技术的研发、成果转化以及产业化过程中发挥作用，作为高能资本能够为创新创业注入强大资金动力。我国的政府引导基金是一种典型的政府间接参与创业投资。因此，政府引导基金是政府以市场化运作方式激励企业科技创新的有益探索。近几年，随着政府引导基金制度在我国的发展日益步入正轨，国内学者开始实证分析引导基金在我国的运作实践效果，但结论不一。在宏观层面，杨大楷和李丹丹（2012）基于中国1997～2009年27个省市的面板数据研究表明政府引导基金发挥了杠杆效应，有效推动了风险投资的发展。但杨大楷和李丹丹（2012）同样基于中国1997～2010年27个省市的动态面板数据研究发现政府引导基金政策抑制了风险投资业的发展。随着政府创业投资引导基金制度越发成熟，该政策对风险投资的影响还有待进一步论证。杨敏利等（2014）使用联立方程模型检验发现政府引导基金对私人资本进入创业投资领域的"挤入""挤出"效应存在区域差异性，在创投发展落后地区，设立政府引导基金更能开创"良性循环"，积极促进创业投资行业发展。杨敏利等（2015）采用倾向值匹配差倍法（PSM - DID）从创投筹资规模、新成立创投机构数量、首次进入创投市场的有限合伙人数量三个视角证实设立政府引导基金积极推动了创投市场的发展。在微观层面，施国平等（2016）评估政府引导基金对创投资本投向的作用，发现政府引导基金有助于引导非国有创投机构投向早期企业，但对国有及国有创投机构投向高科技企业的引导效应均不显著。杨敏利等（2017）研究政府创业投资引导基金参股对创投机构后续募资的影响，验证了政治关联假说，认为政府创业投资引导基金更能帮助非国有创投机构获得政府资源以促进其后续募资。董建卫等（2018）研究政府引导基金参股创投基金对企业创新影响的结论表明：政府引导基金采用亏损补偿方式能提高创业投资家的失败容忍度，进而促进企业创新。董建卫等（2018）研究政府引导基金本地投资对企业创新影响的结论表明：政府引导基金本地投资因具有更强的信息优势有利于选择适宜的投资对象，进而促进企业创新。

政府引导基金属于创新财政科技资金支持方式，对其实施效果不同学者从宏观、微观方面进行了研究，随着政府引导基金制度的日益完善其积极效应逐渐显现。但由于统计数据的缺乏，其长期政策效应还有待评估，尤其是针对我国区域差异性的研究还有必要进一步探索。

1.2.2　国外研究综述

1.2.2.1　公共政策纠正科技创新外部效应的角度

从国际方面的研究来看，沃尔特（Walter，1982）提出创新由于具有部分公共产品属性，因此创新活动造成较为显著的正外部性，这也决定了创新主体获得的收益小于其进行科技创新活动所产生的全部收益。在进行科技创新时，假如制造外部性的创新主体和受到外部性影响的一般主体都比较多，就会产生大量的交易成本，甚至不能通过私人谈判的方式来达成一致，这种情况下，必须由政府运用相应手段才能纠正外部性。德隆和萨莫斯（Delong and Summers，1991）认为创新资本具有部分公共产品特性，并提供了相应的证明。在市场经济体制比较规范和完善的环境下，创新投资者能够获得的私人收益小于其所创造的社会收益，溢出效应导致"搭便车"行为，这样会造成"囚徒困境"。既在无外在支持的情况下，企业进行创新的成本要大于企业通过技术创新产生的收益，但是从整个社会来看，创新具有推动社会进步的作用，但是仅凭市场力量，企业提供的技术创新将低于社会最优水平，这就产生了市场失灵现象。由于技术创新的外部性、非排他性以及非竞争性，研发活动必然会因市场失灵问题而投资不足（Tassey，2004）。

纳迪拉（Nadiri，1993）进行实证数据分析，发现政府有必要通过相应手段来纠正外部性，因为私人研发投入只有 20% ~ 30% 的回报率，小于约 50% 的社会收益率，并且这种干预是有效的。哈尔和里宁（Hall and Reenen，2000）认为创新的不确定性和金融市场中的信息不对称等问题是导致研发投入水平较低的重要因素，财政支出或税收优惠等有助于激励企业研发投入行为，进而激励企业科技创新。克罗珀和奥兹（Cropper and Oates，1992）认为，政府主要通过以下几种公共政策介入和纠正外部性，即财政支出政策，税收优惠政策，确立产权、规制以及建立市场机制的环境，它们有不同的特点和适用条件。罗斯（Rosen，1995）通过进一步研究提出，税收政策对于纠正负外部性有效并且效率较高；规制在纠正外部性方面的效果和效率都不高；对于能够知道外部性来源并且交易成本不高的情况，在市场机制中，确立产权的政策比较有效；如果遇到不能确定外部性会对公共政策产生什么影响的问题时，运用政府采购等途径创造市场需求的政策比较有效；正外部性的纠正宜使用财政支出政策，但应谨防造成资源浪费。沙阿（Shah，1995）则通过进一步的研究验证了罗斯提出的观点，他对创新的财税激励框架进行了系统的描述，认同和支持财政政策手段对企业 R&D 投入有激励效应的观点。

1.2.2.2 税收政策对研发活动激励的角度

从个体企业的角度看，税收政策能够降低企业的研发成本，提升研发投入的供给。一般情况下，税收减免是在尊重市场规律条件下运用的，有助于降低由于风险和市场失灵给科技创新企业带来的不利影响（David et al，2000）。税收减免政策在不影响企业 R&D 投资规模的情况下，降低了企业进行 R&D 投入的边际成本（Hall and Reenen，2000）。总结哈尔和里宁（Hall and Reenen，2000）、戴维等（David et al.，2000）的研究，可以看出他们认为税收优惠政策的优势在于普遍性，税收优惠政策作为一种非直接的补助方式，能够更加公平地对企业研发行为进行激励，避免了由于政府干预过度造成的失灵情况，而且企业在研发方向的选择上更加自由，不必局限于政府政策的框架之内，能够最大化地发挥自身优势。布鲁姆等（Bloom et al.，2002）认为税式支出的力度越强，越能够充分提高企业研发投入强度，而且长期作用效果极为显著。克拉森等（Klassen et al.，2004）研究税收抵免激励措施与研发支出之间的关系，发现税收激励措施对企业科技创新投入的影响相对温和，长期来看，对研发投入具有促进作用，效果明显并且持久。阿特金森（Atkinson，2007）研究美国经济面临的竞争与挑战时，指出要在世界上保持技术创新的优势地位，需要扩大研发税收抵免并将其永久化。在研究激励研发的税收政策的有效性时，斯威策和曼斯菲尔德（Switzer and Mansfield，1985）指出如果所有研发行为能适用统一税率，那么对企业研发的激励最为有效。哈尔（1993）评估了美国 20 世纪 80 年代的税收政策，通过对 R&D 支出的平均税价弹性进行估算，表明由政策引起的额外研发支出的数额大于已放弃税收的成本，R&D 税收抵免政策达到预期效果。拉索（Russo，2004）在利用一般均衡模型研究税收激励政策对私人研发和福利的影响时，发现其产生了相对较大的促进作用。恰尔内茨等（Czarnitzki et al.，2011）考察研发税收抵免对加拿大制造业企业创新的影响，该政策被超过三分之一的制造企业和近三分之二的高科技企业使用，这些政策使用者的创新绩效指标大多好于未使用者，从而论证了税收激励措施对企业研发活动的挤入效应。杨等（Yang et al.，2012）研究了税收激励对中国台湾制造企业研发活动的影响，使用倾向得分匹配法（PSM）估计表明研发税收抵免对研发支出及其增长有积极影响，研发税收抵免的接受者平均的研发支出比没有获得税收抵免的高53.80%。卡斯泰拉奇和利德（Castellacci and Lie，2015）从企业微观层面研究研发税收抵免对企业创新活动的影响，指出该政策的积极效应在中小企业、服务业企业以及国家有增量计划的低技术企业中体现得更明显。

但是税收政策对研发激励的有效性也有一些质疑，斯文森（Swenson，1992）的研究指出税收抵免政策能够增加企业研发支出，但是由于企业运营净亏损结转、债务重组等因素影响，均会导致税收抵免政策的有效性降低。戴维等（2000）指出税收优惠政策也存在弊端，如可能导致企业过分关注税收的抵扣优惠而将研发资金投向产生短期利润最多的项目，不再进行研发周期长但是拥有更高潜在回报收益的项目。陈和古普塔（Chen and Gupta，2017）的研究结论表明如果企业没有有利可图的创新机会，单凭税收激励可能无法有效增加研发支出。

综上可以看出，相当多的研究发现税收抵免政策对企业研发支出的投入有着积极影响，但考虑其他影响因素的情况下，政策有效性还有待更充分的实证分析。

1.2.2.3 财政补贴对研发活动激励的角度

利希滕贝里（Lichtenberg，1987）进行了相关分析认为私人 R&D 投入受政府 R&D 支出影响较大。阿尔穆斯和恰尔内茨（Almus and Charnetz，2003）对德国的研究和迪盖（Duguet，2004）对法国的研究均发现，公共研发补贴资金能够激励企业进行创新活动、增加企业的自有研发支出。恰尔内茨和利希特（Charnetz and Licht，2006）考察了德国西部和东部公共研发拨款对创新投入和产出的影响，结果表明公共研发补贴的区域再分配可能会提高德国经济的整体创新产出。费尔德曼和凯利（Feldman and Kelley，2006）研究发现与未获得政府研发补贴的公司相比，获得政府补贴的公司能够增加其他来源的资金。贝鲁贝和莫南（Berube and Mohnen，2009）研究已经获得研发税收抵免优惠的加拿大工厂，发现受益于税收抵免政策的同时获得政府补贴的公司引入的新产品数量超过了仅受益于研发税收激励措施的同行，并且更有利于创新行为商业化。康和帕克（Kang and Park，2012）以韩国生物技术中小型企业为研究对象，研究发现政府研发资金通过刺激企业内部研发和促进国内上下游企业合作进而影响企业创新。霍滕罗特等（Hottenrott et al.，2017）研究发现研发补贴对企业净研发投资有积极影响，在市场失灵较大的领域公共补贴会带来更高的私人投资。

政府补助与研发之间的相关性容易确定，但无法充分地确定政府补助是否有利于企业增加研发或研发更多的企业是否获得了更多的补助。瓦尔斯滕（Wallsten，2000）对美国小企业创新项目的分析表明政府补贴对企业自有研发支出产生了挤出效应，即企业不会根据资助的水平选择研发投入强度，无论是否有政府补助，企业均将在既定的水平上进行研发创新，政府补助只会减少企业的自有支出。高格和斯特罗布（Gorg and Strobl，2007）通过研究发现政府补贴对特大型企业研发支出产生了挤出效应。但冈萨雷斯和帕索（Gonzalez and Pazo，2008）采用匹配方法分析西班牙公共研发补助支持制造企业的影响时发现，公共和私人研发支出之间没有全部或部分"挤出"，而且一些小型企业和低技术部门在没有补贴的情况下可能没有从事研发活动。

还有很多研究对财政补贴的效应分析更加具体细微，拉赫（Lach，2002）对以色列136家企业的研究发现，财政补贴对中小型企业的激励效果更好，而对大型企业激励效果很差甚至没有效果。布龙齐尼和皮塞利（Bronzini and Piselli，2016）研究意大利北部地区实施的研发补贴政策对企业创新的影响，也发现对较小企业作用效果更明显，具体而言，该项研发补贴政策增加了专利申请数量。盖莱克和波特尔斯伯格（Guellec and Pottelsberghe，2003）选取了OECD中17个国家的面板数据，使用了3SLS的方法进行研究，得出的结果是政府研发补贴与企业自身研发支出成倒"U"型关系，政府补贴率以10%和20%为界限。当低于10%时，研发补贴强度增加对企业研发支出水平产生促进作用；而当超过20%时，研发补贴强度增加反而抑制企业研发支出。胡辛格（Hussinger，2008）对德国制造业的分析得出了与盖莱克和波特尔斯伯格（Guellec and Pottelsberghe，2003）相反的结论，认为政府的补贴水平存在一个"最差值"，在"最差值"水平，政府补贴对企业研发投入的激励效果最低，当补贴水平脱离"最差值"时，其距离"最差值"水平越远对企业研发投入的激励效果越强。雅克（Jacques，2009）认为政府研发补贴的优点是其主观性较强，政府能够通过政策的制定对企业进行筛选，从而引导企业的研究方向，对社会和企业资源的控制能力更强。但是由于政府和企业之间存在信息不对称，政府对企业情况了解不足，容易产生道德风险和逆向选择情况，降低社会研发投入总量。另外，由于补贴政策的主观性，政府在选择补贴对象时往往具有绝对的权力，当政府权力过大时有可能产生寻租或者腐败情况，产生"政府失败"。恰尔内茨等（Charnetz et al.，2011）则将研发活动分解为"基础性研究"和"产品开发"两部分，其研究结果表明，政府补贴对基础性研究的激励效果较好，而对产品开发的激励效果较差。布龙齐尼和亚奇尼（Bronzini and Iachini，2014）对意大利实施的投资补贴计划对研发激励的有效性进行研究，发现存在异质性：得到计划补贴的小企业的研发支出会增加，而对于较大的企业补贴没有额外影响。

1.2.2.4　政府资助风险投资激励企业创新的角度

世界各国政府已经建立了政府风险投资基金，目的在于促进风险投资行业的发展，弥补创新型初创企业的股权资本缺口。国外对公共资本干预风险投资业进而激励私人创新创业的研究较早，但关于其作用及实施效果争议颇多。林（Rin，2006）研究欧洲 14 个国家 1988～2001 年公共政策对早期和高科技风险资本投资的影响，结果并未发现公共研发支出利于早期和高科技风险资本投资的作用。卡明和麦金塔（Cumming and Macintosh，2006）研究加拿大政府风险投资计划——LSVCC，认为 LSVCC 可能比私人风险投资基金具有更高的代理成本和更低的盈利能力，实证结果显示该计划挤出其他类型风险投资基金，导致加拿大风险资本总量减少。布兰德等（Brander et al.，2008）研究由政府资助的风险投资家和私人风险资本家支持的企业在价值创造、专利、IPO 等方面的表现，发现效果不佳，原因在于政府资助会挤出私人投资，并且政府直接资助在企业辅导与价值增值方面缺乏效率。然而，也有证据表明政府参与风险投资的成功性，叙勒蒙（Surlemont，2003）分析了欧洲 15 个国家 1990～1996 年欧洲公共风险投资和私人风险投资在产业发展中的关系，该研究认为公共风险投资不存在挤出私人资本的问题，公共参与有助于吸引更多资本投入相关领域。与卡明和麦金塔（Cumming and Macintosh，2006）指出的加拿大政府风险投资计划 LSVCC 的失败不同，卡明（Cumming，2007）研究澳大利亚政府创新投资基金计划——IIF，认为 IIF 计划促进了对初创企业和高科技企业的投资，有助于向被投资企业提供监测和增值建议。随着政府设立风险投资基金的流程更加清晰、投资手段更加市场化，政府参与的优势逐渐体现。布兰德（Brand，2015）以由政府资助的风险投资家资助的企业为对象，研究表明由政府资助的风险资本家（GVC）和由私人风险资本家（PVC）资助的企业比单纯由 PVC 资助的企业获得更多投资，GVC 融资在很大程度上是增加而非取代 PVC 融资。贝托尼和泰克沃娃（Bertoni and Tykvova，2015）研究 GVC 与欧洲初创型生物技术公司发明和创新之间的关系，指出虽然 GVC 没有直接对发明和创新产生影响，但推动了私人风险投资者对发明和创新的影响，可以说政府风险投资者是私人风险投资者的补充。圭里尼和夸斯（Guerini and Quas，2016）使用欧洲高科技创业公司的样本，证明 GVC 资金增加了公司获得私人风险投资的可能性，这是因为由政府资助的风险投资公司能筛选和认证优质企业并向私人投资者发出信号。

综上所述，国内外学者在理论分析中基本认同科技创新的外部性，因此单纯依靠市场配置资源可能不能达到帕累托最优的效果，技术创新活动会出现供给不足的问题，社会创新水平长期低于最优水平会对经济增长产生严重的负面效果。因此，在市场力量不及的范围政府就应该发挥作用，通过制定相关的财政税收激励措施，促进资源的合理分配，使研发创新投入数量回归合理水平，真正提升创新产出水平。

1.3　主要创新点

第一，建立激励理论分析框架，量化研究政府资助方式激励创新创业的效应，这是本书的关键创新点。具体分析不同的资助形式如政府引导基金、财政直接补贴、税收优惠等政策工具对创新的激励效果。在选择使用面板固定效应模型、广义矩估计等方法实证分析财政政策工具与企业创新的关系基础上，借鉴斯蒂格利茨和韦斯（Stiglitz and Weiss, 1981）研究的解决企业信贷配给问题，得出政府财政政策工具是否选择企业、资助手段是否有效受到企业自身创新投入力度的影响，既单独考虑财政政策和税收政策，又对二者进行比较分析，以促使财税政策发挥最大效应。

第二，微观与宏观、实地调研与理论剖析相结合，全面系统评估财税创新政策效应，这是本书的核心创新点。本书基于创新驱动战略背景构建了逻辑自洽、角度全面的适用于中国实践操作的政策体系。特别重视从当前经济社会形势出发，结合企业微观数据与政府宏观数据探索财税政策落实实效，考察调研落地政策是否背离政策设计初衷，从而得以更加全面提炼出成熟有效的促进创新创业的经验措施。

第三，基于科技创新协同视角构建财税协同机制，为强化区域创新体系建设提供方向，这是本书的重要创新点。区域创新对于加快新旧动能转化、获取区域竞争优势、促进区域协调发展进而促进整体经济增长具有积极意义。本书研究提出通过京津冀三地科技园区、政府引导基金以及政府债务与区域创新之间的关系，助力资源共享平台、科技财税政策共享机制的建立，以期达成区域科技的共享共进。

第 2 章 我国创新体系面临的
问题及财税政策目标

2.1 当前我国创新体系面临的问题

国与国的竞争是科技的竞争，恩格斯认为"社会一旦有技术上的需要，则这种需要就会比十所大学更能把科学推向前进"①。在当前世界环境格局下将催生出对于科技进步的巨大需求，反过来也将会推动产业的发展、技术的升级换代、新技能体系的出现。虽然我国很重视科技创新对经济发展的推动作用，并将创新发展上升到国家战略地位，创新驱动也在不断促使经济向高质量发展转型，但我国创新体系仍面临一些问题。

2.1.1 基础研究投入不足

中美贸易摩擦使得我们在科技创新方面的一些问题进一步暴露出来，其中较为突出的就是原始创新能力不足，对外依赖度较高。基础研究是技术创新的源泉，是一个国家科技进步、经济繁荣、社会发展的潜力和基础。同时，市场经济体制下主张发挥市场在资源配置中的决定性作用，但市场机制在资源配置方面有其固有的缺陷，比如无法解决公共物品的生产与提供问题。基础研究作为周期长、风险大、成果外溢性强的公共产品单纯由市场提供无法满足国家需求，这为政府财政资金介入科技创新领域支持基础研究发展提供了必要性，财政资金成为支持基础研究发展的重要因素。

我国年基础研究投入逐年递增，如表 2.1 所示。从绝对值来看，我国基础研究经费从 1995 年的 18.06 亿元增长至 2021 年的 1696 亿元，年均增

---

① 《马克思恩格斯全集》第三十九卷 [M]. 北京：人民出版社，1974.

长率 19.09% 。从相对值来看,我国基础研究投入占 R&D 经费比重整体呈上升趋势,从 1995 年的 5.18% 增长至 2022 年的 6.57% ,达到二十多年来最高水平,但发达国家的基础研究投入占比基本稳定在 12% 以上,中国对基础研究的投入仍远远不足。基础研究投入不足,难以真正解决我国核心技术的缺失,难以快速推动产业结构优化升级,难以有效提升我国在全球产业价值链中的分工地位。

表 2.1   1995~2021 年我国基础研究情况

年份	R&D 经费 (亿元)	基础研究 (亿元)	基础研究/ R&D 经费 (%)	年份	R&D 经费 (亿元)	基础研究 (亿元)	基础研究/ R&D 经费 (%)
1995	348.69	18.06	5.18	2009	5802.11	270.29	4.66
1996	404.48	20.24	5.00	2010	7062.58	324.49	4.59
1997	509.16	27.44	5.39	2011	8687.01	411.81	4.74
1998	551.12	28.95	5.25	2012	10298.41	498.81	4.84
1999	678.91	33.90	4.99	2013	11846.60	554.95	4.68
2000	895.66	46.73	5.22	2014	13015.63	613.54	4.71
2001	1042.49	55.60	5.33	2015	14169.88	716.12	5.05
2002	1287.64	73.77	5.73	2016	15676.75	822.89	5.25
2003	1539.63	87.65	5.69	2017	17606.13	975.49	5.54
2004	1966.33	117.18	5.96	2018	19677.93	1090.37	5.54
2005	2449.97	131.21	5.36	2019	22143.58	1335.57	6.03
2006	3003.10	155.76	5.19	2020	24393.11	1467.00	6.01
2007	3710.24	174.52	4.70	2021	27864.00	1696.00	6.09
2008	4616.02	220.82	4.78	2022	30782.90	2033.50	6.57

资料来源:《2021 年中国科技统计年鉴》、国家统计局网站。

根据科技成果受益范围,我国中央财政支持基础研究占主要地位,如图 2.1 所示,2020 年我国基础研究投入情况中,中央财政基础研究支出占全国财政基础研究支出的 71.02% (625.36/880.55),中央财政基础研究支出占全国基础研究经费支出比重为 42.61% (71.02%×60.0%),虽然相较于 2012 年的比重 65.78% (72.51%×90.72%) 有所下降,但中央财政基础研究支出相较于地方财政和企业依然是投入主体。2019 年 5 月颁布的《科技领域中央与地方财政事权和支出责任划分改革方案》明确自由探索类基础研究要聚焦探索未知的科学问题，由中央财政承担主要支出责任，充分发挥国家自然科学基金支持源头创新的重要作用，加强基础研究和科学前沿探索。地方结合基础研究区域布局自主设立的科技计划（专项、基金等），由地方财政承担支出责任，中央财政通过转移支付统筹给予支持。目标导向类基础研究要紧密结合经济社会发展需求，由中央财政和地方财政分别承担支出责任。其中，聚焦国家发展战略目标和整体自主创新能力提升的事项，由中央财政承担主要支出责任。地方结合本地区经济社会发展实际，根据相关规划等自主设立的科技计划（专项、基金等），由地方财政承担支出责任。从长远来看，要提高我国整体基础研发经费支出水平，仅靠中央财政难以为继。

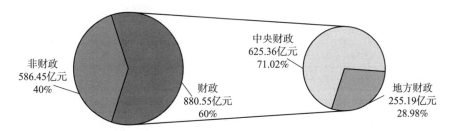

图 2.1　2020 年基础研究投入情况

资料来源：根据财政部全国和地方一般公共预算支出决算表和《2021 年中国科技统计年鉴》数据整理。

　　当前地方财政基础研究支出水平不高且存在区域不均衡状况，如表 2.2 所示，从基础研究支出总量上看，北京、广东和上海的基础研究支出位列全国前三，与经济发展水平相适应。但从基础研究支出占 R&D 经费比重来看，西藏、海南和吉林却位列全国前三，这主要是由于在经济水平欠发达地区，总体上的 R&D 经费较为欠缺。从区域来看，中部地区基础研究投入明显低于全国平均水平，而东北地区明显高于平均水平，东部地区和西部地区与平均水平基本持平，可以看出我国区域间基础研究支出存在较大的差距。

表 2.2　　　　　　　　　　2020 年各地财政基础研究支出情况

地区	R&D 经费（亿元）	基础研究（亿元）	基础研究/R&D 经费（%）	地区	R&D 经费（亿元）	基础研究（亿元）	基础研究/R&D 经费（%）
全国	24393.1123	1466.9964	6.01	江西	430.7188	16.5816	3.85
东部地区	15968.2844	981.0717	6.14	山东	1681.8915	50.3628	2.99

续表

地区	R&D 经费 （亿元）	基础研究 （亿元）	基础研究/ R&D 经费 （%）	地区	R&D 经费 （亿元）	基础研究 （亿元）	基础研究/ R&D 经费 （%）
中部地区	4330.2112	189.8861	4.39	河南	901.2742	20.986	2.33
西部地区	3212.9411	210.8763	6.56	湖北	1005.28	45.5358	4.53
东北地区	881.6756	85.1622	9.66	湖南	898.7001	34.4758	3.84
北京	2326.5793	373.0986	16.04	广东	3479.8833	204.096	5.87
天津	485.0116	34.3645	7.09	广西	173.2304	11.7709	6.79
河北	634.3724	15.5513	2.45	海南	36.6252	7.2147	19.70
山西	211.0549	11.4182	5.41	重庆	526.7944	23.2516	4.41
内蒙古	161.0703	3.425	2.13	四川	1055.2846	59.5847	5.65
辽宁	549.0052	35.2546	6.42	贵州	161.709	14.719	9.10
吉林	159.5099	26.8743	16.85	云南	245.9862	27.2585	11.08
黑龙江	173.1605	23.0334	13.30	西藏	4.3692	0.8529	19.52
上海	1615.6905	128.2822	7.94	陕西	632.331	40.1501	6.35
江苏	3005.9283	84.0152	2.79	甘肃	109.6444	16.0952	14.68
浙江	1859.8951	60.3053	3.24	青海	21.3155	2.1174	9.93
安徽	883.1833	60.8887	6.89	宁夏	59.64	3.2865	5.51
福建	842.4072	23.7813	2.82	新疆	61.5662	8.3645	13.59

资料来源：《2021 年中国科技统计年鉴》。

　　根据基础研究经费执行部门情况看，如图 2.2 和图 2.3 所示，我国企业基础研究经费较为短缺，2015 年我国企业基础研究经费为 11.4 亿元，占基础研究经费总量的比例仅为 2%，而同期美国高达 227.17 亿美元，折合人民币约 1414.63 亿元，占比约 27.2%。经过"十三五"期间我国不断强化企业自主创新能力，截至 2020 年我国企业基础研究经费为 95.6 亿元，但占基础研究经费总量的比重仅为 7%。企业作为技术创新的主体，对基础研究的低投入直接影响其原始创新能力，影响创新驱动经济转型目标的实现。

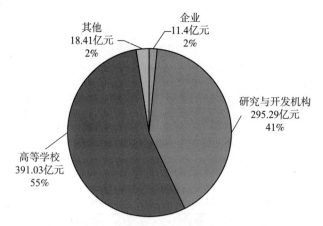

图 2.2　2015 年基础研究经费各部门执行情况

资料来源：根据《2016 年中国科技统计年鉴》数据整理。

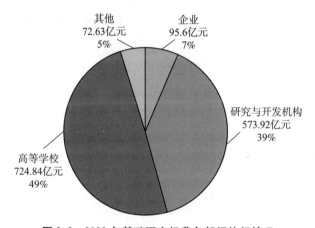

图 2.3　2020 年基础研究经费各部门执行情况

资料来源：根据《2021 年中国科技统计年鉴》数据整理。

　　虽然财政对基础研究和应用研究投入的绝对规模都在不断增加，但是增长率却一直波动较大，通过图 2.4 我们可以看出，财政基础研究和应用研究投入增长率变化较大。从增长率数值来看，财政基础研究投入增长率最低值为 3.41%，最高值为 26.67%，均为正增长；而财政应用研究投入增长率最低值为 −3.88%，为负增长，最高值为 35.32%，远高于财政基础研究投入增长率。从财政基础研究和应用研究投入增长率的数值对比来看，在 2010 年、2012 年、2013 年和 2018 年财政应用研究投入增长率大于财政基础研究投入增长率，其余年份均为财政基础研究投入增长率大于财政应用研究投入增长率，体现了我国对于基础研究的重视程度在不断加强。

图 2.4 全国财政基础性和应用性科技投入增长率

资料来源：根据 Wind 资讯、财政部全国一般公共预算支出决算表整理。

    虽然政府对基础研究的重视程度加大，但是财政基础性科技投入绝对值仍然明显低于财政应用性科技投入，并且两者之间的差距仍然有扩大的趋势。结合图 2.5，可以清楚地了解到从 2008 年到 2019 年财政基础研究投入与财政应用研究投入两者之间的绝对值差额具有不断扩大趋势，在 2020 年略有下降，所以即使财政应用性科技投入增长幅度小于财政基础性科技投入，但是由于两者增长幅度近年来都有下降趋势并且财政应用性科技投入基数较大，导致两者之间绝对值总量差距仍然在扩大，"剪刀差"越来越大。

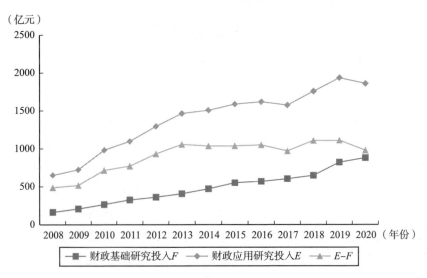

图 2.5 全国财政基础性和应用性科技投入变化趋势

资料来源：2009～2021 年《中国财政统计年鉴》。

经济快速增长时期，经济增速是政府价值判断和行为导向的重要指标，"重技术、轻科学"的短视宏观科技发展策略倾向于将更多的财政资源投入具有短期内带动经济增长属性的应用技术领域，这类行为无疑会压缩短期内经济效益不显著但具有极强正外部性的基础科学研究领域支出。鉴于我国经济社会处于转型过渡时期的定位与经济高质量发展的诉求，创新驱动发展战略下将基础研究视为引领发展的引擎具有重要的现实意义。

2.1.2　企业创新发展能力不足

企业 R&D 经费占比逐渐上升确立了企业的创新主体地位，但是企业创新质量水平还有待提升。科技活动的执行机构主要包括研究与开发机构、高等学校、企业，其中研究与开发机构、高等学校主要承担知识成果创造与传播的功能，其科技创新成果主要表现形式有科学论文、专利发明等；企业主要承担科技创新成果产业化和商业化的功能，其创新成果表现为新产品产值、新产品销售收入的增长等形式。从表 2.3 可以看出，近年来政府 R&D 经费占比在 20% 左右；企业 R&D 经费占比逐渐上升，从2003 年的 60.11% 提升至 2020 年的 77.46%，维持在 75% 左右，这主要说明在经费数量上确立了企业的创新主体地位。

表 2.3　2003～2020 年按经费来源划分全国研究与试验发展（R&D）构成

年份	全国 R&D 经费（亿元）	企业资金		政府资金		国外资金		其他资金	
		规模（亿元）	占比（%）	规模（亿元）	占比（%）	规模（亿元）	占比（%）	规模（亿元）	占比（%）
2003	1539.60	925.40	60.11	460.60	29.92	30	1.95	123.8	8.04
2004	1966.30	1291.30	65.67	523.60	26.63	25.2	1.28	126.2	6.42
2005	2450.00	1642.50	67.04	645.40	26.34	22.7	0.93	139.4	5.69
2006	3003.10	2073.70	69.05	742.10	24.71	48.4	1.61	138.9	4.63
2007	3710.20	2611.00	70.37	913.50	24.62	50	1.35	135.8	3.66
2008	4616.00	3311.50	71.74	1088.90	23.59	57.2	1.24	158.4	3.43
2009	5791.90	4120.60	71.14	1329.80	22.96	78.1	1.35	203	3.50
2010	7062.60	5063.10	71.69	1696.30	24.02	92.1	1.30	211	2.99
2011	8687.00	6420.64	73.91	1882.97	21.68	116.2	1.34	267.2	3.08
2012	10298.41	7625.02	74.04	2221.39	21.57	100.4	0.97	351.6	3.41
2013	11846.60	8837.70	74.60	2500.58	21.11	105.9	0.89	402.5	3.40

续表

年份	全国 R&D 经费（亿元）	企业资金		政府资金		国外资金		其他资金	
		规模（亿元）	占比（%）	规模（亿元）	占比（%）	规模（亿元）	占比（%）	规模（亿元）	占比（%）
2014	13015.63	9816.51	75.42	2636.08	20.25	107.6	0.83	455.5	3.50
2015	14169.88	10588.58	74.73	3013.20	21.26	105.2	0.74	462.9	3.27
2016	15676.75	11923.54	76.06	3140.81	20.03	103.2	0.66	509.2	3.25
2017	17606.1	13464.9	76.48	3487.4	19.81	113.3	0.64	540.5	3.07
2018	19677.9	15079.3	76.63	3978.6	20.22	71.4	0.36	548.6	2.79
2019	22143.6	16887.2	76.26	4537.3	20.49	23.9	0.11	695.2	3.14
2020	24393.1	18895.0	77.46	4825.6	19.78	90.1	0.37	582.5	2.39

资料来源：《2021 年中国科技统计年鉴》。

　　但是企业创新质量水平还有待提升。从图 2.6 可以看出，2000～2020 年，我国引进技术消化吸收经费支出呈下降趋势，与引进国外技术相脱节，一些关键核心技术仍受制于人。在引进国外技术时，我国国内企业技术交流增多，我国规模以上工业企业购买国内技术经费支出不断上升，体现了国内技术水平有所提升。另外，技术改造经费远高于其他三类，反映了我国致力于增强自主创新能力的努力，这为我国攻破更多核心技术、提高创新质量奠定了基础。

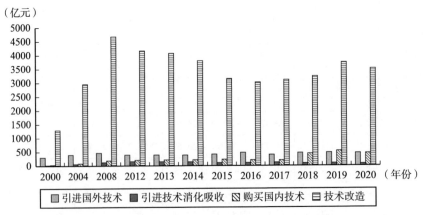

图 2.6　规模以上工业企业技术获取和改造经费支出情况

资料来源：《2021 年中国统计年鉴》。

多种因素制约企业创新能力的提升。第一，企业自身研发投入短视化制约企业创新能力的提升。核心关键技术的成功首先取决于大量的投入和不断的实践，企业研发投入是科技创新最直接、最有效的供给要素，但高昂的试错成本和收益的不确定性往往导致企业望而却步。比如芯片制造的投入与产出的不对等性极强，可能一颗芯片就决定一家公司的生死。第二，政府对企业研发投入不足制约了企业创新能力的提升。实践证明财政资金对企业研发投入具有一定的撬动作用，从表 2.4 全国政府 R&D 经费在各执行机构分配情况看，研究与开发机构、高等学校、企业占比依次递减，观察期内看企业占比虽然从 2003 年的 10.27% 增长至 2019 年的14.29%，基本维持在 15% 左右，政府 R&D 经费中企业占比较低，由此可见，政府对企业研发投入支持力度不足。一般而言，研究与开发机构、高等学校创新活动的开展比较依赖于政府资助，企业大多依赖自身条件开展研发活动。如果建立在良好的创新系统基础上，政府 R&D 资助结构以研究与开发机构与高等学校为主，更多创造企业所需的基础成果与提供企业生产开发产品服务，那么协同创新绩效就会比较显著。第三，当前产学研协同创新效率还不高制约了企业创新能力的提升。全国政府 R&D 经费去向主要集中于研究与开发机构和高等学校，但当前产学研创新效率和科技成果转化率较低，所以研发投入不能很好地转化为企业生产与创新所用。

表 2.4　2003～2020 年全国研究与试验发展（R&D）经费支出中政府资金构成

年份	政府资金（亿元）	研究与开发机构		企业		高等学校		其他	
		规模（亿元）	占比（%）	规模（亿元）	占比（%）	规模（亿元）	占比（%）	规模（亿元）	占比（%）
2003	460.6	320.3	69.54	47.3	10.27	87.7	19.04	5.2	1.13
2004	523.6	344.3	65.76	62.6	11.96	108.8	20.78	7.8	1.49
2005	645.4	425.7	65.96	76.5	11.85	133.1	20.62	10.2	1.58
2006	742.1	481.2	64.84	96.8	13.04	151.5	20.42	12.6	1.70
2007	913.5	592.9	64.90	128.7	14.09	177.7	19.45	14.1	1.54
2008	1088.90	699.75	64.26	145.5	13.36	225.5	20.71	18.2	1.67
2009	1329.80	849.5	63.88	183.9	13.83	262.2	19.72	62.2	4.68
2010	1696.30	1036.5	61.10	236.8	13.96	358.8	21.15	64.2	3.78
2011	1882.97	1106.1	58.74	288.5	15.32	405.1	21.51	83.2	4.42
2012	2221.39	1292.7	58.19	363.1	16.35	474.1	21.34	91.5	4.12

年份	政府资金（亿元）	研究与开发机构		企业		高等学校		其他	
		规模（亿元）	占比（%）	规模（亿元）	占比（%）	规模（亿元）	占比（%）	规模（亿元）	占比（%）
2013	2500.58	1481.2	59.23	409	16.36	516.9	20.67	93.5	3.74
2014	2636.08	1581	59.98	422.3	16.02	536.5	20.35	96.3	3.65
2015	3013.20	1802.7	59.83	463.4	15.38	637.3	21.15	109.8	3.64
2016	3140.81	1851.6	58.95	449.7	14.32	687.6	21.89	151.8	4.83
2017	3487.4	2025.9	58.09	469.7	13.47	804.5	23.07	187.3	5.37
2018	3978.6	2285.0	57.43	491.3	12.35	972.3	24.44	230.1	5.78
2019	4537.3	2582.4	56.91	648.4	14.29	1048.5	23.11	258.0	5.69
2020	4825.6	2847.4	59.01	525.3	10.89	1128.0	23.38	324.8	6.73

资料来源：历年《中国科技统计年鉴》。

2.1.3 政府配置创新资源存在弊端

由于信息不对称以及道德风险的存在，财政资金与资助对象、资助项目不匹配易导致财政科技资金使用效率较低。一是在政策出台时，企业及相关工作人员不能充分了解财政支持科技政策，从而不能及时享受相关政策的便利与资金支持。二是市场上存在部分企业还没有成长为合格的市场创新主体，企业创新还存在紧盯政府指挥棒，靠拿财政补贴过日子或通过"骗取"财政科技补助来获取收益等现象。三是由于企业行为与政府行为的目标差异，政府干预会导致创新决策主体错位，从企业行为理论上看，政府与企业对创新活动具有不同偏好，企业创新决策是以市场为导向，倾向于中短期盈利目标；而政府创新决策更偏好于远期技术，注重带有战略性、宏观性的技术研发，尽管这些技术在未来可能兼具战略性和经济价值，但短期内收益显然十分有限。由此，企业与政府对科技目标的差异性造成政府研发项目选择失误与创新效率损失。

财政科技资金分配使用过程中滋生的寻租与腐败问题进一步降低了财政资金使用效益。一是依靠政府以行政命令模式或政绩考核模式推动创新活动的体制机制，将创新活动"政绩化""指标化"，盲目将高技术产业、研发投入占 GDP 比重、专利数或新产品产值增速等作为干部考核指标。二是一些地方政府盲目将创新资源投入到上级希望发展的创新领域，引发创新领域的恶性竞争；一些地方政府及相关科技部门为了迎合政绩要求其至出现科研论文注水、创新成果浮夸的现象。三是我国的财税优惠政策侧重于考核企业的研发投入和研发人员比重，导致一些企业财税政策的寻租行为，单纯为获取税收优惠而盲目扩大研发投入，也会造成研发资源的闲置与浪费。

更为关键的是，1994 年分税制改革后，收入权上移，但同时支出责任下移，地方政府承担大量基层公共物品提供的责任，缺乏财力保障往往使得地方政府在科技创新领域心有余而力不足。中央政府不断下调财政支持科技创新资金，而地方政府不断上调财政支持科技创新资金，包括教育资金，但地方财政财力并未相应增加，势必会为地方政府造成支出压力。

因此，有必要多利用市场主体、运用符合国际惯例的方式进行科技资助，让政府财政与市场机制在科技创新领域发挥各自优势，一方面通过科技资金的市场化运作提高财政资金使用效率，另一方面通过财政资金吸引更多私人资本进入创新资本市场、弥补财政支持创新的资金缺口，从而实现科技创新的总体产出效用。

2.2　创新驱动战略下财税政策目标

2.2.1　合理运用多种财政政策工具，实现科技创新的有效供给和有效需求

从价值链角度看，创新是从人才、资金、技术投入到科技转化、产业化、市场化、最终利润产出的一系列过程，其中企业以市场需求为导向，是将科技投入和经济利润产出最为紧密结合的环节。在此过程中，财政支出是其最直接、最常用的用以保障、支持各环节创新活动的手段。财政科技支出可以分为无偿资助、股权投资、政府采购三种方式，分别以财政拨款、财政注资、需求创造的方式，增加企业的资金供给，刺激企业的创新需求。越是处于前期的创新活动，其公共物品属性越强、创新投入越多、风险越大、不确定性越高，致使市场不愿介入或提供不足，财政政策应提供稳定性支持，以前补助和后补助方式加强基础性研究支出，建立财政基础性科技投入增长幅度大于财政科技投入增长幅度的机制，分地区差异化调整财政科技投入结构，提高基础研发经费占财政科技投入的比重。对于市场也有意愿共同参与的创新活动，采用股权投资、设立引导基金，发挥市场配置科技资源的优势。政府采购可以作用于创新产出的产业化环节，

通过政府购买政策对科技成果转化助力，拓宽企业创新产品需求，降低企业创新成本，激发企业创新热情。

2.2.2　兼顾使用多种税收政策工具，提供科技创新环节差异化激励制度

税收优惠手段一般作用于企业创造价值利润环节，对于前端基础性研发创新活动，税收政策工具效应难以充分体现在市场不愿介入或介入不足的领域。然而对于企业进行研发活动进而产生成果转化直至商业化阶段，税收政策工具对于企业创新激励的效应凸显，对于高科技企业、高端技术产品、先进技术设备等给予低税率、税额减免等直接的税收优惠手段，直接降低企业税收成本、提高企业收益；企业研发费用的加计扣除、加速折旧、科研准备金制度等间接的税收优惠政策对于企业进行创新活动有很强的激励性，有助于引导企业进行实质性创新。

2.2.3　综合采用多种财税政策工具，营造有利于科技创新的环境

加强财税政策在企业创新中的激励作用，企业是自主创新的主体，政府支持企业创新的主要形式是制定与执行科技激励政策，引导企业自主研发、自主创新。发挥财税政策对科技人才的保障作用，不断完善科技创新基地与基础研究设施，为基础研究人员提供良好的科研环境，提高对科研人才衣食住行的保障。加强财税政策在科技成果转化中的催化作用，大力推进科技成果权属、转移转化收益分配等制度改革，激发科技成果转移转化活力。

第3章 促进科技创新的财政政策分类与存在的问题

本章所指的财政科技支出是以政府部门为主体，通过财政预算安排，用于科学基础研究、应用研究、技术研究与开发等方面的支持。财政科技支出是科技计划体系建设的资金保障，我国目前的科技计划体系包括国家自然科学基金、国家科技重大专项、国家重点研发计划、技术创新引导专项（基金）、基地和人才专项五个方面，中央和地方财政相应地在这五个方面给予资金支持，资助方式呈现出多样化的立体格局。本章从不同角度对财政科技支出形式进行分类，分析政府引导基金、财政补贴、财政贴息、贷款担保等形式的支出特点和激励机制。

3.1 财政科技支出的部门和预算界定

就财政科技资金的支持模式看，目前已形成了以科技部门为主体的多部门投入模式，各部门在科技计划项目的资金分配和监管中进行合理分工、协同合作。从部门支出看，财政资金在科技工作中的分配结构通过预算收支科目来体现。随着政府收支科目体系的改革，形成了功能分类和经济分类相结合的收支分类体系，其中功能分类科目既能反映各级政府和部门在履行科技职能方面的投入总量和结构，也能呈现出科技活动的特点和支出结构。

3.1.1 财政科技支出的部门界定

《中华人民共和国科学技术进步法》中明确了科技工作的部门职责划分：各级科学技术行政部门负责科学技术进步工作的宏观管理和统筹协调；其他有关部门在各自的职责范围内，负责有关的科学技术进步工作。

相应的科技资金也由以科技部门为主体的多个部门归口管理，如中央财政科技经费主要涉及财政部、国家发展改革委、工业和信息化部、农业农村部、社科院、中科院、教育部等部门和单位。为了有效组织科技投入工作，各部委都设立了科技部门来管理科技资金的分配和使用。

科学技术部①归口管理的科技资金主要用于重大科技创新基地建设、应用性社会公益研究、国家科技成果转化引导基金、科技交流与合作、科技重大项目等方面。

财政部是财政资金的核心分配机构，负责财政科技资金协调机制的综合协调和组织工作，归口管理中央民口财政科技资金。

工业和信息化部归口管理的科技资金主要用于高技术产业中涉及生物医药、新材料、航空航天、信息产业等方面的技术创新和技术进步，通过实施国家科技重大专项，推进相关科研成果产业化，推动软件业、信息服务业和新兴产业发展，组织重大技术装备的自主创新和消化创新。

国家发展改革委归口管理的资金用于支持重大产业化示范工程、重大成套装备的研制开发和国家重大科技基础设施建设；组织推动技术创新和产学研联合，推动国民经济新产业的形成；支持以关键技术的工程化集成、示范为主要内容的国家高技术产业化项目，或以规模化应用为目标的科技自主创新成果转化项目。

农业农村部负责组织实施农业科研重大专项，农业领域的高新技术和应用技术研究、农业科技成果转化和技术推广以及国外先进技术的引进。

中国社会科学院围绕社会科学研究重点，科学合理安排经费，为哲学社会科学研究提供资金保障。

中国科学院收入来源主要包括国家财政拨款、承担国家和地方及企业各类科研项目经费、知识技术转移与经营性国有资产收益、国际合作项目经费、项目捐赠以及其他经费。

教育部的科学技术支出以专项科研基金（如高等学校博士学科点专项科研基金）和教育基金的方式，资助高校教师在自然科学、哲学、社会科学方面的基础研究，以及高技术领域的应用研究。

3.1.2 财政科技支出的预算界定

在现代预算制度下，财政支出完整地体现在政府预算科目中，从政府

---

① 2018 年国务院机构改革方案将国家外国专家局、国家自然科学基金委员会由重新组建的科学技术部管理。

预算收支科目中可以汇总出财政在科技创新方面的总支出，并显示出一级政府在科技创新方面的投入力度。在全口径预算体系下，政府预算包括一般公共预算、政府性基金预算、国有资本经营预算、社会保险基金预算，科技类支出大部分体现在一般公共预算中。从预算的科目界定看，在功能分类和经济分类相结合的收支分类体系下，财政科技支出主要体现在功能分类的类级科目"科学技术"下，小部分支出分散在其他功能分类科目中。根据财政科技支出界定范围的口径，可以分为大、中、小三个范围。小口径为一般公共预算的"科学技术支出"科目；中口径扩大至一般公共预算的其他类级科目；大口径的预算界定将政府性基金预算和国有资本经营预算纳入进来，目前社会保险基金预算不安排科技类支出。

3.1.2.1　财政科技支出的小口径预算界定

小口径的科技支出体现在一般公共预算中的"科学技术支出"科目下，如表 3.1 所示，"科学技术支出"下设"基础研究""应用研究""技术研究与开发""科技条件与服务""社会科学""科学技术普及""科技交流与合作"等款级科目。

表 3.1　科学技术支出结构

206科学技术支出	01 科学技术管理事务	行政运行、一般行政管理事务、机关服务、其他
	02 基础研究	机构运行、自然科学基金、实验室及相关设施、重大科学工程、专项基础科研、专项技术基础、科技人才队伍建设、其他
	03 应用研究	机构运行、社会公益研究、高技术研究、专项科研试制、其他
	04 技术研究与开发	机构运行、共性技术研究与开发、产业技术研究与开发、科技成果转化与扩散、其他
	05 科技条件与服务	机构运行、技术创新服务体系、科技条件专项、其他
	06 社会科学	社会科学研究机构、社会科学研究、社科基金支出、其他
	07 科学技术普及	机构运行、科普活动、青少年科技活动、学术交流活动、科技馆站、其他
	08 科技交流与合作	国际交流与合作、重大科技合作项目、其他
	09 科技重大项目	科技重大专项、重点研发计划、其他
	99 其他科学技术支出	科技奖励、核应急、转制科研机构、其他

资料来源：《2024 年政府收支分类科目》。

表 3.1 所示的科学技术支出结构体系显示出，我国的国家创新体系是以前瞻性基础研究和应用基础研究为科技创新体系的支撑基石，通过财政的科技投入实现引领性原创成果的重大突破，加强在重要科技领域的原创

研究的财政支持。在基础研究成果上，应用研究是针对某一特定的实际目的或目标进行的创造性研究，通过社会公益专项科研和试制支出以及高技术研究支出为基础研究的实际运用进行探索性研究。我国的国家创新体系以财政资金促进科技成果的扩散和转化，通过财政贴息、政府引导基金的方式为市场主体提供融资支持，促进科技成果的转化；针对事关国计民生的重大社会公益性研究，以及国家安全的战略性、基础性、前瞻性重大共性关键技术的科技，为国民经济和社会发展主要领域提供持续性的支撑和引领。

以科学技术部 2018 年一般公共预算①"科学技术支出"为例，在基础研究、应用研究等领域进行比例不同的财政资金支持。如表 3.2 所示，科技重大专项和重点研发计划支出在总支出中占比最高，这表明科学技术部的科技支出具有明确的指向和用途，集中资金支持前瞻性重大科学问题、重大共性关键技术，为国民经济和社会发展主要领域提供持续性的支撑和引领。从科技支出的性质来看，99.1% 的资金用于项目支出。

表 3.2　　　　科学技术部"资源勘探工业信息等支出"科目

款级科目	项级科目	基本支出（万元）	项目支出（万元）	合计（万元）	在总支出所占比重（%）
科学技术管理事务	行政运行	9583.26	—	13207.26	0.3
	一般行政管理事务	—	3031.94		
	机关服务	592.06	—		
基础研究	重点实验室及相关设施	—	123351.50	123351.50	3.2
应用研究	机构运行	22257.29	—	46539.04	1.2
	社会公益研究	—	4704.00		
	其他应用研究支出	—	19577.75		
技术研究与开发	科技成果转化与扩散	—	225000.00	225000.00	
科技条件与服务	科技条件专项	—	100700.00	100700.00	2.6
科学技术普及	科普活动	—	1500.00	1500.00	

---

① 2018 年国务院机构改革方案将科学技术部、国家外国专家局、国家自然科学基金委进行职责整合后，三个部门的财政预算仍然单独编制，此处呈现的是机构改革前科学技术部的部门预算数据。自 2018 年之后，科学技术部部门预算中不再公布科技重大项目和其他科学技术支出两款明细支出，因此，本书此处以 2018 年预算为例。

续表

款级科目	项级科目	基本支出（万元）	项目支出（万元）	合计（万元）	在总支出所占比重（%）
科技交流与合作	国际交流与合作	—	3900.00	131522.64	3.4
	重大科技合作项目	—	125943.31		
	其他科技交流与合作支出	—	1679.33		
科技重大项目	科技重大专项	—	2322.29	2742534.09	71.9
	重点研发计划	—	2740211.80		
其他科学技术支出	科技奖励	—	7300.00	430908.31	11.3
	转制科研机构	—	333488.31		
	其他科学技术支出	—	90120.00		
合计		32432.61	3782830.23	3815262.84	100

资料来源：财政部网站，科学技术部 2018 年部门预算。

3.1.2.2　财政科技支出的中口径预算界定

在中口径的科技支出预算界定中，将一般公共预算的其他涵盖科技支出的科目纳入进来。

（1）类级科目"一般公共服务支出"下"知识产权事务"中涵盖的科技创新支出。"专利审批""知识产权战略和规划"和"知识产权宏观管理"，反映了实施国家知识产权战略方面的支出，以及实施国家专利产业化工程、扶持拥有自主知识产权的新技术及其产业化等方面的支出。由于知识产权能够为研发企业提供一定时间和范围的垄断保护，使企业免受市场竞争而获取超额利润。中央本级的知识产权事务支出全部体现在了国家知识产权局的预算中，其他部门并无此类支出，而在部门内部，涉及知识产权的支出在总支出中占 42.34% 的比重，如表 3.3 所示。

表 3.3　国家知识产权局"知识产权事务"科目 2022 年预算支出

项目科目	款级科目	基本支出（万元）	项目支出（万元）	事业单位经营支出（万元）	合计（万元）	在部门总支出所占比重（%）
知识产权事务	专利审批		532953.44		532953.44	41.77
	知识产权战略和规划		1427.86		1427.86	0.11
	知识产权宏观管理		5856.27		5856.27	0.46
部门总支出		629600.38	619158.28	27033.64	1275792.30	42.34

资料来源：财政部网站，国家知识产权局 2022 年部门预算。

（2）类级科目"资源勘探工业信息等支出"① 下，反映用于对资源勘探、制造业、建筑业、工业信息等方面支出，主要涉及支持中小企业发展和管理支出 1 个"款"级科目，反映用于中小企业管理及支持中小企业发展方面的支出。2022 年科学技术部预算中该类级科目信息如表 3.4 所示，由"资源勘探电力信息等支出"改为"资源勘探工业信息等支出"，支出合计 1019.38 万元，可见除科学技术部外，其他部门无此类支出。

表 3.4 科学技术部"资源勘探工业信息等支出"科目 2022 年一般公共预算数

项目科目	款级科目	项级科目	基本支出（万元）	项目支出（万元）	合计（万元）
资源勘探工业信息等支出	支持中小企业发展和管理支出	其他支持中小企业发展和管理支出	122.35	897.03	1019.38

资料来源：财政部网站，科学技术部 2022 年部门预算。

（3）类级科目"农林水支出"，"农业——科技转化与推广服务"用于支持农业技术普及应用于农业生产产前、产中、产后全过程的活动，以及农业科技成果的转化；"水利——水利技术推广""南水北调——技术推广"用于水利技术推广和应用；"农业综合开发——创新示范"通过支持高产高效生态示范基地建设、农产品产后初加工、品牌营销服务、农业经营体系创新等关键领域引领全国农业现代化建设；"普惠金融发展支出——创业担保贴息""补充创业担保贷款基金"用于支持农村的创业资金供给。

其他如："国土海洋气象等支出——海洋管理事务——海洋矿产资源勘探研究"科目反映海洋、矿产资源勘探研究开发支出；"国防支出——国防科研事业"科目反映了用于国防科研方面的支出。国防科技支出分为军事专用性支出和军民通用性支出，第一类支出的直接功能是增强国家安全，间接功能是通过提供良好的经济增长环境而促进经济增长；第二类支出则能够直接增加经济增长机会。

总体来看，一般公共预算涵盖了中小口径的科技财政支出。如表 3.5 所示，从总体看，科技财政支出的增长率呈逐年递增的趋势，同比增速由

---

① 2020 年之前科学技术部门预算中"资源勘探电力信息等支出"下，款级科目"支持中小企业发展和管理支出"下的项级科目"科技型中小企业技术创新基金""中小企业发展专项"反映促进中小企业技术创新的支出，主要是通过拨款资助、贷款贴息和资本金投入等方式扶持和引导科技型中小企业的技术创新活动，促进科技成果的转化。

2014 年的 4.4% 增长至 2019 年的 12.6%，在 2020 年同比增速为 -5.8%，主要原因是受新冠肺炎疫情等因素影响，投入增速有所回落，国家财政科技支出比上年下降。从科学技术政府层级看，地方的增长速度比中央快，在 2018 年时地方比上年同期增长 16.5%，而中央增长仅 9.3%。从科学技术支出结构上看，地方的投入比重略高于中央，地方的投入比重由 2014 年的 55.1% 增加到 2020 年的 62.8%；小口径的支出（科学技术科目）在财政科学技术支出总额中占绝对比重，一直维持在 85% 左右，且逐年递增，截至 2020 年科学技术科目占财政科学技术支出已达 89.3%。

表 3.5 全国财政科技支出情况

年份	项目	科技财政支出（亿元）	比上年同期增长（%）	占财政科学技术支出的比重（%）
2020	合计	10095.0	-5.8	—
	其中：科学技术	9018.3	-4.8	89.3
	其他功能支出中用于科学技术的支出	1076.7	-13.6	10.7
	其中：中央	3758.2	-9.9	37.2
	地方	6336.8	-3.2	62.8
2019	合计	10717.4	12.6	—
	其中：科学技术	9470.8	13.7	88.4
	其他功能支出中用于科学技术的支出	1246.6	4.6	11.6
	其中：中央	4173.2	11.6	38.9
	地方	6544.2	13.2	61.1
2018	合计	9518.2	13.5	—
	其中：科学技术	8326.7	14.6	87.5
	其他功能支出中用于科学技术的支出	1191.5	6.7	12.5
	其中：中央	3738.5	9.3	39.3
	地方	5779.7	16.5	60.7
2017	合计	8383.6	8.0	—
	其中：科学技术	7267.0	10.7	86.7
	其他功能支出中用于科学技术的支出	1116.6	-6.7	13.3

年份	项目	科技财政支出（亿元）	比上年同期增长（%）	占财政科学技术支出的比重（%）
2017	其中：中央	3421.5	4.7	40.8
	地方	4962.1	10.5	59.2
2016	合计	7760.7	10.8	—
	其中：科学技术	6564	12	84.6
	其他功能支出中用于科学技术的支出	1196.7	4.7	15.4
	其中：中央	3269.3	8.5	42.1
	地方	4491.4	12.5	57.9
2015	合计	7005.8	8.5	—
	其中：科学技术	5862.6	10.3	83.7
	其他功能支出中用于科学技术的支出	1143.2	0.3	16.3
	其中：中央	3012.1	3.9	43
	地方	3993.7	12.3	57
2014	合计	6454.5	4.4	—
	其中：科学技术	5314.5	4.5	82.3
	其他功能支出中用于科学技术的支出	1140	3.6	17.4
	其中：中央	2899.2	6.3	44.9
	地方	3555.4	2.9	55.1

注：本表中科学支出的统计范围为一般公共预算中安排的支出项目，即本章所界定的中、小口径的支出。

资料来源：2016~2020年《全国经费科技统计投入公报》。

3.1.2.3　财政科技支出的大口径预算界定

在大口径的科技支出预算界定中，把政府性基金预算和国有资本经营预算中体现科技支出的预算科目纳入进来。

政府性基金预算中涵盖的科技支出主要包含三个基金和专项资金："核电站乏燃料处理处置基金"（"科学技术支出"科目下）；"新菜地开发建设基金"（"农林水支出——技术培训与推广"科目下）；"散装水泥专项资金"（"资源勘探信息等支出"科目下）。其中，"核电站乏燃料处理处置基金"用于乏燃料的运输和离堆贮存，并提取有价值的物质。"新菜地开发建设基金"部分用于专业技术人员培训、新技术引进和技术推广。
"散装水泥专项资金"部分用于科研、新技术开发、示范和推广支出,此
项基金由地方政府进行收支管理。基金款项采用专款专用的资金管理方
法,就收支管理权限看,"核电站乏燃料处理处置基金"由中央政府进行
管理,地方基金预算中不安排这项基金的收支,而后两个基金则由地方进
行管理,中央基金预算中不进行安排(如表 3.6 所示)。2018 年"核电站
乏燃料处理处置基金"支出决算数为 14.97 亿元,比 2017 年执行数增加
12.42 亿元,增长 487.06%,主要是新增安排乏燃料后处理科研经费较
多。2016 年取消停征和整合部分政府基金项目,将"新菜地开发建设基
金"标准将为零,"散装水泥专项资金"并入新型墙体材料专项基金,故
2016 年后两项基金无数据。

表 3.6　　　　　中央和地方政府性基金决算中科技类支出

年份	核电站乏燃料处理处置基金 (亿元)	新菜地开发建设基金 (亿元)	散装水泥专项资金 (亿元)
2011	2.25	8.01	8.46
2012	0.84	6.84	8.96
2013	0.70	10.38	11.00
2014	1.59	7.55	9.35
2015	4.32	8.71	8.97
2016	0.52	4.38	—
2017	2.55	—	—
2018	14.97	—	—
2019	8.15	—	—
2020	10.39	—	—

资料来源:财政部网站,中央和地方政府性基金决算(2011~2020 年)。

国有资本经营预算中涵盖的科技支出体现为款级科目"国有企业资本
金注入"下,项级科目"国有经济结构调整支出"用于支持装备制造业
发展、中央文化企业产业升级与发展等;"支持科技进步支出"反映国有
资本经营预算收入安排的用于科学技术方面的支出,以及用于科技创新及
科技成果转化等方面的支出;"前瞻性战略性产业发展支出"用于国家集
成电路产业投资基金注资等支出。如表 3.7 所示,从全国层面看,合计金

额呈递增趋势；从结构层面看，2015 年中央和地方的投入比重相近，但从 2016 年开始，中央投入明显多于地方。

表 3. 7 　　　　　　　中央和地方国有资本经营预算中科技支出

年份	科目	全国（亿元）	中央（亿元）	地方（亿元）
2015	国有经济结构调整支出	504. 1	260. 31	243. 79
	前瞻性战略性产业发展支出	122. 81	60	62. 81
	支持科技进步支出	65	19. 96	45. 04
	合计	691. 91	340. 27	351. 64
2016	国有经济结构调整支出	387. 35	203	194. 52
	前瞻性战略性产业发展支出	158. 92	100	23. 69
	支持科技进步支出	46. 9	12	42. 51
	合计	575. 72	315	260. 72
2017	国有经济结构调整支出	387. 52	193	194. 52
	前瞻性战略性产业发展支出	133. 69	110	23. 69
	支持科技进步支出	42. 51	—	42. 51
	合计	563. 72	303	260. 72
2018	国有经济结构调整支出	364. 92	197. 00	167. 92
	前瞻性战略性产业发展支出	153. 39	130. 00	23. 39
	支持科技进步支出	45. 16	0. 10	45. 06
	合计	563. 47	327. 1	236. 37
2019	国有经济结构调整支出	473. 07	288. 20	184. 87
	前瞻性战略性产业发展支出	117. 51	87	30. 51
	支持科技进步支出	—	—	56. 64
	合计	647. 22	375. 2	272. 02
2020	国有经济结构调整支出	634. 74	345. 11	289. 63
	前瞻性战略性产业发展支出	167. 78	140. 00	27. 78
	支持科技进步支出	59. 68	—	59. 68
	合计	857. 2	480. 11	377. 09

　　注：2014 年以前的预算编制科目的设置与 2014 年之后不同，所以未统计 2014 年以前的预算数据。

　　资料来源：根据财政部网站各年预算数据整理获得。

3.2　财政科技支出政策的分类

国家级财政科技政策众多，政策的扶持对象、目标各有差异，对其进行归类，有利于从总体上把握我国财政对科技创新的支持范围和重点。国家级财政科技政策的着眼点在于明确政策的指导思想、基本原则和建设目标，多数政策法规未对财政支持的数额和具体标准进行明确规定，而是将具体措施的决定权限授予了地方政府。

3.2.1　按财政科技支出的方式进行分类

从支持方式上看，财政科技支出可以分为无偿资助、股权投资、政府采购三种方式（如图 3.1 所示），分别以财政拨款、财政注资、需求创造的方式，增加企业的资金供给，刺激企业的创新需求。从财政资金与市场的交换方式看，分为资金的单向转移以及资金和物品的双向转移，如无偿资助是向资助对象进行单向的资金转移，股权投资则按照市场化的有偿方式进行运作，政府采购通过与创新个体之间资金和物品的交换间接提供支持。

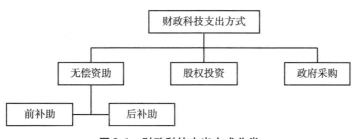

图 3.1　财政科技支出方式分类

3.2.1.1　无偿资助

无偿资助是我国财政科技拨款的主要方式，通过直接或潜在的资金或债务的转移向资助对象提供支持。根据资金拨付的时点，无偿资助可分为前补助和后补助。前补助是指项目立项后核定预算，并按照科研项目合同或任务书确定的拨款计划及项目执行进度，核拨项目经费的支持方式。后补助是指从事研究开发和科技服务活动的单位先行投入资金，取得成果或者服务绩效，通过验收审查或绩效考核后，给予经费补助的支持方式。后补助突出结果导向，能够有效激发企业创新的内生动力，建立以企业主导的产业技术创新机制。如表3.8所示，两种补助方式在资金拨付方式、补助依据、受益对象、验收形式方面存在差异。

表3.8　　　　　　　　　　　　无偿资助的方式比较

补助方式	资金拨付方式	补助依据	受益对象	验收形式
前补助	事前或分阶段拨付	立项项目	立项企业	财务验收
后补助	事后一次性拨付	绩效考核指标	研发成果通过验收审查的企业	技术验收

财政科技拨款是解决企业资金困境的最直接措施，能够及时补充企业在研发、科技成果转化及产业化等方面的资金需求。如表3.9所示，中央和地方财政科技拨款在公共支出中的比重维持在4%左右，地方的财政科技拨款增速高于中央财政科技拨款增速，自2012年起，地方的财政科技拨款比重高于中央财政科技拨款。

表3.9　　　　　　　　　2011～2020年财政科技拨款及其占比情况

年份	财政支出（亿元）	财政科技拨款（亿元）	中央财政科技拨款（亿元）	地方财政科技拨款（亿元）	财政科技拨款占财政支出的比重（%）
2011	109247.8	4902.6	2649.0	2433.6	4.49
2012	125953.0	5600.1	2613.6	2986.5	4.45
2013	140212.1	6184.9	2728.5	3456.4	4.41
2014	151785.6	6454.5	2899.2	3555.4	4.25
2015	175877.8	7005.8	3012.1	3993.7	3.98
2016	187755.2	7760.7	3269.3	4491.4	4.13
2017	203330.0	8383.6	3421.5	4962.1	4.13
2018	220906.0	9518.2	3738.5	5779.7	4.31
2019	238858.4	10717.4	4173.2	6544.2	4.49
2020	245679.0	10095.0	3758.2	6336.8	4.11

资料来源：2011～2020年《全国科技经费投入统计公报》。

（1）前补助和后补助的适用领域。对于基础性和公益性研究，以及重大共性关键技术研究、开发、集成、示范和科技人才培育等科技活动，一般采取前补助方式支持。对于面向社会开展公共研发服务并取得绩效的各类科技基础条件基地等，则采取后补助方式支持。但两种方式的使用也不是完全割裂开来，将二者进行综合使用，更能体现财政对创新行为的多元化支持功能。以投资保障的形式对创业投资企业和初创期科技型中小企业进行支持。创业投资机构将正在进行高新技术研发、有投资潜力的初创期科技型中小企业确定为"辅导企业"后，引导基金对"辅导企业"给予资助。

（2）前补助和后补助的资金分配方式。在资金分配方式上，采用前补助方式支持的专项资金，主要按照竞争立项方式进行分配。采用后补助方式支持的专项资金，按照科技计划项目及专项资金后补助管理有关规定分配管理，由项目承担单位自主安排用于科研活动、科技成果转化和科技产业发展等。

（3）后补助的具体方式。后补助包括事前立项事后补助、奖励性后补助及共享服务后补助等方式。事前立项事后补助是后补助最典型的资助方式，充分体现了后补助管理"先实施，后拨款"的特点。这种补助方式要求单位需先行投入资金进行研发，如果项目完成任务目标，即按照约定的金额补助，未完成任务目标，则没有补助，因此主要面向具备一定资金实力和抗风险能力的企业。这种方式有补助金额的上限限定，《国家科技计划及专项资金后补助管理规定》根据 WTO 补贴与反补贴协议中不可申诉补贴的认定条件的有关规定，将后补助的补助额度定义为项目预算的50%内。奖励性后补助的资助对象为解决国家急需的、影响经济社会发展的重大公共利益或重大产业技术问题等发挥关键作用的相关原创成果。共享服务后补助主要为支持科技部、财政部认定的国家科技基础条件平台发展、提高科技资源开放共享服务水平而实施的补助。

3.2.1.2 股权投资

股权投资是指由各级政府通过预算安排，以单独出资或与社会资本共同出资设立，采用股权投资等市场化方式，引导社会各类资本投资经济社会发展的重点领域和薄弱环节，支持相关产业和领域发展的资金。股权投资是财政资金"拨改投"的具体方式，对创新创业行为的支持由无偿资助转为有偿方式运作。目前股权类投资的形式以政府引导基金为主，根据支持对象的不同，分为图 3.2 所示的三类引导基金。引导基金不直接从事风险投资活动，而是通过参股创业投资机构发挥引导基金的杠杆作用，引导社会资金进入创业风险投资领域。

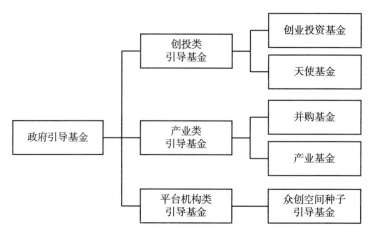

图 3.2　政府引导基金分类

（1）运作方式。第一，支持阶段参股，即引导基金向创业投资企业进行股权投资，主要支持发起设立新的创业投资企业。第二，支持跟进投资，即对创业投资机构选定投资的初创期科技型中小企业，引导基金与创业投资机构共同投资，并在约定的期限内退出。第三，风险补助，通过贷款风险补偿、融资担保等措施，对已投资于初创期高科技中小企业的创业风险投资机构予以一定的补助，增强创业投资机构抵御风险的能力。第四，投资保障，创业引导基金对有投资价值，但有一定风险的初创期中小企业，在先期予以资助的同时，由创业投资机构在向这些企业进行股权投资的基础上，引导基金再给予第二次补助，以解决创业风险投资机构因担心风险想投而不敢投的问题，尤其适用于科技企业孵化器等中小企业服务机构。

（2）支持目的。创投类引导基金的宗旨是扶持创业风险投资企业的发展，以政府资本引导社会资金进入创业风险投资领域，投资于科技型中小企业。在创投类引导基金的撬动下，我国创业投资迅猛发展，如表 3.10所示，管理资本呈逐年递增趋势，从 2007 年的 1112.9 亿元增长至 2019年的 9989.1 亿元，增长了近 8 倍，虽然 2012 年的增幅出现下降，但 2013年再次回升。我国产业类引导基金主要是指通过投资产业基金、并购基金等子基金，引导社会资本支持重点产业发展，促进支柱产业和新兴产业的发展。平台机构类引导基金引导众创空间运营商设立种子基金，用于对初创项目的借款，以及收购创业者的初创成果，向众创空间内的创业大学生发放岗位补贴和社会保险补贴。

表 3.10　　　　　　　　2007～2019 年全国创业风险管理资本总额

年份	管理资本 （亿元）	较上年增长 （%）	基金平均管理 资本规模 （亿元）	年份	管理资本 （亿元）	较上年增长 （%）	基金平均管理 资本规模 （亿元）
2007	1112.9	67.7	3.36	2014	5232.4	31.7	4.48
2008	1455.7	30.8	3.55	2015	6653.3	27.2	4.66
2009	1605.1	10.3	3.24	2016	8277.1	24.4	4.05
2010	2406.6	49.9	3.34	2017	8872.5	7.2	5.6
2011	3198	32.9	3.72	2018	9179.1	3.5	4.8
2012	3312.9	3.6	3.52	2019	9989.1	8.8	5.20
2013	3573.9	7.9	3.26				

资料来源：《2019 年我国创业投资统计分析》。

（3）投向领域。与传统的"撒胡椒面"式的财政扶持方式相比，引导基金的投向具有明确的目标性。产业引导基金主要投向战略性新兴产业和高技术产业领域处于初创期、早中期且具有原始创新、集成创新或消化吸收再创新属性的创新型企业，处于成长期、扩张期的高新技术项目，以及处于种子期，但市场前景广阔的高新技术项目。科技成果转化基金主要用于支持转化利用财政资金形成的科技成果，包括国家科技计划、地方科技计划及其他由事业单位产生的新技术、新产品、新工艺、新材料、新装置及其系统等。

3.2.1.3　政府采购

政府采购具有明确的政策导向功能，能够从需求侧引导企业开发并生产自主创新产品。通过向中小企业预留采购份额、评审优惠等措施，完善对中小微企业创新的支持方式，支持自主创新产品的研究和应用。《自主创新产品政府首购和订购管理办法》中鼓励发挥政府采购政策功能以首购、订购的方式扶持自主创新产品的研究和应用，并对首购和订购对象做了明确的界定。其中，首购对象是对于国内企业或科研机构生产或开发的，暂不具有市场竞争力，但符合国民经济发展要求、代表先进技术发展方向的首次投向市场的产品，订购对象是国家需要研究开发的重大创新产品、技术、软科学研究课题等。

3.2.2　按科技财政支出的对象进行分类

从财政补贴的对象出发，如图 3.3 所示，财政科技支出可以分为资金融通补贴、平台机构资助、创新人才资助。

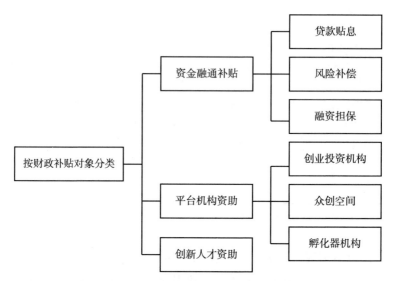

图 3.3　财政科技支出补贴对象分类

3.2.2.1　资金融通补贴

资金投入是企业创新的核心要素之一，创新过程中的融资支持决定着企业创新行为的可持续性。由于科技成果转化的投资周期长、风险性大，银行出于资金安全性的要求，对企业的信贷趋于保守，融资担保机构的营利性经营策略进一步制约了中小企业的融资需求。"融资难、担保难"会导致创新主体在创新过程中因难以筹集到足够的资金，不得不推迟甚至放弃创新项目而承担融资风险。这种融资风险在科技型中小企业中表现得非常明显。对能够给科技型企业提供资金的银行机构、担保公司提供财政补贴，健全贷款和担保体系，可以增强企业的债务融资能力。促进资金融通补贴的方式包括：贷款贴息、风险补偿、融资担保、保费补贴。

（1）贷款贴息。贷款贴息是指借款人从银行业金融机构获得贷款的利息由政府有关机构或民间组织全额或部分负担，借款人只需要按照协议归还本金或少部分的利息。作为政府向企业提供的一种间接补贴形式，能够降低企业的贷款利息，降低科技企业的融资成本，部分化解企业的融资风险。贷款贴息资金来源于政府引导基金、科技型中小企业技术创新基金等，主要用于支持产品具有一定技术创新性、需要中试或扩大规模、形成小批量生产，银行已经贷款或有贷款意向的项目。按补贴对象，分为两种补贴方式：第一，将贴息资金直接以后补贴的方式拨付给补贴对象。贷款企业获得科技贷款并偿付了相应的利息之后，凭获得贷款和偿付利息的有关资料申请报销，相应的贴息款一次性支付给企业。第二，将贴息资金拨付给贷款银行，由贷款银行以政策性优惠利率向企业提供贷款，受益企业按照实际发生的利率计算和确认利息费用。

（2）风险补偿。具体资助方式包括贷款风险补偿、创业投资风险补偿。为激励金融机构向科技成果转化环节提供资金，通过科技成果转化基金对用于转化科技成果的贷款给予一定的风险补偿，以此来补偿金融机构在支持企业具有自主知识产权的科技成果产业化过程中的贷款损失。《科技型中小企业创业投资引导基金管理暂行办法》中规定以引导基金的方式对已投资于初创期科技型中小企业的创业投资机构予以一定的补助。创业投资机构在完成投资后，可以申请风险补助。引导基金按照最高不超过创业投资机构实际投资额的5%给予风险补助，补助金额最高不超过500万元人民币。风险补助资金用于弥补创业投资损失。

（3）融资担保。融资担保机制能够以少量财政资金带动大量民间资本进入科技创新领域，被称为"创新资金的放大器"，是破解企业融资难、融资贵问题的重要手段和关键环节。科技型中小企业和初创企业可抵押资产少、信用记录不足、信息不对称，导致其不受融资担保机构的青睐，影响市场信贷的投放。政府助力解决担保难的问题，主要方式有：通过新设、控股、参股等方式，设立财政出资为主的政策性融资担保机构，作为科技企业和创业者的融资中介，以政策性融资担保机构作为连接商业银行信贷资金、投资机构资本资金与科技企业的桥梁；设立国家融资担保基金，推进政府主导的省级再担保机构基本实现全覆盖，构建国家融资担保基金、省级再担保机构、辖内融资担保机构的三层组织体系，有效分散融资担保机构风险，发挥再担保"稳定器"作用。

3.2.2.2　平台机构资助

众创空间等新型创业服务平台通过提供专业的、开放式的交流服务空间，促进创新创业与市场需求和社会资本有效对接，是营造良好的创新创业生态环境的关键环节。为促进创新创业平台的发展，国家出台了鼓励支持企业等社会组织成立众创空间的诸多政策，资助各类新型创业服务平台发展。

（1）无偿资助和奖励性后补助相结合。第一，充分发挥国家新兴产业创业投资引导基金、国家中小企业发展基金等政策性基金作用，对众创空间给予一次性补助，用于其房租、宽带接入费、公共软件、开发工具、创业培训和中介服务等支出。这类财政补贴通过降低众创空间的运作成本，促进软件、硬件设备的完善，以完备的创业生态环境吸引创业者的积聚。第二，奖励性后补助。科技部门委托第三方中介机构，对符合条件的众创空间进行绩效评价，根据绩效评价结果，择优对部分众创空间分档给予资助。

（2）实行差异化财政资助。第一，线下和线上资助并行实施。降低对实体营业场所、固定资产投入等硬性指标要求，将对线下实体众创空间的财政扶持政策惠及网络众创空间。第二，加大对小微企业创业基地建设的支持力度。与大中型企业相比，小微企业和个人创业者的创业风险更大，对创业基地的技能培训、管理指导具有很强的依赖性。对小微企业创新平台的支持体现在：利用中小企业专项资金，大力推进小微企业公共服务平台和创业基地建设，加大政府购买服务力度，为小微企业免费提供管理指导、技能培训、市场开拓、标准咨询、检验检测认证等服务。

（3）对孵化器机构的扶持。通过扩大资金投入，加大财政资金投入力度，加强对孵化器的宏观引导和公共服务产品供给。综合运用图 3.4 所示的多种财政支持方式，引导孵化器良性发展。

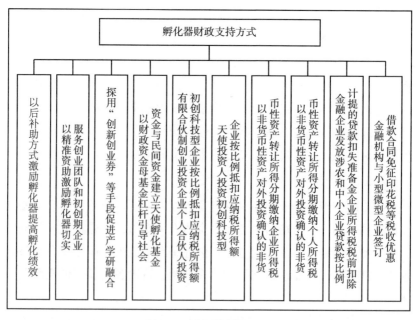

图 3.4　孵化器支持方式

3.2.2.3　创新人才资助

人才是创新的第一要素，人才资助是财政科技支出的重要内容。《国家中长期人才发展规划纲要（2010—2020）》提出完善人才激励、引进、培育机制，并给予财政支持和保障。

（1）人才激励资助。通过股权激励和分红激励调动技术和管理人员的积极性和创造性，推动高新技术产业化和科技成果转化。分别采用现金激励、股权激励、分红激励的方式对高等学校遴选特聘教授、讲座教授，以及企业重要技术人员和经营管理人员实施激励。

（2）人才引进资助。"千人计划"项目结合经济社会发展和产业结构调整的需要，有针对性地支持一批能够突破关键技术、发展高新产业、带动新兴学科的战略科学家和领军人才来华创新创业。对每位引进人才或团队一次性给予资金支持。

（3）人才培育资助。对中央财政资助的重大工程项目和产业项目以及国家重大科技基础设施建设中的项目，结合重大项目的实施，加强创新人才的培育和创新团队的建设。重大项目课题申报书和任务书中必须包含创新人才培育计划。对于有产业化前景的项目，优先考虑由具备条件的企业承担，或由企业与高等院校、科研院所联合承担，促进创新人才的培养。

3.3　当前财政科技支出政策存在的问题

3.3.1　财政科技资金管理模式与投入方式不够合理

一是财政资金多头管理，渠道分散，资金的配置亟待优化和整合。多头管理主要表现在政府科技投入部门多，部门内部之间也存在多头管理。在具体使用过程中，客观上存在着相关职能部门缺乏沟通，资金安排存在不必要的重复交叉问题。目前财政科技投入主要涉及财政局、科委、发改委、经信委、教委、环保局等部门。财政局主要负责中央财政科技资金总的预算编制、执行、决算，制定经费管理制度等。其他各部门根据职责具体分配使用管理财政科技资金。缺乏顶层设计和统一规划，容易出现项目重复和多头支持的现象，投入不足与资金重复现象并存。项目支持单位也存在科技资金浪费现象，争资源、争资金、争项目的问题长期得不到解决。

二是由于财政补贴形式和对象选择不当，易埋下"反补贴"的隐患。根据课题组对美国近年对华反补贴调查裁决报告的梳理发现，在涉及政府补贴项目的案件中，裁定某市政府提供的可反补贴项目主要集中在政府赠款一类。低价提供土地、电力、原材料等财政补贴方式以及税收减免或返还不仅容易导致接受补贴企业采用非理性急速扩张和低价竞争的发展战略，而且容易导致其他国家根据 WTO《补贴与反补贴措施协定》对企业产品实施"反补贴"调查，进而对企业进军国际市场产生不利影响。课题组调研中发现，有个别计划进军国际市场的科技型企业近年来以不同形式接受了大量政府部门的财政补贴，最高者甚至达到 5000 万元规模。

3.3.2　财政科技投入的结构有待优化

一是在财政支持规模结构上，财政科技资金的支持遴选机制有待完善。目前，多数省市对科技型企业无论是项目类、补贴类还是奖励性资金，均形成了一定的覆盖面，这虽然增加了享受财政支持企业的数量，但也客观上存在资金投向分散、"撒芝麻盐"的情况，在一定程度上影响了资金总体使用效益的发挥。一些重大或者是比较有潜力的新兴科技项目在科技发展规划中缺乏稳定的资金渠道。而对于一些资金需求量大又处于初创期的企业而言，十几万元或几十万元的财政资金似乎是杯水车薪，且造成了一些企业"不要白不要"的心理，使得财政资金的激励效应被"稀释"，财政资金的杠杆作用没有充分发挥，市场化的科技金融体制尚需加强。

二是财政支持形式结构上，无偿性财政科技投入比重较高，形式较为单一。其他更灵活、更有效率、杠杆效应更强且更加市场化的资金投入方式，如贴息、担保、引导基金等所占比重较小。根据课题组对创业板上市公司财务数据梳理分析可知，2015 年全国创业板公司中有 93 家企业财务披露获得财政贴息，平均每家企业 77.28 万元，其中北京平均每家公司获得 75.53 万元，上海平均 42.71 万元，深圳平均 154.96 万元，天津平均 47 万元。对民间资金有较强带动作用的贷款贴息占比较低，表明财政科技资金对民间资金的带动作用、引导作用和衔接作用没有很好地发挥出来。此外，目前政府类资金担保公司的硬性条件比较高、额度比较小，在相关资质审查中，科技型企业的轻资产特征成为企业融资的最大障碍。

3.3.3　财政科技投入绩效评价制度有待完善

总的来看，财政科技支出绩效评价办法、评价的内容、指标和标准设计、绩效评价的操作过程、评价结果的应用等方面缺乏制度性的保障，财政支出绩效评价带有明显的审计特征，涉及项目实施结果方面的评价指标设定过于宏观。调研过程中，发现问题主要表现在以下几个方面：一是由于获得财政资金的科技型企业众多，且企业发展阶段不同、所属产业行业差别较大，部分科技项目专业性也较强，较难建立一套系统的绩效评价体系和办法。二是从具体考核指标设定来看，没有考虑无形资产的因素，量的要求多、质的要求少、硬的要求多、软的要求少，部分考核指标的设定没有充分考虑科研规律。考核指标更多侧重于考核技术，以及财务安排、资金使用去向是否合规。指标中涉及使用效益方面的评价，也就是绩效指标中的项目实施效果指标设定过于宏观，根据第三方的绩效考核报告来看，诸如产业结构优化、对经济社会可持续发展方面的指标，这些都是评价一个产业或者行业，或者评价宏观经济运行效果的，不适合单独评价一个项目。三是项目验收做绩效评价时，考察财政科技投入绩效往往只局限于项目本身，特别是项目实施过程以及项目结果，更注重资金的用途是否符合规定，而忽略了其他综合因素（比如环境改善等隐性社会收益）。

3.3.4　针对科技创新的基层理财意识和管理理念有待提升

一是基层政府理财意识还需提高。市、区两级政府对财政扶持科技型企业有比较清晰的认识，但街道和乡镇一级政府对诸如科技创新战略与招商引资等工作没有区分清楚，认识上存在误解，还是以税收贡献为核心，面对长时间无税收的科技型企业没有耐心，存在"财政倒挂"思维。在选择财政扶持企业时，更关注科技型企业的当前税收贡献或者是经济贡献，创新失败的宽容度也较低，忽视了企业的长远发展前途与税收潜力。

二是基层政府由于缺乏创业投资专业知识导致不敢担责。个别政府基层管理人员对借力风险投资培育本地优质企业的意识欠缺，进而导致民间资本投资意愿比较低，积极性不高，和北京、深圳等地区相比差距比较大。例如，某创投引导资金众创空间设在某区，此创投资金也想将配套的基金注册为有限合伙制企业落户，受清理非法集资的影响基层政府领导怕担责任而没有接受该企业注册。

第4章 促进科技创新的税收政策分类与存在的问题

4.1 税收激励政策的分类

为研究税收政策对企业产生的激励效应，需要明确过去到现在制定的政策。从财政部法规数据库、国家税务总局法规库、税屋网及其他法律政策网站搜集整理截至 2021 年末有效的激励企业科技创新的税收政策，根据政策税种、政策工具、政策环节分布统计如下。

4.1.1 按税种分析

目前，我国有 18 个税种，与企业科技创新密切相关的税种共 7 个，其余 11 个税种暂无相关政策直接支持企业科技创新。过去奖金税、建筑税、营业税、产品税和投资方向调节税都有相关政策支持企业科技创新，由于已经取消，在本书中不再作为重点分析。

企业所得税是我国影响企业使用的首要税种，对各个税进行合计后，企业所得税优惠政策最多（如表 4.1 所示）。从 20 世纪 80 年代起，国家就开始颁布与科技创新相关的企业所得税优惠政策，对纯利润减税免税，改变对成本费用列支的范围、方式、标准，调整企业的投资方向和生产行为。增值税是我国激励企业科技创新所采用的另一个主要税种，1994 年税制改革创立了以流转税和所得税为"双主体"的税制，2009 年开始增值税转型改革，采用消费型增值税，企业购买设备含有的增值税准予抵扣。增值税改革前的政策大多与进口仪器或者外商购买国内设备相关，与关税联系密切。而现行增值税税收优惠政策多是对企业无法生产或者国内商品性能不能满足需求的科技研发产品免于征收进口增值税和进口关税。

此外，软件、动漫等行业销售的产品增值税即征即退。1994 年，财政部、税务总局出台了第一条与科技创新相关的个人所得税政策，至今尚未取消。目前国家对科研创新人才的个人所得税政策涵盖：由国家级、省级以及国际组织对科技人员颁发的科技奖金免征个人所得税、高新技术企业技术人员股权奖励分期缴纳个人所得税、职务科技成果转化现金奖励减征个人所得税、职务科技成果转化股权奖励递延纳税、个人以技术成果投资入股递延纳税等。

表 4.1　　　　　　　　　　　　　　政策税种分布

涉及税种	税收政策数目（个）
企业所得税	32
个人所得税	6
增值税	21
关税	18
消费税	2
房产税	5
城镇土地使用税	6

我国现行激励企业科技创新的税收政策条款较多，现对运用较多、影响较大的一些税收政策做一简要回顾。

4.1.1.1　企业所得税

（1）减免税。一年中居民企业让渡技术的所得额小于等于 500 万元，免征企业所得税；大于 500 万元的部分减半征收。

我国境内通过认证的软件企业，从盈利当年起，第一、二年免征企业所得税，第三至第五年减半征收；全国计划内的核心软件企业，若全年未获得任何税收优惠，以 10% 征收企业所得税。

对国家鼓励的集成电路生产企业，区分线宽和经营期，分别给予企业所得税"十免""五免五减半""两免三减半"的优惠政策（可选择按企业或按项目享受）。

从事环境保护、节能节水工程，自工程获得首笔营业收入的年份起，第一至第三年免征企业所得税，第四至第六年减半征收。

（2）低税率。全国重点帮扶的、通过认证满足要求的高新技术企业和先进服务企业以 15% 征收企业所得税。

（3）研发费用加计扣除。企业开展研发活动中实际发生的研发费用，未形成无形资产计入当期损益的，在按规定据实扣除的基础上，按照实际发生额的75%，在税前加计扣除；形成无形资产的，按照无形资产成本的175%在税前摊销。

自2021年1月1日起，制造业企业开展研发活动中实际发生的研发费用，未形成无形资产计入当期损益的，在按规定据实扣除的基础上，再按照实际发生额的100%在税前加计扣除；形成无形资产的，按照无形资产成本的200%在税前摊销。

委托境外进行研发活动所发生的费用，按照费用实际发生额的80%计入委托方的委托境外研发费用。委托境外研发费用不超过境内符合条件的研发费用2/3的部分，可以按规定在企业所得税前加计扣除。

企业预缴申报当年第3季度（按季预缴）或9月份（按月预缴）企业所得税时，可以自行选择就当年上半年研发费用享受加计扣除优惠政策，采取"自行判别、申报享受、相关资料留存备查"办理方式。未选择享受研发费用加计扣除优惠政策的，可在次年办理汇算清缴时统一享受。

（4）加速折旧。制造业企业新购进的固定资产，可缩短折旧年限或采取加速折旧的方法。

企业新购进的设备、器具，单位价值不超过500万元的，允许一次性计入当期成本费用在计算应纳税所得额时扣除，不再分年度计算折旧。

（5）结转抵扣。创业投资企业对未上市的中小高新技术企业进行股权投资，期限达到2年以上，股权注入满2年的首年投资额的70%可抵减创业投资企业的应纳税所得额，当年不足抵减，可延期抵减。购买符合要求的安全经营、环境维护及节能节水装置，投入额的10%允许抵免应纳税额，不足抵免的，可结转后期，但以5年为限。

当年具备高新技术企业或科技型中小企业资格的企业，其具备资格年度之前5个年度发生的尚未弥补完的亏损，准予结转以后年度弥补，最长结转年限由5年延长至10年。

4.1.1.2 增值税

增值税一般纳税人销售其自行开发生产的软件产品，按13%税率征收增值税后，对其增值税实际税负超过3%的部分实行即征即退政策。即征即退增值税款，由企业专项用于软件产品研发和扩大再生产并单独进行核算，可以作为不征税收入，在计算应纳税所得额时从收入总额中减除。

对科学研究机构、技术开发机构、学校、党校（行政学院）、图书馆进口国内不能生产或性能不能满足需求的科学研究、科技开发和教学用品，免征进口关税和进口环节增值税、消费税。对出版物进口单位为科研院所、学校、党校（行政学院）、图书馆进口用于科研、教学的图书、资料等，免征进口环节增值税。

动漫产品出口免征增值税。内外资企业及外商投资企业引进的前沿技术，若此项技术在《中国高新技术产品目录》中列示，在对外支付环节豁免征收增值税。

内外资企业及外商投资企业因科研、实验而进口的机器，免征增值税。一些大型机器装备及具有出口勉励导向的创新品，出口退税率由 13% 提至 17%；一些治疗药物、生物产品的出口退税率均有相应提升。

4.1.1.3 个人所得税

企事业单位、社会团体和个人等力量经过行政机关或公益组织捐赠基金给相关创新中心，应纳税所得额 30% 之内，允许在支付个人所得税前扣除。

省级政府、国务院各部委及国际机构给予的科学、技术、卫生、环境保护等类别的奖励，免征个人所得税。

科研机构、高等学校转化职务科技成果以股份或出资比例等股权形式给予个人奖励，获奖人在取得股份、出资比例时，暂不缴纳个人所得税；取得按股份、出资比例分红或转让股权、出资比例所得时，应依法缴纳个人所得税。

依法批准设立的非营利性研究开发机构和高等学校根据《中华人民共和国促进科技成果转化法》规定，从职务科技成果转化收入中给予科技人员的现金奖励，可减按 50% 计入科技人员当月"工资、薪金所得"，依法缴纳个人所得税。

外籍专家签订科研协定后来华工作，工资由该国承担，其工资免征个人所得税。

4.1.1.4 其他

符合条件的中小企业技术类服务平台，进口本国无法生产或国内商品性能欠佳而不能满足现实需求的科技研发产品，免征进口环节增值税、关税与消费税。

对国家级、省级科技企业孵化器、大学科技园和国家备案众创空间自用以及无偿或通过出租等方式提供给在孵对象使用的房产、土地，免征房产税和城镇土地使用税。

动漫企业自行研发、产出商品，要进口的材料，免征进口增值税与关税。

4.1.2　按税收政策工具分析

我国激励企业科技创新的税收政策工具呈多元化发展趋势，分析各种激励方式，具体包括：免征、减征、税率优惠、税前扣除/加计扣除、加速折旧、投资抵免、先征后退/即征即退和结转扣除/结转抵扣，其中免征、减征、税率优惠政策工具运用较多（如表 4.2 所示）。因操作简便，收效较好，为激发创新，国家在企业所得税、增值税、关税等层面推出了很多减免税政策。

表 4.2　　　　　　　　　　　　政策工具分布

税收政策工具	税收政策数目（个）
免征	42
减征	19
税率优惠	14
税前扣除/加计扣除	12
加速折旧	4
投资抵免	2
先征后退/即征即退	7
结转扣除/结转抵扣	2

1999 年后，国家更加注重间接优惠方式的使用，以加计扣除为例，1996 年企业的技术开发费用计入管理费用，且不受比例限制。若年增长幅度达到10%以上，则加计扣除50%，后取消限制条件，企业的研发支出150%加计扣除，2017 年又对科技型中小企业实施研发支出175%加计扣除的政策，2021 年之后又进一步提高加计扣除比例，科技型中小企业实际发生的研发费用在按规定据实扣除的基础上，按照实际发生额的100%在税前加计扣除；形成无形资产的，按照无形资产成本的200%在税前摊销。加速折旧是我国一直都在运用的间接优惠方式，目的在于鼓励企业加快更新设备的速度。

4.1.3　按支持企业创新活动的不同阶段分析

我国推进企业科技创新的税收政策遍及企业创新的每个关键环节，投入、研发、应用、销售等步骤都有政策进行支持（如表4.3所示）。从数量上看，对生产最为重视，与生产投入、技术引入、设备翻新有关的税收政策较多。随着企业科技创新的地位日益提高，政府支持企业发展科技创新业务的政策不断增加，特别是1999年后针对研发出台了一系列政策，与研发费用抵减相关的税收政策在持续更新。在应用上，十分注重成果转化、产业化、营销。科技服务、职工培训的税收政策也逐渐推出，尽管政策数量不多，但也改良了创新环境。

表4.3　　　　　　　　　　　政策环节分布

激励环节	税收政策数目（个）
创新投资	5
生产资料	12
技术引进和设备更新	13
研发费用抵扣	8
研发设备折旧	2
研发经费投入	6
科研用品投入	7
科技成果转化和产业化	11
产学研结合	2
科技服务	2
职工教育培训	2
营销	10
其他	12

企业初创期，可以享受普惠式的税收优惠，重点行业的小微企业购置固定资产、重点群体创业或者吸纳重点群体就业还能享受专门的税收优惠。同时，还对科技企业孵化器、大学科技园、众创空间等创新创业平台和创投企业给予税收优惠，鼓励其积极扶持初创企业成长，对金融机构小微企业贷款利息收入等给予税收优惠，帮助初创小微企业吸纳资金等。

企业成长期，逐步推进研发费用加计扣除政策调整优化，推出大幅放宽研发活动和研发费用范围、分两步将研发费用的加计扣除比例从50%提升至100%、允许企业委托境外研发费用加计扣除等措施。不断完善固定资产加速折旧政策，将固定资产加速折旧优惠的范围扩大到全部制造业领域，对企业新购进单位价值不超过500万元的设备、器具，允许一次性计入当期成本费用，在计算应纳税所得额时扣除。针对科技人才队伍培养，由国家级、省部级及国际组织颁发的科技奖金免征个人所得税；非营利性研发机构和高等院校给予科研人员的现金奖励减半征收个人所得税等。

企业成熟期，对高新技术企业减按15%的税率征收企业所得税，并不断拓展高新技术企业认定范围。将服务外包示范城市和国家服务贸易创新发展试点城市地区的技术先进型服务企业减按15%的税率征收企业所得税政策推广至全国实施。软件和集成电路企业可以享受企业所得税定期减免优惠，尤其是国家规划布局内的重点企业，可减按10%的税率征收企业所得税。对自行开发生产的计算机软件产品、集成电路重大项目企业还给予增值税期末留抵税额退税的优惠，对动漫企业实施增值税超税负即征即退等政策。

4.2   当前税收政策存在的问题

激励企业科技创新的税收政策推陈出新，对我国的科技进步起了一定的推动作用，而从政策梳理来看，推进科技创新的税收政策还有一定的缺陷，发挥的作用有限。

4.2.1   缺乏合理的顶层设计

（1）税收政策缺乏系统性。当前激励企业科技创新的税收政策多以函件、通知、办法、决定、补充说明的形式呈现，缺少标准的法律法规。例如，本章梳理所得的32项激励企业科技创新的企业所得税政策中，有30项是以通知的形式下发的。各项税收政策分散于各类文件和税收法规中，这种形式的好处在于税收政策十分灵活，但是系统性欠佳，一是会使得政策目标不明晰，指导性较差；二是政策之间缺乏有效联结，降低了其稳固性。未形成体系化的税收政策，看似给予企业充足的扶持，但现实中发挥的激励作用有限，一些企业的实际难题依旧没有得到处理，反而对其正常发展带来了负面作用。

（2）缺乏对税收优惠的预算制度。税式支出制度是各种税收优惠政策安排的制度体系，具体包含支出分析、预算管理、绩效评估等。与财政预算支出相比较，其时效性强，可以避免预算编制产生的时滞效应。推行税式支出管控，优惠的方向和重点更加明确，有利于财税观念的深化。《2021 年政府工作报告》数据显示，"十三五"时期，我国鼓励科技创新税收政策减免金额年均增长 28.5%，5 年累计减税 2.54 万亿元，且覆盖企业整个生命周期。"十三五"期间，企业初创期，小微企业减免企业所得税政策累计为 2996 万户次企业减免企业所得税超过 6910 亿元，覆盖九成以上小微企业，为包括科技企业在内的小微企业加快成长提供有益助力。成长期企业，全国享受研发费用加计扣除政策的企业户数由 2015 年的 5.3 万户提升至 2019 年的 33.9 万户，5 年间扩大了 5.4 倍；减免税额由 726 亿元提升至 3552 亿元。成熟期企业，我国对高新技术企业减按 15% 的税率征收企业所得税，并不断拓展高新技术企业认定范围。但未公布执行科技创新税收政策预计的减税目标，各类税式支出的详细情况、绩效评估统计数据匮乏。由于我国缺乏健全的税式支出制度，支持企业科技创新的税收政策在实践中发挥的作用无法准确衡量。

（3）缺乏对税收政策的后续有效管理。对企业科技创新的税收政策进行审批，时间较长，标准较高，办理的程序较为繁琐，等待成本较高，加之纳税人对政策缺乏准确的评估和利用，政策真正落实下来较难，无法有效释放政策红利。另外，有关部门认定高新技术企业的工作结束后，存在审核不及时的问题，在操作细节、操作规程上的管理机制还不健全，这种重政策轻管理的思想将会产生执法风险。

4.2.2　税收政策存在局限性

（1）直接税收优惠多，间接税收优惠少。本章梳理所得的直接税收优惠政策共 75 项，占全部税收政策工具的比重超过 70%，直接优惠侧重于对企业最终利润的减免，属于事后激励，并未考虑科技创新前期巨大的投入和不确定性，难以激发企业持续创新的积极性。而间接优惠是对应纳税所得额的影响，属于事前激励，事前激励既可以赋予企业科技创新原始动能，又可以在一定程度上规避企业的短期投机行为。根据生命周期理论，市场主体在起步时，自身产品的特色、定位变换较多，在这个阶段实现突破，需对研发活动加大投资，提高产品性能，此阶段间接税收优惠对企业的激励作用更强，但当前间接税收政策的力度不强。直接税收优惠以低税率、减免税额的方式为主，对获微利、亏损的企业作用较小，对研发失利、资金枯竭的企业存在政策缺位的情况。另外，直接税收优惠的受益对象不是研发环节或研发项目，而是对企业最终的收益进行优惠，有失公平。例如：被认定为高新技术企业后，其非技术性所得也能以低税率缴税，而非高新技术企业的技术性所得却不能以低税率缴税。

（2）对科研人员的税收激励政策较薄弱。企业开展科技创新活动离不开科研人员，而已颁布的税收政策还不足以培养更多的科研人员、吸引更多的科技工作者投身创新型行业，体现在以下两个方面。

第一，职工教育经费计提比例较低。职工教育经费在工资总额的2.5%以内时允许扣除，超出部分可结转未来年度扣除，仅有一些特殊行业的职工教育经费可以全部扣除，例如软件生产企业。技术变革快的企业，2.5%的扣除比例过低，无法满足人才培养的需要。

第二，个人所得税政策存在不足。目前，个人所得税法为高新技术企业科研人员提供的政策限定在所获省级人民政府、国际机构授予的科学、技术、环境保护等类型的奖励及国务院限定下发的特殊津贴免征个人所得税，省级以下政府机关所颁发的科技进步奖依然在个人所得税的征税范围。

个人所得税税前扣除，未对高科技人才的教育成本进行全面考量，不能有效激发国民对高层次教育的支出，科学领域的引力不足，科技精英队伍不稳固。对个人而言，教育培训支出定额扣除力度较小，而非据实扣除。当前实行的个人所得税中规定：纳税人在中国境内接受学历（学位）继续教育的支出，在学历（学位）教育期间按每月400元的定额扣除。同一学历（学位）继续教育的扣除期限不超过48个月。纳税人接受技能人员和专业技术人员职业资格继续教育的费用，在取得相关证书当年按照3600元的定额扣除。但无论是学历（学位）继续教育支出，还是技能人员和专业技术人员职业资格继续教育的费用通常高于可扣除限额，一定程度上降低了高科技人才对进一步提升学历和技能的积极性。

个人所得税的扣除名目中不包括住房补贴，对科技人员形成了一定的负担。住房问题是影响高科技企业科技人员工作生活的重要问题之一，大型企业若不能集中租赁，为易于管理，则发放住房补贴由个人解决住房问题。而税法规定住房补贴不作为个人所得税的扣除名目，增加了科技人员的税收负担。

对研发人员的创造发明、成果转移收益征税，降低了科研成果的转化率。国内高新技术企业转化科研成果后，予以研发人员一定比例的股份，研发人员需缴纳个人所得税，无法一次缴纳的，可根据具体情况进行分期缴纳，但不可超过 5 个年度。国家实施创新驱动战略，提出要增加研发人员科技创新成果收入，加强对研发人员的股权激励。目前的政策，仅仅是延长了纳税的期限，应纳的税款并未减少，没有从根本上减轻研发人员的税收负担；一些政策仅以公告、意见的形式出台，较为宏观，可操作性有待提高。因此，未能有效地发挥激励作用，培养科技创新人才。

国际市场上的角逐愈演愈烈，资本和技术领域的竞争，其背面即是人才的竞争，人才是科技创新中最有活力的要素，是企业的核心人力资本。跨国大型公司擅长挖掘人才，造成科技精英外流，对技术进步和科技创新产生负作用，需改进税收政策削弱其造成的不利影响。

（3）缺乏产学研联合开发的政策。产学研联合科技开发体是一种优越的科技开发和转化的架构形式，可以使企业、大专院校、科研机构强强联手，共享科技研发与转化的收益，引领科技体制创新的潮流。当前产学研一体化的机构不断增加，而税收政策多与企业独立研发成果转让及高等院校、科研机构技术转让、技术培训相关，我国促进产学研联合发展的政策较少，且侧重于最终成果转化环节，如纳税人提供技术转让、技术开发和与之相关的技术咨询、技术服务免征增值税；居民企业在一个纳税年度内技术转让所得不超过 500 万元的部分，免征企业所得税，超过 500 万元的部分，减半征收企业所得税。缺乏产学研联合开发的税收优惠政策可能导致割裂技术创新上、中、下游的对接和耦合，驱使企业、学校和研究机构侧重于对经济效益高的项目进行技术研究，而忽视具有社会效益的技术研究。

（4）地区性优惠政策效果不佳。地方政府出台了地方性税收政策，高新技术开发区也出台了各种税收政策。例如，对中国（上海）自由贸易试验区临港新片区内从事集成电路、人工智能、生物医药、民用航空等关键领域核心环节相关产品（技术）业务，并开展实质性生产或研发活动的符合条件的法人企业，自设立之日起 5 年内减按 15% 的税率征收企业所得税。对北京市中关村国家自主创新示范区内公司型创业投资企业，转让持有 3 年以上股权的所得占年度股权转让所得总额的比例超过 50% 的，按照年末个人股东持股比例减半征收当年企业所得税；转让持有 5 年以上股权的所得占年度股权转让所得总额的比例超过 50% 的，按照年末个人股东持股比例免征当年企业所得税。在中关村国家自主创新示范区特定区域内注册的居民企业，符合条件的技术转让所得，在一个纳税年度内不超过 2000 万元的部分，免征企业所得税；超过 2000 万元的部分，减半征收企业所得税。

　　在地区性优惠政策执行中，个别地方出现了重外资、轻内资的情况，地区性税收优惠政策以短期发展为目的，激励企业科技创新的效果不佳，甚至会引发区域间不良的科技税收竞争。另外，地区性税收政策的连续性较差，税收政策的有效期较短，企业进行生产决策和开展研发项目时则容易出现短期行为，政策显现出效果需要一定的时间，期限太短不利于企业持续性的发展。未来税收优惠政策应以产业为方向，注重区域协同，为经营主体提供公平的发展环境。

第二篇

财政政策与创新创业

无论是熊彼特提出的创新理论，还是以索洛为代表的新古典经济增长理论以及以罗默为代表的新经济增长理论都证明了技术创新对一国经济发展、国际竞争的重要性，实践中各国政府为实现经济发展目标采用各种措施激励创新创业活动。财政科技投入是创新创业活动持续进行的关键引擎，对于降低私人研发成本，降低研发周期长、不确定性高的创业项目风险，弥补创新所导致的私人收益小于社会收益的差距方面发挥举足轻重的作用。本篇财政科技支出与创新创业关系研究中，首先，分析财政科技支出的方向，在第5章探讨如何将有限的财政资金在基础性和应用性科技研发之间进行分配，提高财政科技投入资金的使用效率，这是在中国财政科技投入不断加大而核心技术创新效率仍然偏低背景下值得深入思考的问题。其次，分析财政政策对科技型企业的效应，在第6章分析科技型企业政府补助的经营绩效，探索适应当前企业需求的政府财政补贴形式。最后，重点考察财政政策对创业活动的影响，在实施创新驱动发展战略的背景下，基于熊彼特提出的创业是经济过程本身的关键推动力，经济体系发展的根源在于创业活动的观点，第7章从宏观视角分析财政支出规模与结构对创业激励效应的差异性，第8章分析政府引导基金对创业的带动效应。

第5章 我国财政基础研究与应用
研究投入的最优结构

5.1 我国财政基础研究投入的现状分析

我国还处于科技发展起步阶段，对基础研究发展的重要性认识不足，从长远看无法实现科技水平从"跟跑"到"领跑"的转变。近些年我国科技企业接连遭受西方发达国家技术上的封锁，以及中美贸易摩擦给予的启示，都使我们充分认识到基础研究能力对我国在新发展格局下实现高质量发展的重要性，我国比历史上任何时期都更需要基础研究对高质量科技创新理论源头知识的支撑。

5.1.1 财政基础研究投入的统计口径

为在研究方法上与国际接轨并保证数据的可比性，目前我国对于基础研究做出的解释与《弗拉斯卡蒂手册》① 中的概念保持一致。但随着全球科技的迅速发展，基础研究统计口径的内涵广泛化、价值多元化成为其重要特征。现阶段我国学者对基础研究的探索应跳出基础研究"不以特定的或具体的应用而开展"的传统约束，服务于"以科技创新提高社会生产力和综合国力"的战略规划。具体到财政基础研究投入的口径问题，各国、各组织之间统计口径同样存在差别。就我国实际情况来讲，在理论方面的

① 《弗拉斯卡蒂手册》编于 1962 年，是对科技活动进行测度的基础，阐明了研究与发展（R&D）活动是科技活动最基本和核心的内容。该手册中给出的基础研究定义为：为了取得关于现象和可观察事实的基本原理的新知识，并不以任何特定的或具体的应用而开展的实证性或理论性工作。这一定义影响较为深远。

"基础研究"界定下，除财政一般公共预算支出中科学技术支出类下的基础研究款之外，一般公共预算支出中一般公共服务类下的人力资源事务款尤其是国家资助留学回国人员、博士后日常经费、引进人才费用项，知识产权事务款，教育支出类下的普通教育款和留学教育款等支出也可全部或部分算作基础研究投入，这部分资金大多由财政依托高等院校进行，但本质上仍是财政投入行为。因此，根据涵盖口径的不同，将财政基础研究投入区分为微观和宏观两个层面。

微观口径①指财政一般公共预算支出中科学技术支出类下的基础研究款，财政部数据按照此口径计算，2019年我国财政基础研究投入占基础研究总量的比重约为60%②；宏观口径指财政一般公共预算支出中科学技术支出类下的基础研究款、人力资源服务款、知识产权事务款，教育支出类下的普通教育款和留学教育款等由财政主要依托高等院校投入且具有"基础研究属性"的款项之和。按照此口径测算2019年我国财政基础研究投入占基础研究总量的比重高达90%以上③。

5.1.2　财政基础研究投入绝对数量快速增长

政府对基础研究的高度重视表现为财政对基础研究的投入呈现快速增长的趋势。如表5.1所示，财政基础研究投入从2008年的190.5亿元经过12年的高速增长，到2019年达到了822.5亿元，4倍于2008年的投入水平。增长速度最快时增速超过20%，虽然2016年增速回落到了3.4%，但2019年恢复高速增长态势，整体来看十余年间的年均增速近15%。财政资金的跨越式增长为我国提升基础研究水平注入活力。在2020年，财政基础研究投入绝对值仍在增加，但受新冠肺炎疫情等因素影响，投入增速有所回落，中央财政基础研究投入增速为负。

---

① 除特殊说明外，在不涉及财政基础研究投入国际对比分析时，均采用微观口径进行度量。

② OECD数据库按照国际通行分类法，按基础研究投入主体将政府和高等院校区分开，政府投入中不包括本书界定的"微观口径"下投向高校的基础研究经费。

③ 高等院校是我国基础科学研究的主力军。财政资金投向高校，依托研究型高校开展基础科学研究是发达国家的通行做法，也是成功经验。我国现行科研环境下，作为基础研究重要投入与执行机构的高等院校每年花费在基础研究项目上的经费几乎都来源于财政资金。故OECD数据库中我国政府和高等院校两大投入主体经费投入之和可以佐证宏观口径下财政基础研究投入比例已达到90%以上。

表 5.1　2008～2020 年中央财政基础研究投入情况

年份	基础研究总量（T）（亿元）	增速（%）	财政支持部分（F）（亿元）	增速（%）	中央财政部分（C）（亿元）	增速（%）	F/T（%）	C/F（%）
2008	220.8	26.5	190.5	—	170.2	—	86.8	89.3
2009	270.3	22.4	228.6	20.0	208.6	22.6	84.6	91.2
2010	324.5	20.0	265.1	16.0	242.7	16.4	81.7	91.5
2011	411.8	26.9	325.8	22.9	294.3	21.3	79.1	90.3
2012	498.8	21.1	361.7	11.0	328.1	11.5	72.5	90.7
2013	555.0	11.3	406.7	12.4	360.3	9.8	73.2	88.6
2014	613.5	10.5	471.1	15.8	438.3	21.6	76.8	93.0
2015	716.1	16.7	550.9	17.0	500.5	14.2	76.9	90.9
2016	822.6	14.9	569.7	3.4	518.1	3.5	69.2	90.9
2017	975.5	18.5	605.0	6.1	533.2	2.9	62.0	88.1
2018	1090.4	11.8	649.3	7.3	552.6	3.6	59.5	85.1
2019	1335.6	22.5	822.5	26.7	671.2	21.5	61.6	81.6
2020	1467.0	9.8%	880.6	7.58	625.4	-6.8	60.0	71.0

注：2007 年，我国对财政收支分类体系进行了改革，在 2007 年以前，财政科技支出一项下并没有基础研究和应用研究这两个细分项，2008 年以后才开始采用这两个指标，所以数据均取自 2007 年之后。

资料来源：财政部网站、Wind 数据库、2008～2020 年《全国科技经费投入统计公报》。

5.1.3　中央财政是支持基础研究的主体，其资助形式呈现多样化

如表 5.1 所示，2019 年中央财政基础研究投入经费为 671.2 亿元，十余年间中央财政约占整个财政基础研究投入的九成，是支持基础研究的绝对主体。同时，现阶段我国中央财政以多种途径将资金拨付给各部委（如图 5.1 所示，主要是教育部、科技部、国家自然科学基金委员会、中国科学院等），各部委再根据自身职能使用财政资金开展研究活动，支持基础研究的发展。主要方式有：科技部统领下的国家重点基础研究发展计划（"973 计划"）专项资金和国家（重点）实验室专项经费，旨在解决我国创新驱动战略中的重大科学问题，以及对人类认识世界起到重要作用的具有基础性、前瞻性的科学难题。教育部为解决我国缺少"从 0 到 1"基础性原创成果问题，依托高校推行"211 工程""985 工程""双一流"建设，加强基础研究活动。中国科学院下的知识创新试点工程和"百人计划"，国家自然科学基金委员会下的科学基金，主要围绕实施源头创新战

略、科技人才战略和创新环境战略，按照基础研究资助管理的阶段性发展需求，统筹基础研究的关键要素，构建起探索项目、人才项目、工具项目、融合项目四位一体的资助格局，旨在培育创新思想，提升原始性创新能力。中央级公益性科研院所基本科研业务费、博士后科学基金等中央财政支持基础研究的形式，是中央层面对基础研究发展高度重视的体现。

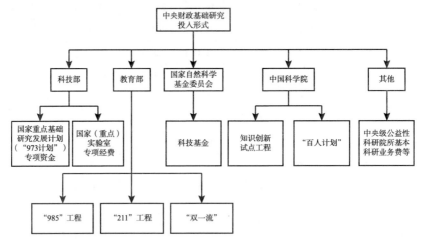

图5.1 我国中央财政基础研究支出形式

如表 5.2 所示，除科技部外，教育部、自然科学基金委和中国科学院财政拨款用于基础研究资金大致呈逐年递增趋势。其中，中国科学院增速最快，从 2010 年的 556282.97 万元增长至 2020 年的 3306127.08 万元，增长了接近 5 倍；自然科学基金委增速次之，从 2010 年的 837792.98 万元增长至 2020 年的 2979107.18，增长了 2.56 倍；教育部从 2011 年的 200774.81 万元增长至 2020 年的 377999.06 万元，增长了 88.27%。

表 5.2　　　　　　　财政预算拨付各部委支持基础研究情况

年份	教育部（万元）	科技部（万元）	自然科学基金委（万元）	中国科学院（万元）
2010	—	320000.00	837792.98	556282.97
2011	200774.81	370000.00	1204085.84	—
2012	215688.81	420000.00	1500000.00	993147.53
2013	—	430000.00	1701149.00	1089963.39
2014	243878.32	455000.00	1900000.00	1308394.32

续表

年份	教育部（万元）	科技部（万元）	自然科学基金委（万元）	中国科学院（万元）
2015	—	455000.00	2222143.98	1496660.39
2016	305712.87	400913.50	2486615.00	1682759.73
2017	319834.87	231375.00	2672834.00	1794143.99
2018	348265.90	123351.50	2803846.88	1894169.38
2019	352705.47	184052.50	3260055.25	2249615.07
2020	377999.06	482141.05	2979107.18	3306127.08

资料来源：Wind 数据库。

5.1.4　地方财政投入基础研究情况

我国的财政科技投入体系以 2007 年为分界点，由以中央财政投入为主导的模式演变为央地财政共同投入的双主体结构，中央财政对科技投入的增长速度逐步放缓，而地方财政科技投入水平则逐步提升，占比超过50%。但地方财政向来不是基础研究投入的主体。如表 5.3 所示，2008～2019 年十余年间，地方财政基础研究投入占财政基础研究投入总量的平均值为 10% 左右，占地方财政科技支出的比重仅为 2% 左右。2020 年，地方财政基础研究投入占财政基础研究投入总量超过 20%，占地方财政科技支出的比重达到 4%。近些年来，为改善我国基础研究投入数量和结构，国家层面适时出台一系列政策导向以引导地方财政积极投入基础研究领域。为推动地区可持续发展，优化经济发展方式，地方财政在确定需求导向的前提下选择优先资助领域，设立以产业需求为导向的基础研究合作计划和基础研究机构，逐渐成为中央财政基础研究投入的有效补充。以高度重视基础研究发展的山东省为例，在《关于进一步加强基础科学研究的实施意见》中，山东省明确提出要统筹考虑基础研究的长期性，合理设置任务目标。在落实举措上，要坚持有所为有所不为，提出具有可操作性的创新举措，力求能够全面科学指导全省基础研究工作，以此达到完善基础研究系统布局、建设高水平的研究基地、壮大基础研究人才建设等目标。在省级财政的支持下，山东省近些年建立了山东省自然科学基金、省级重点实验室建设等支撑基础研究发展的资助形式。2008～2019 年十余年间，山东省基础研究经费显著增加、人才队伍持续壮大、创新型研究成果层出不穷、平台支撑能力提升迅速，这一切的成果均与财政对基础研究的支持密不可分。

表 5.3 **2008 ~ 2020 年地方财政基础研究投入情况**

年份	地方财政科技支出（M）（亿元）	财政基础研究投入总量（N）（亿元）	地方财政基础研究投入（L）（亿元）	L/N（%）	L/M（%）
2008	1051.9	190.5	20.3	10.7	1.9
2009	1310.7	228.6	20.1	8.8	1.5
2010	1588.9	265.1	22.4	8.5	1.4
2011	1885.9	325.8	31.5	9.9	1.7
2012	2242.2	361.7	33.6	9.3	1.5
2013	2715.3	406.7	46.4	11.4	1.7
2014	2877.8	471.1	32.8	7.0	1.1
2015	3384.2	550.9	50.4	9.1	1.5
2016	3877.9	569.7	51.6	9.1	1.3
2017	4440.0	605.0	71.8	11.9	1.6
2018	5206.4	649.3	96.7	14.9	1.7
2019	5954.6	822.5	151.3	18.4	2.5
2020	6336.8	880.6	255.2	28.9	4.0

资料来源：Wind 数据库、2008 ~ 2020 年《中国科技经费统计公报》。

5.2 我国财政基础研究投入存在的问题

5.2.1 财政基础研究投入具有碎片化特征

财政基础研究投入的碎片化特征具有两层含义：一是大量名义上的"基础研究"资金使用实际属于应用研究或其他研究范畴。科技部曾经对自然科学基金、"973 计划"项目、"重点实验室及相关设施"科目等基础研究经费使用情况进行统计，发现这些来源于财政拨款的典型"基础研究"项目经费中只有 60% 真正用在了基础研究项目中，而剩余 40% 的资金实际流入应用研究或试验与发展研究领域。二是部分财政基础研究经费并非来源于"财政基础研究科目"，而是来源于财政的其他科目。结合基础研究投入的口径界定，可得出宏观口径下财政基础研究投入较为分散的事实，即一般公共服务类和教育支出类等账目下也有属于"基础研究"的成分，如人力资源服务款中的资助留学回国人员、博士后日常经费的投入都含有对基础研究领域做出的支持，但现行财政收支分类体系下没有被算入财政基础研究经费支出行列中。这一问题的根源在于财政收支分类体系缺乏规范性和科学性，不能按照资金的性质和实际用途对财政科目下"基础研究"项目进行准确分类，缺乏规范、科学的财政统计体系，影响学术界对于财政基础研究投入的测算与数据分析，同时无法及时合理监督财政科技资金运行的情况与效率，阻碍财政科技职能的发挥与政府在新发展格局中正确政策的制定。

5.2.2　财政基础研究投入结构问题

（1）财政基础研究投入占财政科技支出比重低，财政科技支出是支持创新的最直接驱动力，按照 2007 年财政支出最新分类体系①，财政科技支出账户项目下包含科学技术管理事务、基础研究、应用研究、技术研究与开发、科技条件与服务等九款，其中基础研究、应用研究、技术研究与开发是主要支出项目。如表 5.4 所示，全国财政基础研究投入从 2008 年的163.84 亿元到 2020 年的 880.55 亿元，增加了 716.71 亿元，增长了 4 倍之多。财政科技支出在 2008 年总额仅为 2581.8 亿元，到 2019 年突破万亿元，年均增长率近 13%。在 2020 年受新冠肺炎疫情影响的情况下，财政基础研究投入仍较 2019 年增长了 58.03 亿元，而应用研究投入较 2019年下降了 75.12 亿元。财政基础研究投入增速虽快于财政应用研究投入，但由于基础研究投入基数较小，使财政基础研究投入占财政科技支出的比重始终处于较低水平，2008 ~ 2019 年间维持在 6% ~ 8%，2020 年突破8%，不利于摆脱基础研究领域落后的现状。

表 5.4　　2008 ~ 2020 年财政基础研究、应用研究与科技支出情况

年份	财政基础研究投入（亿元）	财政应用研究投入（亿元）	财政基础研究投入与应用研究投入差值（亿元）	财政科技支出（亿元）	财政基础研究投入与财政科技支出的比值（%）
2008	163.84	651.42	487.58	2581.8	6.35
2009	208.57	725.39	516.82	3224.9	6.47
2010	265.09	981.63	716.54	4114.4	6.44

---

①　2007 年，我国对财政收支分类体系进行了改革，在 2007 年以前，财政科技支出一项下并没有基础研究和应用研究这两个细分项，2008 年以后才开始采用这两个指标，所以本章数据均取自 2007 年之后。

续表

年份	财政基础 研究投入 （亿元）	财政应用 研究投入 （亿元）	财政基础研究投入 与应用研究投入 差值（亿元）	财政科技支出 （亿元）	财政基础研究 投入与财政科技 支出的比值（%）
2011	325.80	1097.94	772.14	4902.6	6.64
2012	361.69	1295.47	933.78	5600.1	6.45
2013	406.66	1463.93	1057.27	6184.9	6.57
2014	471.07	1507.44	1036.37	6454.5	7.30
2015	550.91	1589.43	1038.52	7005.8	7.86
2016	569.69	1619.55	1049.86	7760.7	7.34
2017	605.04	1575.66	970.62	8383.6	7.21
2018	649.33	1757.54	1108.21	9518.2	6.82
2019	822.52	1934.52	1112.00	10717.4	7.67
2020	880.55	1859.40	978.85	10095.0	8.72

资料来源：2008～2019年《全国科技经费投入统计公报》、2009～2021年《中国财政统计年鉴》。

（2）财政基础研究投入和财政应用研究投入存在差距且有扩大趋势。基础研究和应用研究的投入比重折射出一国对待"科学"和"技术"的态度。我国应用研究经费比重是基础研究的二倍有余，远高于其他国家。从上述对财政投入的分析可以看出过去十余年间基础研究占财政科技支出的比例没有发生太大的变化，但通过表5.4可以看出，财政基础研究与应用研究投入的差距从2008年的487.58亿元扩大至2019年的1112亿元，2020年差值略有下降，为978.85亿元。造成这一现象的原因一方面在于应用研究处于研发阶段的中间环节，起到连接基础研究与技术产业化阶段的重要作用，我国对应用研究始终给予高度重视。并且在传统"重技术应用、轻基础研究"的思维理念下，对创新链中下游环节的资金支持力度比较大，对处于上游基础研究环节的投入没有给予足够重视，难以满足新发展格局背景下经济结构调整和产业结构转型升级的现实需求。另一方面在于财政基础研究投入的基数小，在增速高于应用研究的情况下，增量仍然不及应用研究，导致二者投入额差距呈扩大趋势。

（3）政府是基础研究资助主体，经费来源较为单一。从资金来源看，政府一直是基础研究经费投入的主导者，即便是按照微观口径测算，政府投入占比仍高达60%左右。非财政投入比重过低导致基础研究活动对于市场前沿需求的把握不够敏锐。一方面在公共物品的供给中财政支持居主导地位存在其合理性，另一方面却也展现了经费来源的单一化特征。如表5.5所示，从同期我国与美日韩国家对比的横向逻辑中可以看出，2018年，我国基础研究投入主体中，政府占40%左右，高校占比最大，但考虑到高校投入的基础研究经费中财政资金占绝大部分，财政基础研究投入的实际资金占比已超过90%，而企业投入仅为3%左右。

表5.5　　　　　2018年中美日韩四国基础研究投入主体情况

主体	投入总量	政府投入	比重（%）	企业投入	比重（%）	高校投入	比重（%）	非营利组织投入	比重（%）
中国	29149.59	12485.24	42.83	895.357	3.07	15768.99	54.10	—	—
美国	91506.62	10659.49	11.65	24858.24	27.17	44179.04	48.28	11810.79	12.91
日本	21788.68	2974.579	13.65	10750.52	49.34	7587.197	34.82	476.387	2.19
韩国	13563.35	2478.254	18.27	8121.414	59.88	2821.173	20.8	142.51	1.1

注：国际对比数据来源于OECD数据库，财政基础研究投入采用宏观口径度量。以2015年美元不变价衡量。

聚焦财政经费支出，研发活动溢出效应普遍存在且对经济增长发挥了重要的作用。基础研究因其地区间较强的外部性应被划分为全国性公共物品，央地政府之间在价值层面上存在差别，中央政府具有较为宏远的发展眼光与足以支撑起基础研究风险的财力，呈现在技术层面上便是中央财政成为基础研究最重要的支持主体。与此形成鲜明对照的是地方政府一方面需面临上级政府考核的压力；另一方面，分税制现状下地方财力难以支撑重大科研风险，将有限的财力投入到"多快好省"的领域是多数地方政府的选择。财政基础研究投入比重映射出央地政府在价值层面与技术层面上存在差别。

具体来看，2019年中央财政基础研究投入经费为671.2亿元，占到整个基础研究财政投入的八成左右。2020年基础研究经费投入情况中（见图2.1），中央财政基础研究投入经费为625.36亿元，占到整个基础研究财政投入的七成左右，已经较2019年有所下降。将我国现状与美国进行对比：美国联邦政府一直以来被视为基础研究经费的主要提供者，联邦政府基础研究直接或依托高校投入占整个国家基础研究投入的比例常年保持在50%左右，在联邦政府资金的引导下，企业、非营利部门、各州政府也逐渐提高对基础研究的重视程度。

基础研究活动的外溢性导致地方财政对基础研究的支持力度弱。地方财政对科技的投入数量很大，但现实情况中实际用于 R&D 的比例不高，用于支撑基础研究发展的财政资金被进一步压缩。造成这一现象的本质原因在于基础研究的公共物品属性使得地方政府无法排除其他地区享用基础研究的成果，遂地方政府在有限财力约束下，将科技资金更多地投入共有技术的使用上，缺乏对基础研究的支持。结合我国实际情况来看，地方政府将大量财政支出投入基础设施建设等领域，对研发周期长、风险大的基础研究则投入较少。

（4）财政基础研究投入区域间不均衡现象突出。自 2009 年以来伴随着我国经济的迅速发展与产业结构的调整，全国各省市对科技研发的投入不断增加，尤以东部发达地区为主。如表 5.6 所示，2020 年 R&D 经费支出总额超过千亿元的省市达到 8 个，分别是北京、上海、浙江、江苏、广东、山东、湖北和四川，比 2019 年增加了湖北和四川两个省份。西部地区则投入较少，以西藏为例，2020 年 R&D 经费投入为 4.37 亿元，这一数字仅为广东省的 0.13%。从 R&D 经费投入强度（R&D 经费投入与地区生产总值的百分比）来看，强度排名前三的省市均为东部地区，强度最高的北京市 2020 年为 6.47，与强度排名位居第二、第三的上海市（4.15）、天津市（3.46）也拉开了较大差距。强度最低的省份为西部地区的西藏（0.23），东西部差距十分显著。

表 5.6 　　　　　　　　2020 年全国各地区 R&D 经费投入数量及强度

地区	R&D 经费投入（亿元）	强度	地区	R&D 经费投入（亿元）	强度	地区	R&D 经费投入（亿元）	强度
北京	2326.58	6.47	安徽	883.18	2.32	四川	1055.28	2.18
天津	485.01	3.46	福建	842.41	1.93	贵州	161.71	0.91
河北	634.37	1.76	江西	430.72	1.67	云南	245.99	1.00
山西	211.05	1.18	山东	1681.89	2.31	西藏	4.37	0.23
内蒙古	161.07	0.93	河南	901.27	1.66	陕西	632.33	2.43
辽宁	549.01	2.20	湖北	1005.28	2.34	甘肃	109.64	1.22
吉林	159.51	1.30	湖南	898.70	2.16	青海	21.32	0.71
黑龙江	173.16	1.27	广东	3479.88	3.13	宁夏	59.64	1.51

地区	R&D 经费投入（亿元）	强度	地区	R&D 经费投入（亿元）	强度	地区	R&D 经费投入（亿元）	强度
上海	1615. 69	4. 15	广西	173. 23	0. 78	新疆	61. 57	0. 45
江苏	3005. 93	2. 92	海南	36. 63	0. 66			
浙江	1859. 90	2. 88	重庆	526. 79	2. 10			

资料来源：《2021 年中国科技统计年鉴》。

　　进一步考察不同地区财政基础研究投入的情况，如表 5.7 所示，2019 年部分地区财政基础研究投入数量居前五的省份依次为广东、山东、北京、上海和江苏，全部为东部地区。同样，如表 5.8 所示，从 2020 年部分地区财政基础研究投入数量看，广东、上海、山东和江苏也位居前列，与 R&D 经费投入总额反映的事实高度吻合。以投入数额最高的广东为例，2019 年财政基础研究支出为 522976 万元，约是宁夏的 350 倍。值得一提的是，将各地区财政基础研究与应用研究投入进行对比发现，广东、山东财政基础研究投入数量远超过应用研究投入，而处于西部地区的甘肃的财政基础研究仅为应用研究的 3.67%，省际之间差距十分显著。长远来看，基础研究是实现创新驱动发展的动力引擎，而科技创新活动又是拉动经济增长的强大动力，科技创新水平的差距会进一步传导至各地区经济发展层面，地区经济实力将愈发悬殊。

表 5.7　　2019 年部分地区财政基础研究投入与应用研究投入对比

地区	基础研究（万元）	应用研究（万元）	地区	基础研究（万元）	应用研究（万元）
宁夏	1498	2810	福建	24744	71752
甘肃	1897	51679	广西	26115	62765
吉林	5978	31338	浙江	28389	114872
天津	8175	44966	辽宁	35627	76321
黑龙江	8970	47966	江苏	50255	123831
青海	9600	7711	上海	168714	302718
海南	10754	10134	北京	191927	518392
安徽	14556	70658	山东	193756	78509
云南	15343	51061	广东	522976	50621
四川	16730	104845			

资料来源：申请政府信息公开、Wind 数据库。

表 5.8　　2020 年部分地区财政基础研究投入与应用研究投入对比

地区	基础研究（万元）	应用研究（万元）	地区	基础研究（万元）	应用研究（万元）
天津	5400	38999	四川	52394	91710
吉林	6685	30314	江苏	61759	176875
黑龙江	15405	82096	山东	240585	197371
安徽	19682	79988	上海	292046	427187
辽宁	21134	63564.00	广东	1122180	147403

资料来源：申请政府信息公开、Wind 数据库。

5.2.3　财政基础研究投入事前审批过程烦琐，经费支持缺乏稳定性

（1）财政投入审批烦琐。行政审批作为政府干预微观经济主体活动的重要手段，审批程序的繁冗与效率的低下将严重地扭曲微观经济行为。陈刚（2015）用微观主体与政府打交道的天数来度量政府管制的程度，发现政府管制对微观主体效率存在显著的抑制效应。我国基础科研生态环境方面同样存在着审批过程烦琐的现实状况，使科研人才总是被"报销""填表"等与科研事务相关程度较低的问题所困扰。秉承科学严谨与合理规范使用科研经费的原则，财政资金投入基础研究领域前进行必不可少的审批事项属正常程序。基础科研经费的审批一般会有如下过程：基础科研人员进行网上申报——向当地科技主管部门收文窗口提交申请材料——对申请材料进行初审——组织专家评审、答辩或者现场考察——科技主管部门会同财政主管部门、人力资源部门审定项目合理性与科研人员专业性——社会公示——科技主管部门、财政主管部门共同下达项目资金计划——基础科研人员所在单位与科技主管部门签订项目合同书——财政部门拨付资助经费。这一过程体现审批环节系统性、规范性的同时，也反映出基础科研项目事前审批过程较为烦琐，尤其是过程中至少需要科技主管部门、财政主管部门和人力资源部门三个部门的审批，容易造成部门衔接的低效率。不同于一般科研活动，基础研究活动属于高层次的发明创造行列，烦琐的行政规划审批一定程度上会把科学家束缚在烦琐的表格和审批过程中，消耗科学家创新创造能力，最终导致研究效率的降低。

（2）财政经费支持缺乏稳定性。经费的稳定支持可以使基础科研人员专心于科研工作，是实现基础研究发展的重要前提。通过对表 5.1 的分析可以看出，我国基础研究财政投入的增长幅度不稳定，增长速度最快的年份增速超过 20%，但 2016 年增速仅为 3.4%，为十余年来增速最低的年

份。一定程度上反映出我国尚未建立起财政基础研究经费的稳定支持机制。在统计口径保持一致的情况下，对增速不稳定可能的解释主要有两点：一是我国在财政科技支持方面缺乏相关的法律条文以保障财政资金的稳定投入。基础研究财政经费的筹集离不开良好的法律制度环境，法律制度的完善有助于财政部门明确自身对基础研究发展的职责和权限，是提供稳定经费支持的重要保障。过去十余年间财政基础研究经费一直保持增长趋势，但由于缺乏硬性的法律制度约束，造成了各年度间增速变化较大的事实。二是国内对基础研究重要性的认识还缺乏一致性，尤其是受长期以来跟踪模仿发展模式的影响，重应用研究轻基础研究的理念导致财政资金每年投入基础研究领域的数量差异较大。

5.2.4　财政基础研究资助方式和评价方法亟须改变

（1）财政基础研究经费配置方式不合理。20 世纪 80 年代前我国财政基础研究投入采取稳定性为主的"铁饭碗"模式，对各类科研机构均通过年度预算方式给予稳定支持。伴随着经济体制改革，科技体制随之发生改变：将原本以稳定性支持为主的资助方式改为各科研机构通过竞争方式争取研究经费，其根本目的在于使有限的科技资源发挥出最大的效用。短期内这一资助方式起到了应有的作用，但随着 21 世纪初高等院校扩大招生范围，高校数量迅速膨胀，高等人才数量急剧增加，高等院校对于科研经费的竞争优势逐渐凸显。反观另一类科研机构——国家研究与开发机构对科研经费的竞争力较之高等院校则不断弱化，国家研发机构内高端人才不断流失。研发机构经费资源不足，易导致机构内人员使用各种手段展开对经费资源的恶劣竞争，削弱国家研发机构的内部协调能力与外部竞争能力。同时，在竞争性资助方式下，存在已经获得财政支持的团队和机构，将手里掌握的项目稍作改动，便可以再度申请竞争性经费的现象，这一"换汤不换药"的行为造成了科研经费的严重浪费。

（2）财政基础研究投入绩效评价机制问题。现阶段我国对基础研究绩效评价的方法容易忽视其投入大、研究周期长、不确定性程度高等特点，易造成一味地按照市场机制进行急功近利的评价，科研人员心态浮躁，科研效果大打折扣。评估方法的弊端主要存在以下几个方面：一是评价以论文数量为导向。各高校、科研机构在研究的不同领域都倾向于采取以论文数量评价科研人员的方式，直接导致近些年我国 SCI 文章发表数量高居世界前列，高影响论文数量已高居全球第三位，但大多数文章只是单纯地追求热点，能够起到重大引领性创新的文章较少。二是评价周期的设置过短。由于财政对基础研究的投入多是以年度预算为周期，对其成果的评价周期也多以年度为单位，违背了基础研究周期长的自身特点，易导致科学家放弃那些周期长、难度大、风险高的原创性研究，甚至出现为在规定期限内创造出科研成果而不惜进行学术剽窃等失范行为。能够长时间从事基础研究的人员数量呈下降趋势。三是评价的主体主要以上级或平级政府机构为主，较少采取同行评价的方式。政府机构通常缺少相关领域的专业科研知识，所制定的量化指标难以真正区分科研成果质量的高低。

5.3   财政基础性和应用性科技投入的最优结构理论依据

5.3.1   理论依据

对于完善财政科技投入结构问题的研究，张金胜等（2011）利用线性规划问题剖析了我国 R&D 经费来源的最优结构问题，认为我国政府对 R&D 经费的投入比例过低，企业所占比重较高，现有财政 R&D 投入结构还有待完善，建议在基础研究等领域加快提高政府 R&D 经费投入比例；塔西（Tassey，2004）专门针对财政科技投入对科技创新促进能力的效率问题的研究方法进行了研究并且针对性地提出了相关政策建议，认为联邦政府长期资助高风险技术研究，可以提供一个多样化的技术平台和轨迹组合作为新兴产业的基础；曾繁英等（2017）则利用线性规划问题求解了福建省财政科技资金的最优投入结构比例，与实际投入结构比例进行比较，认为财政 R&D 资金投入与其他主体相比较低，未达到最优比例，并且在基础研究领域的财政资金投入比例也未达到最优比例。

通过梳理文献我们可以了解到，国内外诸多学者已经运用多种研究方法对财政科技投入和科技创新之间的关系以及财政科技投入的绩效问题进行了大量研究论证，也提出优化国家科技投入结构的相关建议，但是即使对财政基础性和应用性科技投入结构的优化做出实证结论的研究，也很少有数据性结论。随着财政科技投入总量不断加大，如何提高财政资金使用效率成为财政的关注点，而优化财政科技投入结构是提高财政资金使用效率的一个重要解决方法。

（1）线性规划。线性规划是运筹学中的概念，为合理地利用有限的人力、物力、财力等资源作出最优决策提供科学的依据。所以，线性规划研究的是在一定条件下，如何合理地分配相关投入要素，使得产出效果达到最优的规划问题，即求线性目标函数在线性约束条件下的最大值或最小值问题。目标函数、约束条件以及决策变量是线性规划必不可少的三要素。本章利用线性规划的研究方法，来求出两种财政科技投入的最优投入比例，即当使创新产出效用达到最大化时，两种投入的比例是多少。

（2）柯布－道格拉斯生产函数。柯布－道格拉斯生产函数是经济学中使用最为广泛的一种生产函数，它对于计量经济学的研究和应用具有重要作用。本章利用柯布－道格拉斯生产函数原理建立所需的目标函数，以此建立两种财政科技投入和创新产出效用之间的函数关系。

5.3.2　模型构建

根据线性规划法和柯布－道格拉斯生产函数，构建模型如下：

$$
\begin{aligned}
&\text{Max } U(F,\ E) = F^{\alpha} \times E^{\beta} \\
&\text{s. t. } P_{F}F + P_{E}E = TC \\
&\alpha + \beta = 1 \\
&\alpha > 0,\ \beta > 0
\end{aligned}
\tag{5.1}
$$

模型（5.1）中，F 和 E 分别表示财政基础性科技投入和财政应用性科技投入的数量，α 和 β 分别表示财政基础性和应用性科技投入在两者之和（Z）中所占比例，$U(F,\ E)$ 表示两种财政科技投入 F 和 E 所能带动的创新产出效用，P_{F} 和 P_{E} 分别表示财政科技投入 F 和 E 的单位资金成本或者价格，TC 表示财政科技投入 F 和 E 的资金总成本。对模型（5.1）中的目标函数 Max $U(F,\ E) = F^{\alpha} x\ E^{\beta}$ 进行对数等价变换处理，得到模型（5.2）：

$$
\begin{aligned}
&\ln \text{Max } U(F,\ E) = \alpha \ln(F)\ x\beta \ln(E) \\
&\text{s. t. } P_{F}F + P_{E}E = TC \\
&\alpha + \beta = 1 \\
&\alpha > 0,\ \beta > 0
\end{aligned}
\tag{5.2}
$$

到此为止，只需要求出模型（5.2）中 $U(F,\ E)$ 最大时，F 和 E 的比值，我们就可以得出财政基础性和应用性科技投入两者之间的最优投入比例。为了求解，我们建立如下拉格朗日方程：

$$L = \alpha\ln(F) \, x\beta\ln(E) \, - \, \gamma(P_F F + P_E E - TC) = 0 \qquad (5.3)$$

对式（5.3）财政基础性和应用性科技投入 F 和 E 分别求偏导得到式（5.4）和式（5.5）：

$$\alpha/F - \gamma P_F = 0 \qquad (5.4)$$

$$\beta/E - \gamma P_E = 0 \qquad (5.5)$$

联立式（5.4）和式（5.5）得到：

$$F/E = (\alpha P_E)/(\beta P_F) \qquad (5.6)$$

式（5.6）即为我们求得的在财政科技投入总规模一定的情况下，为了使科技创新产出效用最大，财政基础性科技投入和财政应用性科技投入的最优比例。

5.4　实证结果与分析

5.4.1　全国样本分析

（1）实际比例分析。表5.9是财政基础性和应用性科技投入的统计分析结果，其中 Z 表示财政基础性和应用性科技投入之和，可以看出，即使两项财政科技投入的总量(Z)处于上涨状态，但是两项之间的比例关系却波动明显，财政基础性科技投入明显不足。

表5.9　　　　全国财政基础性和应用性科技投入趋势变化

年份	金额（亿元）			比例		
	Z	F	E	F/Z	E/Z	F/E
2008	815.26	163.84	651.42	20.10%	79.90%	0.2515
2009	933.96	208.57	725.39	22.33%	77.67%	0.2875
2010	1246.72	265.09	981.63	21.26%	78.74%	0.2701
2011	1423.74	325.8	1097.94	22.88%	77.12%	0.2967
2012	1657.16	361.69	1295.47	21.83%	78.17%	0.2792
2013	1870.59	406.66	1463.93	21.74%	78.26%	0.2778
2014	1978.51	471.07	1507.44	23.81%	76.19%	0.3125
2015	2140.34	550.91	1589.43	25.74%	74.26%	0.3466
2016	2189.24	569.69	1619.55	26.02%	73.98%	0.3518

续表

年份	金额（亿元）			比例		
	Z	F	E	F/Z	E/Z	F/E
2017	2180.7	605.04	1575.66	27.75%	72.25%	0.3840
2018	2406.87	649.33	1757.54	26.98%	73.02%	0.3695
2019	2757.04	822.52	1934.52	29.83%	70.17%	0.4252
2020	2739.95	880.55	1859.40	32.14%	67.86%	0.4736
平均值	1872.31	483.14	1389.18	24.80%	75.20%	0.3328

资料来源：2009～2021 年《中国财政统计年鉴》。

由表 5.9 可以看出，财政基础性科技投入比例（F/Z）在 2008～2013 年间，围绕 20% 上下波动，从 2014 年开始，呈现出上涨的趋势，在 2020 年达到 32.14%，可见财政对于基础研究投入的重视程度在不断提高，但 13 年来财政基础性科技投入比例平均值仅为 24.80%，可见财政基础研究投入所占比重之少，与其在科技创新中的重要性程度不相匹配。而财政应用性科技投入的比例（E/Z）的平均值达到了 75.20%，相当于财政基础研究投入的 3 倍，远远高于财政基础性科技投入的比例。财政基础性科技投入与财政应用性科技投入两者之间的比例逐年升高，从 2008 年的 0.2515 增长至 2020 年达到最高值为 0.4736，其平均值为 0.3328。

（2）最优比例求解。本章沿用张金胜等（2011）和曾繁英等（2017）文章中财政科技投入成本的计算方法，因为单位财政科技资金成本在基础研究和应用研究领域的差异较小，实际影响财政科技资金在两类科研项目中使用效率的为科研人员的人均成本。所以，本章将基础研究和应用研究科研人员年人均成本分别作为财政基础性和应用性科技投入单位资金成本的替代变量。具体计算结果如表 5.10 所示，FH 和 EH 分别表示基础研究和应用研究的科研人员全时当量，CF 和 CE 分别为基础研究和应用研究科研人员年人均成本。

表 5.10　　　　全国财政基础性和应用性科研投入成本

年份	科研投入（亿元）		科研人员（万人年）		单位成本（万元）	
	F	E	FH	EH	CF	CE
2008	163.84	651.42	15.40	28.90	10.64	22.54
2009	208.57	725.39	16.30	31.50	12.80	23.03

年份	科研投入（亿元）		科研人员（万人年）		单位成本（万元）	
	F	E	FH	EH	CF	CE
2010	265.09	981.63	17.40	33.60	15.24	29.22
2011	325.8	1097.94	19.32	35.28	16.86	31.12
2012	361.69	1295.47	21.22	38.38	17.04	33.75
2013	406.66	1463.93	22.32	39.56	18.22	37.01
2014	471.07	1507.44	23.54	40.70	20.01	37.04
2015	550.91	1589.43	25.32	43.04	21.76	36.93
2016	569.69	1619.55	27.47	43.89	20.74	36.90
2017	605.04	1575.66	29.01	48.96	20.86	32.18
2018	649.33	1757.54	30.50	53.88	21.29	32.62
2019	822.52	1934.52	39.20	61.54	20.98	31.44
2020	880.55	1859.40	42.68	64.31	20.63	28.91
平均值	483.14	1389.18	25.36	43.35	18.24	31.74

资料来源：Wind 资讯。

通过之前已经得出的财政基础性科技投入和财政应用性科技投入的最优比例关系式：$F/E = (\alpha P_E)/(\beta P_F)$，通过表 5.9 我们得到求解最优比例关系式中所需的 α 和 β，其中 $\alpha = 0.2480$，$\beta = 0.7520$；通过表 5.10 我们得到求解最优比例关系式所需的 P_E 和 P_F，其中 $P_E = CE = 31.74$，$P_F = CF = 18.24$。将 α、β、P_E、P_F 代入式（5.6），即可得出财政基础性和应用性科技投入在 2008～2020 年间的理论最优比例：

$$F/E = (\alpha P_E)/(\beta P_F) = 0.5739$$

在财政科技投入总规模一定的情况下，财政基础性科技投入与财政应用性科技投入的最优比例应该是 0.5739，但是在观察期内实际比例均远低于最优比例，实际平均值仅为 0.3328，仅在 2019 年和 2020 年超过 0.4，在 2020 年达到最高比例 0.4736，这一系列实际比例明显与应达到的最优比例相距较远，这也证实了我国目前财政基础性科技投入比例偏低，财政科技投入结构不合理。

5.4.2　地区样本分析

（1）实际比例分析。本部分根据经济发展水平的不同将可获数据样本地区分为三个梯度，进而分析各地区经济发展水平的不同对财政基础性和应用性科技投入比例的影响。本章选取了 18 个省市区的样本数据，并且根据人均 GDP 大小来衡量地区经济发展水平，按照经济发展水平由高到低对地区进行排序①：第一梯度：北京、上海、江苏、天津、浙江、福建、广东；第二梯度：山东、辽宁、安徽、海南、四川；第三梯度：宁夏、吉林、青海、云南、黑龙江、甘肃。表5.11为三个经济发展梯度财政基础性和应用性科技投入的情况。

表 5.11　　　　　　　　　不同地区财政基础性和应用性科技投入

梯度	年份	金额（万元）			比例		
		Z	F	E	F/Z	E/Z	F/E
第一梯度	2015	165111	28761	136350	18.17%	81.83%	0.2291
	2016	168263	30574	137688	18.60%	81.40%	0.2388
	2017	175054	44437	130616	24.54%	75.46%	0.3469
	2018	260625	72682	187943	26.01%	73.99%	0.3591
	2019	317399	142169	175230	34.82%	65.18%	1.7771
	平均值	217290	63725	153566	24.43%	75.57%	0.5902
第二梯度	2015	73539	8800	64739	16.77%	83.23%	0.2238
	2016	70916	12300	58616	18.64%	81.36%	0.2382
	2017	91425	25390	66035	28.74%	71.26%	0.4537
	2018	84616	24000	60615	28.98%	71.02%	0.4351
	2019	84907	19417	65490	28.54%	71.46%	0.4734
	平均值	81081	17982	63099	24.34%	75.66%	0.3648
第三梯度	2015	37360	7187	30174	23.38%	76.62%	0.3155
	2016	38407	6940	31467	23.86%	76.14%	0.3421
	2017	39107	7868	31239	21.94%	78.06%	0.3284
	2018	38850	6699	32151	20.80%	79.20%	0.2857
	2019	39309	7214	32094	24.77%	75.23%	0.4155
	平均值	38606	7182	31425	22.95%	77.05%	0.3374

资料来源：Wind 资讯及向各省财政厅申请政府信息公开获得数据。

---

① 本章地区样本包括：北京、上海、江苏、天津、浙江、福建、广东、山东、辽宁、安徽、海南、四川、宁夏、吉林、青海、云南、黑龙江、甘肃。18个省市区2015～2019年的人均GDP依次为：137198.6元、132622元、101577.8元、88008.2元、85854.4元、84574.4元、75797.2元、62924.4元、51289.6元、49818.8元、46707.2元、46111.8元、42578.4元、45216.8元、42751.2元、40079元、36405.2元、29866元。第一梯度人均GDP＞人均GDP平均值 +0.5×人均GDP标准差；人均GDP平均值 +0.5×人均GDP标准差＜第二梯度人均GDP＜人均GDP平均值 −0.5×人均GDP标准差；第三梯度人均GDP＜人均GDP平均值 −0.5×人均GDP标准差。

　　由表 5.11 可知,第一梯度的财政基础性科技投入与财政应用性科技投入比值略高于全国最优比值,而第二梯度和第三梯度的平均值均低于全国最优比值。总体来看,第一梯度的地区财政基础性科技投入与财政应用性科技投入较为合理,而第二梯度和第三梯度的地区有待进一步优化财政基础性科技投入与财政应用性科技投入。鉴于第一梯度的地区经济发展水平明显优于第二和第三梯度地区的经济发展水平,结合图 5.2 可以明显看出,从 2015 年到 2019 年,第一梯度的财政基础性科技投入与财政应用性科技投入的比值增长速度明显大于第二和第三梯度,说明财政基础性科技投入与应用性科技投入的比例受到经济发展水平的影响,经济发展水平越高,该比例越高。而且从 2018 年开始,第一梯度与第二梯度、第三梯度拉开较大差距。而第二梯度和第三梯度整体均趋于平稳,差距较小。

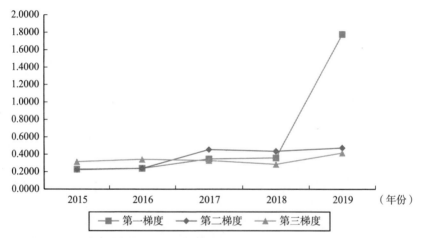

图 5.2　不同地区财政基础性科技投入与应用性科技投入的比例

资料来源:Wind 数据库及向各省财政厅申请政府信息公开获得数据。

　　(2)最优比例求解。不同地区财政基础性和应用性科技投入成本如表 5.12 所示,基础性科技投入成本从高到低依次为:第二梯度、第一梯度和第三梯度,应用性科技投入成本从高到低依次为:第三梯度、第一梯度和第二梯度,由此可以得到各经济发展梯度的财政基础性和应用性科技投入资金成本,进而得出相应的各经济发展梯度的财政基础性和应用性科技投入最优比例。

表 5.12 **不同地区财政基础性和应用性科技投入成本**

梯度	年份	科研投入（万元）		科研人员（万人年）		单位成本（元）	
		F	E	FH	EH	CF	CE
第一梯度	2015	28761	136350	1.63	2.84	21883.99	53331.38
	2016	30574	137688	1.78	2.86	19866.38	51239.50
	2017	44437	130616	1.89	3.21	23809.58	41937.85
	2018	72682	187943	1.94	3.50	35623.86	52398.40
	2019	142169	175230	2.54	4.12	49124.39	41949.26
	平均值	63725	153566	1.96	3.31	30061.64	48171.28
第二梯度	2015	8800	64739	0.82	1.33	24075.30	56363.71
	2016	12300	58616	0.83	1.32	19593.08	63839.67
	2017	25390	66035	0.86	1.47	34111.27	53273.81
	2018	24000	60615	0.94	1.53	26134.24	40874.61
	2019	19417	65490	1.32	2.23	25965.95	33060.22
	平均值	17982	63099	0.95	1.58	25975.97	49482.41
第三梯度	2015	7187	30174	0.53	0.63	19058.59	50349.99
	2016	6940	31467	0.57	0.58	18751.16	54893.08
	2017	7868	31239	0.60	0.57	22542.65	57762.14
	2018	6699	32151	0.62	0.64	19451.06	51402.77
	2019	7214	32094	0.79	0.69	26743.30	46156.44
	平均值	7182	31425	0.62	0.62	21309.35	52112.88

资料来源：历年《中国科技统计年鉴》及向各省财政厅申请政府信息公开获得数据，对于个别数据缺乏，已采取简单数据处理（即采用线性趋势外推法，利用公式 $C=2B-A$ 求得 2016 年科研人员近似数据，其中：C 为所求 2016 年科研人员近似数据，A 和 B 分别为 2014 年和 2015 年科研人员相关数据。）进行补充。

通过表 5.11 可以得到求解最优比例关系式（5.6）所需的 α 和 β，通过表 5.12 可以得到求解最优比例关系式（5.6）所需的 P_E 和 P_F，分别将第一梯度、第二梯度和第三梯度各自的 α、β、P_E、P_F 数据带入最优比例关系式（5.6），得出各梯度财政基础性科技投入和财政应用性科技投入在 2015～2019 年的理论最优比例应该为：

第一梯度：$F/E=(\alpha P_E)/(\beta P_F)=0.5180$

第二梯度：$F/E=(\alpha P_E)/(\beta P_F)=0.6127$

第三梯度：$F/E=(\alpha P_E)/(\beta P_F)=0.7284$

三个梯度的财政两项科技投入的实际比例平均值分别为：0.5902、0.3648 和 0.3374，除第一梯度外，第二梯度和第三梯度的实际比例均低于理论最优比例，财政基础性和应用性科研投入的比例关系均不合理。在第一梯度内，之所以实际财政基础性和应用性科技投入的比例高于最优比例，主要是由于 2019 年广东省基础性财政科技投入是应用性财政科技投入的十倍之多，从而拉高了第一梯度的实际财政基础性和应用性科研投入的比例，若不考虑广东省的数据，第一梯度的实际比例也低于最优比例。三个梯度的实际比例与最优比例的差值分别为：﹣0.0722、0.2479 和 0.3910，都有很高的提升空间，且经济发展水平越低，需要提升的空间越大。

5.5 研究结论与政策建议

5.5.1 研究结论

第一，全国财政科技投入结构不合理。我国实际财政科技投入结构为财政基础性科技投入过低，财政应用性科技投入过高。

第二，地区财政科技投入差异较大。经济发展水平高的地区，地方财政盈余水平较高，对社会科技创新资金的支持力度就会较高，进而激发社会科技研发的动力；经济发展水平较低的地区，政府财政能力较弱没有足够的资金投入科技创新领域，财政基础性和应用性科技投入不足，导致财政基础性科技投入明显低于经济发展水平较高的地区。另外，地方政府官员为了提高业绩，追求更快促进当地经济发展的方式，将资金大量投入应用研究领域，导致基础研究领域资金不足，经济发展水平不高。从而形成了一个恶性循环，即财政能力不足，造成当地创新能力低，又由于创新是促进经济发展的关键要素，创新能力低又致使经济发展水平长期低迷。

第三，财政科技投入机制尚不完善。财政基础性科技投入不足，应用性科技投入比例过高，近年来全国财政基础性科技投入比例虽然呈现上涨的趋势，但是整体波动较大，地区间差异也比较明显。财政科技投入机制不完善，缺乏规范性、准确性的财政科技资金投入机制来规范各级政府财政资金的使用，各地政府为了更快促进当地经济发展，将财政资金更多地投入了应用研究领域，忽视了基础研究的重要性。

5.5.2　政策建议

第一，规范财政基础研究科目、优化调整财政基础研究投入结构。完善财政基础研究投入统计口径，进一步规范基础研究、应用研究、试验与发展等各指标的口径与协调程度，逐步提升财政统计的有效性和准确性，在此基础上优化调整财政科技支出结构。解决财政基础研究经费占财政科技支出比例较低，尤其是基础研究经费与应用研究经费差距扩大的问题，应建立财政基础研究经费长期稳定增长机制，制定支持基础研究经费的法律制度，对基础科研经费投入作出硬性规定。坚持财政主导地位的同时明确各级财政对基础研究投入的职责。通过法律制度确保经费保持合理有效的增速，减少经费投入人为决策的随意性。解决基础研究经费中央和地方投入比例失衡问题，结合投入现状和基础研究特点，中央财政资金投入应在维持主导作用的前提下使其增速与财政基础研究投入基本一致，在组织实施一些国家基础研究重大项目时，地方财政在财力允许的条件下要加大对基础研究的支持力度，使其增速超过财政基础研究投入，优化央地财政基础研究投入结构。同时，必须把握地方特色，根据地域文化、人才特点、资源优势制定合适的发展战略，建立有地方特色的财政基础研究投入体系。鉴于基础研究外部性强、具有空间溢出效应的特点，一方面地方政府可以及时完善专利、产权制度，最大程度地保护地方基础科研人员、机构科研成果；另一方面考虑到信息时代下基础研究等创新成果传播速度加快，中央政府应从制度层面解决地方行政区划带来的研发投入孤立局面，促进地方政府之间针对基础研究项目进行交流合作，运用财政资金推行利益补偿机制，提升我国基础研究水平。解决区域间基础研究投入不均衡的现象，应分地区差异化调整财政科技投入结构：对经济发展处于较高水平、财政收入丰富的东部地区，当地政府要持续加大基础研究财政投入，打好基础研究基础，奠定当地科技创新优势，力争将较强的财政实力转化为先进的科技创新能力，做创新驱动发展的"先头部队"。而对经济发展水平相对落后、财政收入匮乏的广大中西部地区，应最大限度地利用好中央财政对地方基础研究的转移支付资金，同时当地政府应制定更多利于吸引企业进行基础创新活动的优惠科技创新政策，以财政科技资金为诱导，加大社会领域基础科学创新资金的投入，以长期目标为着眼点，改变地方经济落后局面。

第二，构建财政基础研究资金合理配置机制，完善基础研究绩效评价体系。稳定性和竞争性资金分配方式都有各自的优势与短板。一方面，因基础研究本身孕育着学科重大突破的可能和创新未来的价值，需要财政资金稳定、长期的支持。而另一方面，竞争性支持方式更有利于财政资金的高效率使用，提高学术成果质量。因此，建议构建稳定性经费支持与竞争性经费支持相结合的合理配置机制。借鉴科技创新发达国家的成熟经验，针对不同科研机构所从事的不同类型的科研任务采取不同的经费配置方式。比如，高等院校生源丰富，思维活跃且主要从事自由探索类研究事项，应在加强学科评估的基础上主要采用竞争性科研经费分配方式；而国家研发机构主要从事国家经济社会发展、生态环境、安全等能够体现国家发展规划和目标导向的、具有战略性和长期性的基础研究工作，则必须以稳定性资金支持为主要配置方式。针对当前我国对财政基础研究投入的绩效评价机制的问题，首先要坚决摒弃以论文数量为导向的评价方法，建立按照分类原则以突出论文质量为核心的学科评估机制。以高校为主要研究主体的自由探索类基础研究，应采取长周期评估方法，评估过程重视学术成果的前瞻性和原创性；以科研院所为主要研究主体的目标导向类基础研究，重点评估其目标实现程度以及是否对我国存在的重大发展问题的解决作出贡献。其次要加大同行评估的比例，减少政府层面的非专业评价，建立研究团队内部评估体制和优良竞争的良好学术氛围。

第三，打造科技创新优势学科，财政资金流向体现人才战略。当前我国基础研究各领域发展较为均衡，尚需探索更多属于自己的专长领域。相关专业机构应合理评估各研究领域的发展潜力，财政基础研究经费应向具备未来主导能力的学科领域倾斜，增加对此领域学科的支持力度，打造属于我国的"科技创新名片"。人力资源是促进国家和地区科技创新水平、实现创新发展的宝贵资源，基础研究的发展更离不开高端人才的支持。由于历史和文化因素，我国在基础研究领域起步较晚且发展水平较低，缺少在全球范围内具备学科领导力的科研人员。为改变这一局面，我国中央政府及各地方政府应利用财政导向出台人才优惠政策，在做到"留住人才"的前提下不断开拓创新动力源泉，吸引国外优秀科研人员来华进行科学贡献。使学者真正沉下心来长期集中精力搞基础科学研究，首先要调整硬性标准"一刀切"似的科研绩效评价办法，如改变在基础研究人员评聘、薪金收入分配的过程中过度依赖核心论文、高级别项目或专利等数量指标的做法，适当延长成果考核周期，降低短期绩效奖励所占比例，以支持和鼓励更多有潜质有毅力的科研人员去从事基础研究工作。其次，可尝试弱化科研经费拨付、重点学科申报以及学术成果评价与人才称号之间的关系。再次，为使基础研究人才做出持久性贡献，可利用财政资金积极地为引进的人才优化生活配套服务，并对其亲属按照工作能力安排工作岗位，增强基础科研人才的归属感，解决其生活安居障碍。还可降低个人所得税对基础科研人员奖励免税门槛，通过减免或者返还税款来减轻基础科研人才负担。最后，尊重人才不可空谈，管理者要从内心信任人才，将自身摆在服务科技、服务人才的地位，简化财政投入事前审批与提高审批效率并行，给予基础研究人才充分的自由空间，真正使他们把主要精力用在攻克原创性科研成果上。

第四，构建多元投入体系，丰富基础研究投入形式。我国基础研究经费来源于财政的比重过高，企业对基础研究的支持力度不够，经费来源过于单一。在税制改革的背景下财政收入有限，基础研究单纯依靠政府的支持不利于长期稳定的发展，加之企业对于市场前沿的需求把握较政府更为敏锐，政府应充分利用税收杠杆等政策吸引企业、个体资金投入基础研究领域，例如对企业基础研究投入给予加倍加计扣除，对企业或个人捐赠的用于基础研究的费用给予加倍所得税前扣除，对从事基础研究的科研人员收入给予一定的所得税优惠等。另外，应丰富基础研究投入形式，尝试利用科技金融渠道筹措基础研究经费。科技金融是为促进科技开发和产业化应用，而利用金融手段对科技创新提供支持的一种工具。财政资金的有限性给予了利用科技金融手段提供基础研究经费的可能性，相比传统的财政基础研究经费投入，科技金融在风险控制管理、信息处理等方面具有明显的优势，不仅可以保障财政基础研究资金的安全使用、提升经费使用效率，还可以进一步加强财政资金的引导功能和杠杆作用。但要说明的是，由于基础研究处于整个科技创新活动链条的前端，对金融资本的吸引力相对有限，科技金融手段更多的是扮演基础研究财政投入的辅助角色。

第6章　政府补助对科技创新类
企业经营绩效的影响

6.1　引　言

随着中国经济进入新常态，经济增长正面临由资源要素投入的粗放型模式向创新驱动内生发展模式的转变，创新正日益成为维持和驱动中国经济可持续发展的关键性因素。企业科技创新活动存在明显的信息不对称、高风险、正外部性等特点需要政府实施补偿性和激励性政策予以支持，最常见的就是财政补助政策。比如，近些年一些发达国家大规模支持企业创新研发活动，带动 R&D 经费投入不断增加，美国从 1995 年的 1841 亿美元增加到 2019 年的 6575 亿美元；日本从 1995 年的 133691 亿日元增加到 2019 年的 179549 亿日元；德国从 1995 年的 405 亿马克增加到 2019 年的 1100 亿马克。①

政府财政补助是指企业从政府无偿取得货币性资产或非货币性资产，但不包括政府作为企业所有者投入的资本，我国目前主要的政府财政补助形式有：财政贴息、研究开发补贴、政策性补贴等，本章统称为"政府补助"。近年来，伴随创新驱动战略的实施，我国各级政府对科技创新类企业的政府投入逐年增多，国家财政科技拨款从 1999 年的 543.9 亿元增长到 2019 年的 10717.4 亿元，2020 年下降至 10095 亿元，体现在微观的企业层面上，表现为与科技创新类企业相关的政府补助。②

2009 年，我国建立了创业板交易市场，为自主创新能力强、成长快的中小企业提供支持，在获得更多融资的同时方便风险投资的退出，促进

---

①②　国家统计局编：《2021 中国科技统计年鉴》，中国统计出版社 2021 年版。

资本市场的成熟发展。同时，伴随着国家创新驱动战略的实施，创业板上市企业也逐渐增多，截至 2022 年 4 月，创业板上市公司已经突破 1000家，这些企业绝大多数是以技术创新为主，并以科技创新博取更多的生存空间的科技型企业，由此获得了更多的政府补助资金，本章就以创业板上市公司为例，探究政府补助资金是否能给企业的经营绩效带来显著的作用。

对于财政科技投入对科技创新影响力的研究，卡迈克尔（Carmichael，1981）利用资产定价模型分析政府研发支出对私人研发支出的影响，表明虽然政府研发投入会对私人投入有一定的挤出效应，但是比例较小，更多的是政府研发投入会对私人研发支出有更强的引导、促进作用，从而提高技术的投资总额。郭研等（2015）通过面板数据分析了针对中小企业的政府资助中的政府创新基金对企业创新的影响，研究表明享受政府创新基金资助的企业相较于缺乏资助的企业，其科技创新能力更高，科技创新产出提高。冈萨雷斯等（González et al.，2005）利用约 2000 家西班牙制造公司进行模型检验，也得出了政府科研补贴刺激了企业的研发活动，大部分实际补贴都会投入本来会进行研发的企业，并没有挤占私人资金的投入。

在政府财政投入与企业经营绩效方面，国内外学者近年来已经做了相关的研究。格里里奇（Griliches，1979）、莫赫曼（Mohmen，1996）等指出，由于科技投入活动存在"溢出"（"价格溢出"和"知识溢出"）效应，产生市场失灵，导致供给量不足，需要政府对科技创新活动进行财政补贴。杜赫等（Duch et al.，2009）将获得政府补助和没有获得政府补助的企业分开进行数据分析，分别研究其财务绩效，对比结果显示，政府补助在提高企业财务绩效上效果明显。多米尼克和布鲁诺（Dominique and Bruno，2000）研究发现政府给予企业研发活动的各种优惠政策和直接财政资金补贴有效地增强了企业在研发投入上的力度。周霞（2014）通过对2007～2011 年的样本数据进行研究，得出结论：政府的企业创新补贴与成长期企业经营绩效显著正相关。陆国庆等（2014）通过对 2010～2012 年连续三年的上市公司数据研究，发现政府科技创新补贴与企业的经营绩效显著正相关。刘传宇和李婉丽（2015）对 2007～2013 年的新能源上市企业进行实证分析，发现科技研发补助有助于新能源企业绩效的提高。因此，应规范政府的补贴制度，建立有效的激励和监督机制，提高财政补贴效果。

臧志彭（2015）通过对 2011～2013 年 161 家文化上市公司面板数据进行了实证分析，固定效应模型实证结果显示政府补助对文化产业上市公司的经营绩效有显著的滞后影响。方拥军、王永干（2017）在对某投资案例的分析基础上，发现地方政府补助对公司财务绩效没有显著的滞后效应，企业创新确实需要一定的过程，尤其需要时间。因此，政府补助对科技创新类企业的经营绩效存在滞后影响。由此，提出假设：

假设 6.1：政府补助与科技创新类企业经营绩效显著正相关。

假设 6.2：政府补助对科技创新类企业经营绩效有显著的滞后影响。

6.2　理 论 依 据

在企业自主创新活动中普遍存在的市场失灵问题是政府对创新活动进行干预和引导的理论和现实基础。因为市场失灵会出现低效率或无效率现象，导致供给量不足、交易成本加大、环境污染等，需要政府进行必要的干预和引导。外部性和信息不对称的问题，以及创新活动过程存在的不确定性是造成市场失灵的主要原因。

6.2.1　企业创新的外部性

创新的外部性体现在，创新行为影响了其他的组织或者企业，但其他的组织或企业并未付出相应的成本费用，或者创新企业并未因此获得相应的收益，出现了在市场机制下边际私人成本与边际社会成本或者边际私人收益与边际社会收益不一致的现象。企业创新的外部性源于创新的"溢出效应"。

其一，技术溢出是一个经济主体的技术活动发生的成本或者收益"外溢"到其他经济主体上，当无法补偿创新企业的成本或者收益时，产生了外部性。比如，当企业将创新产品推向市场，创新活动具有公共物品的非排他性和非竞争性，其他企业可以通过更低的成本优势或者更好的服务，用正常或者非正常的方式获得创新成果。同时，创新产品在还未充分竞争的环境下存在高额利润，使得其他企业迅速与技术创新企业展开正当或者不正当的竞争，给技术创新企业带来严重的损失。

其二，创新产品在初始阶段并没有成熟的市场，企业需要花费大量成本开拓市场，推动市场需求。在这个过程中，高额利润的存在以及复制知识远比创造知识容易，当创造的知识具有公共性时，一些企业会选择"搭便车"。这些企业不会为具有公共性的创新付出成本，但是会在创新企业创造出创新产品之后，选择复制产品，而不承担产品创新过程中的风险。在存在技术溢出的基础上，这些企业进入创新企业花费大量成本开拓的市场，以其低成本的优势进行与创新企业相似的生产经营活动，给创新企业带来重创，降低了企业的研发积极性。

6.2.2　信息不对称

信息不对称是由于市场中的各个参与者所掌握的信息渠道和来源不同，导致各个参与主体对关键信息的了解程度不同，掌握信息多的一方在市场中处于优势地位，掌握信息相对较少的一方在市场中处于劣势地位。由于创新活动主体是一个由政府、企业、科研机构等组成的庞大的科研系统，想要充分发挥有效配置资源的作用，就需要各方主体能够积极有效的合作，毫无障碍地进行信息的交流与合作。由于各个参与主体所掌握的信息和拥有的资源是不对等的，比如相关的高校或者科研机构已经就某一项技术有了新的突破性进展，但是科研成果还没有及时对外公布，此时企业可能仍然就这方面进行相应的研究，这就导致研究活动的重复和资源的浪费。这时就需要政府从中起到一个引导和协调的作用，协调各方面的资源，综合产、学、研各个主体的自身情况，从而有效提高创新活动的效率。

6.2.3　创新的不确定性

一方面，企业进行科技创新是否能创造出创新产品，创新成果是否能被市场认可以及认可时间等都不确定，在这个过程中企业会面临风险；另一方面，创新本身的不确定性，创新成果在需求不断变化中是否能被更好地使用，产品日新月异，结果无法预知。不确定性的存在给企业进行创新带来高风险，会降低企业进行科技创新的动力，也会削弱企业在科技创新过程中进行必要的人力和财力的投入的积极性。这就需要政府进行一定程度的干预和引导，增加政府对科技创新的补贴资金，并且能够给予政策上的保障，从而激发企业的创新动力，实现技术的不断改进，提高整个行业的竞争力水平，同时也可以达到维护社会稳定的目标。

6.3　研　究　设　计

6.3.1　变量选择

（1）被解释变量。

被解释变量旨在代表企业的经营绩效。企业作为营利性的组织，经营绩效是企业经营状况和经营成果的综合表现，国内学者通常采用总资产收益率、净资产收益率或主营业务收入等指标来代表一个公司的经营绩效。会计财务分析中经常用净资产收益率（ROE）和总资产收益率（ROA）综合反映一个企业的收入、成本、费用以及与资产、权益之间的关系。具体的计算公式为：

$$净资产收益率 = 净利润/净资产$$
$$总资产收益率 = 净利润/总资产$$

净资产是企业的权益，所以 ROE 反映了股东的回报率，ROA 反映了总资产的回报率。企业经营绩效是在综合企业整体基础上的效率反映，故本章选取 ROA 作为被解释变量。

在企业选择上，由于创业板上市企业具有自主创新能力强、成长快，以科技创新博取更多生存空间的特点，以及考虑到数据的可获得性，故本章以创业板上市企业代表科技创新类企业。

（2）解释变量。

企业财务报表的"营业外收入"中有"政府补助"的项目明细，创业板上市企业所得"政府补助"包括企业创新的专项补助、财政贴息、人才专项经费、税收返还、上市补助等，其中最主要的是作为企业创新的专项补助，其他补助（比如上市补助，给企业融资发展提供了便利；人才专项经费给企业引进人才提供了基本保障）对创业板上市企业创新也提供了间接支撑，取政府补助的自然对数作为解释变量，用 lnsub 表示，滞后一期用 lnsub_1 表示。

（3）控制变量。

主要考察影响企业总资产收益率的其他系统性因素，参考周霞（2014）、杜勇等（2014）以及邵剑兵等（2017）选择的控制变量包括：①企业规模（lnscale）；②资产负债率（lev）；③总资产周转率（tat）；

④毛利率（*margin*）；⑤上市天数（*days*）。表 6.1 是对模型各控制变量的经济解释。

表 6.1 控制变量

变量名称	变量符号	定义
企业规模	lnscale	总资产的自然对数
资产负债率	lev	负债/总资产
总资产周转率	tat	销售收入/总资产
毛利率	margin	（主营业务收入－主营业务成本）/主营业务收入
上市天数	days	上市以来的总天数

6.3.2 样本选择和数据来源

本章采用 2010～2015 年创业板上市企业的相关数据，根据信息披露要求，选取截止到 2010 年底上市的 153 家企业。文中相关数据来自深圳证券交易所网站、Wind 资讯、国泰安数据库以及企业年报。其中，行业分类来自深圳证券交易所的分类标准；"政府补助"来自 Wind 资讯以及企业年报；上市天数手工计算所得；其他数据来自国泰安数据库。

6.3.3 模型构建

本章样本是截止到 2010 年 12 月 31 日上市的 153 家企业 2010～2015 年的面板数据，面板数据模型通常分为三类：固定效应模型、随机效应模型和混合 OLS 模型，建立模型（6.1）和模型（6.2）对假设进行检验：

$$ROA_{i,t} = \alpha_i + \beta_1 \ln sub_{i,t} + \beta_2 \ln scale_{i,t} + \beta_3 tat_{i,t} + \beta_4 margin_{i,t}$$
$$+ \beta_5 lev_{i,t} + \beta_6 days_{i,t} + \mu_{i,t} \tag{6.1}$$

$$ROA_{i,t} = \alpha_i + \beta_1 \ln sub\_1_{i,t} + \beta_2 \ln scale_{i,t} + \beta_3 tat_{i,t} + \beta_4 margin_{i,t}$$
$$+ \beta_5 lev_{i,t} + \beta_6 days_{i,t} + \mu_{i,t} \tag{6.2}$$

其中，i 代表第 i 家样本公司，t 代表第 t 年，μ 为静态回归模型的随机误差项。在进行回归分析之前先检验，进行模型的选择。

（1）检验个体效应的显著性。

本章利用 Stata/SE 12.0 对模型（6.1）和模型（6.2）进行回归得到个体显著性结果，如表 6.2 所示。

表 6.2　　　　　　　　　　模型个体显著性检验结果

模型	F 值	P 值
模型（6.1）	6.56	0.0000
模型（6.2）	5.70	0.0000

以上结果的 P 值为 0.0000，表明固定效应模型优于混合 OLS 模型。下面检验随机效应模型的显著性，利用 Stata/SE 12.0 对模型（6.1）和模型（6.2）检验，结果如表 6.3 所示。

表 6.3　　　　　　　　随机效应模型的显著性检验结果

模型	c	P 值
模型（6.1）	305.91	0.0000
模型（6.2）	234.75	0.0000

检验得到 P 值为 0.0000，表明随机效应非常显著。所以，随机效应模型也是优于混合 OLS 模型的，那么在固定效应模型和随机效应模型中该如何选择呢？下面进行 Hausman 检验来确定。

（2）Hausman 检验。

利用 Stata/SE 12.0 对模型（6.1）和模型（6.2）进行 Hausman 检验，结果如表 6.4 所示。

表 6.4　　　　　　　　　　Hausman 检验结果

模型	χ^2 统计量	P 值
模型（6.1）	140.06	0.0000
模型（6.2）	90.95	0.0000

根据检验结果 $P = 0.0000$，拒绝原假设随机效应模型，建立固定效应模型进行回归分析。

6.4　实证结果与分析

在 153 家企业中，根据行业划分：制造业 106 家，信息技术行业 22

家，农林牧渔 4 家，文化传播 4 家，商务服务 4 家，科研服务 3 家，批发
零售 3 家，公共环保 2 家，建筑业 2 家，其他采矿业、运输仓储和卫生行
业各 1 家。由于某个公司的所属行业是不随时间变化的，那么在固定效应
模型中不需要控制行业变量。在对不同行业进行分析时，本章选择制造业
和信息技术行业，分别属于传统行业和现代科技行业，根据样本容量的大
小，对这两个行业做描述性统计比较分析。对假设检验的固定效应模型做
回归分析，说明政府补助对科技创新类企业经营绩效的影响。本章数据处
理均使用 Stata/SE 12.0。

6.4.1　变量描述性统计及分析

对样本进行描述性统计，整理得到结果如表 6.5 所示。

表 6.5　　　　　　　　　　　　变量的描述性统计

变量	行业	观察值	均值	标准误差	最小值	最大值
ROA（%）	所有样本	918	5.847789	5.5612	−46.84	37.25
	制造业	636	5.866447	5.3531	−46.84	27.32
	信息技术行业	132	6.974394	5.6843	−8.21	37.25
Sub（万元）	所有样本	918	1217.22	1914.544	1.00	20603.24
	制造业	636	1146.19	1890.548	1.00	20603.24
	信息技术行业	132	1361.79	1211.788	20.85	6698.71
Scale（万元）	所有样本	918	186602.5	193445.20	34424.36	2373348
	制造业	636	173224.9	136288.00	34424.36	1190615
	信息技术行业	132	187883.2	266210.40	41408.03	2373348
Lev（%）	所有样本	918	23.21368	16.33326	1.26	88.64
	制造业	636	22.27624	15.34498	1.26	68.75
	信息技术行业	132	21.61348	17.04507	1.77	77.53
Tat（%）	所有样本	918	0.4911656	0.2683722	0.11	2.11
	制造业	636	0.4786321	0.2229329	0.11	1.73
	信息技术行业	132	0.4279545	0.2224936	0.12	1.13
Margin（%）	所有样本	918	37.83	18.27872	−12.17	93.87
	制造业	636	36.41	16.97988	−12.17	91.16
	信息技术行业	132	50.98	20.09702	14.53	93.87

通过对以上变量的描述统计，可以得到：对于企业 *ROA*，信息技术行业的均值接近 7，高于创业板企业的总体水平，高于制造业企业的平均水平；标准差相差不多，说明创业板上市企业中信息技术行业的盈利能力强，经营效果较好。资产负债率均值相差不大，在 22% 左右，属于偏低水平，说明创业板企业财务风险总体较小，但信息技术行业标准差略大，说明其内部存在不平衡情况。在总资产周转率和毛利率上，信息技术行业总资产周转率均值较小，但毛利率均值较大，说明信息技术企业经营利润空间比较大。总的来看，规模均值相差不大，但是信息技术企业标准差较大，说明其内部规模差距较大。对于政府补助，信息技术企业均值高于总体水平，标准差低于总体水平；制造业企业均值低于总体水平，标准差低于总体水平，但高于信息技术企业。由此得到，信息技术企业总体得到的政府补助更多。总体情况表明，平均 1% 的 *ROA* 对应 208 万元左右的政府补助，制造业对应 195 万元左右，与信息技术企业相差不多，均低于总体水平。综上所述，在对制造业和信息技术行业的描述性统计分析中，信息技术行业更易得到政府补助，但是在具体对企业经营绩效的影响上较难区分。

6.4.2　回归检验结果及分析

对静态面板数据进行估计，以上已通过检验，用固定效应模型对模型（6.1）和模型（6.2）进行回归，处理之后得到如下结果，如表 6.6 和表 6.7 所示。

表 6.6　　　　　　　　　　　模型（6.1）回归结果

变量	系数	标准误差	*t* 值	*P* 值
ln*sub*	0.3148 **	0.1324	2.38	0.018
ln*scale*	2.5822 ***	0.4407	5.86	0.000
tat	14.6951 ***	0.7969	18.44	0.000
margin	0.3374 ***	0.0172	19.63	0.000
lev	−0.0579 ***	0.0148	−3.92	0.000
days	−0.0015 ***	0.0003	−5.88	0.000
F	159.13 ***	—	—	0.0000
R^2：组内	0.5571	—	—	—
R^2：组间	0.4326	—	—	—
R^2：总体	0.4221	—	—	—

注：***、**、* 分别表示在 1%、5%、10% 水平上显著。

表 6.7　　　　　　　　　　　　模型（6.2）回归结果

变量	系数	标准误差	t 值	P 值
lnsub_1	0.0918	0.1494	0.61	0.539
lnscale	2.5564 ***	0.4977	5.14	0.000
tat	15.5153 ***	1.0442	14.86	0.000
margin	0.3570 ***	0.0211	16.93	0.000
lev	− 0.0595 ***	0.0175	− 3.41	0.001
days	− 0.0012 ***	0.0003	− 3.76	0.000
F	86.46 ***	—	—	0.0000
R^2：组内	0.4612	—	—	—
R^2：组间	0.4666	—	—	—
R^2：总体	0.4177	—	—	—

注：*** 、** 、* 分别表示在 1%、5%、10% 水平上显著。

　　如表 6.6 所示，解释变量"政府补助"的回归系数在 5% 水平上显著为正，并且在其他变量一定时，政府补助增加 1%，科技创新类企业 ROA 增加 0.3% 左右。该结果证实了假设 6.1，表明当期政府补助对科技创新类企业的支持有显著的积极影响，政府当期对科技创新类企业支持的增加，会相应增加企业的当期经营效益，所以近年来国家科技投入不断增长的趋势是值得肯定的，创新驱动的政策仍需继续完善。但是政府补助对科技创新类企业经营效益的影响程度并不高，建议政府在对科技创新类企业进行补助时，多关注企业对资金的利用效率。

　　如表 6.7 所示，滞后一期的解释变量回归系数不显著，但是系数为正，表明滞后一期的政府补助对科技创新类企业经营绩效有正向促进作用。由此得到假设 6.2 不成立。继续做滞后两期的解释变量回归，得到结果：系数为负，P 值为 0.447，不显著。综上可知，政府补助对科技创新类企业经营绩效的滞后影响期数在一年左右，且不显著。

　　上述结果说明政府补助资金的使用效率不高，政策导向和引导激励的作用未充分展现出来。分析其原因：一是财政无偿资助占比偏高。对于科技创新类企业的补助往往偏重项目的申报和立项，财政资金到账后，对其使用效率缺乏科学有效的绩效评价指标体系和评价方法。表现就是钱花出去了，成果有没有或者质量好不好得不到应有的关注，一些项目的验收和鉴定流于形式。导致了这样的财政补助的低效率，以及企业对政府补助款的依赖。二是乘数效应更强的财政补助形式偏少。一方面，更符合市场规律的财政贴息占比偏低，根据企业报表信息进行统计，2015 年全国创业板公司中有 93 家企业财务披露获得财政贴息，平均每家企业只有 77.28 万元，最高的地区是深圳，平均 154.96 万元。另一方面，政府购买以及风险投资市场不完善，高水平专业性管理人才缺乏，导致财政补助资金的引导作用和杠杆效应发挥不出来，财政资金的长期效应难以激发。

同时，上述结果显示，控制变量均有显著影响。表现为企业规模越大，总资产周转率越高，毛利率越高，科技创新类企业的经营绩效越好。而资产负债率与上市天数对科技创新类企业的经营绩效产生反向影响。原因在于：企业规模越大越能获得较高的市场份额，带动企业更好的发展；总资产周转率与毛利率较高，企业的经营利润空间就较大，企业会有更好的财务绩效；资产负债率代表企业的财务风险，风险越大，企业经营越不稳定，成本会相应加大，表现出反向的影响效果；随着上市时间的加长，企业信息透明度提高，对企业经营绩效会产生反向影响。

6.4.3　稳健性检验

为了进一步检验假设，选取样本中的制造业和信息技术行业分别进行回归，做稳健性检验，得到的实证结果没有实质性的改变。整理解释变量 lnsub 结果如表 6.8 所示。

表 6.8　　　　　　　　　　　解释变量 lnsub 回归结果

行业	系数	标准误差	t 值	P 值
制造业	0.2437*	0.1429	1.71	0.089
信息技术行业	0.5984	0.3695	1.62	0.108

注：***、**、*分别表示在 1%、5%、10% 水平上显著。

结果同时显示，对于制造业和信息技术行业这两个不同的行业，政府补助对科技创新类企业经营绩效大致有正向的弱显著效果，但是其影响程度和效果并不相同，所以政府在对科技创新类企业进行支持时，也应多考虑企业的行业特性。

政府补助资金有一定的行业特性和标准。在影响企业 *ROA* 的因素上，企业规模、总资产周转率、毛利率等有很强的显著性，而上述因素很大程度上由行业特征所决定，从而导致不同行业政府补助对科技创新类企业经营绩效影响的差异。此外，高成长性、创新性较强的行业企业，往往会得到更多的政府补助，比如信息技术行业。但是从稳健性检验结果看，信息技术行业并没有因此获得显著的促进作用。这也与样本不充足有关，需要后期进一步扩大样本研究。

6.4.4　内生性问题的讨论

由以上结论可知，滞后一期解释变量对被解释变量的影响不显著，将滞后一期解释变量作为工具变量对模型（6.1）进行 Hausman 内生性检验，得到表 6.9 中的结果。

表 6.9　　　　　　　　　　Hausman 检验结果

模型	χ^2 统计量	P 值
模型（6.1）	30.51	0.0000

根据检验结果 $P=0.0000$，拒绝原假设解释变量为外生，所以模型存在内生性问题。为解决原模型的内生性问题，在模型（6.1）和模型（6.2）中引入滞后一期的被解释变量做回归，得到解释变量结果，如表6.10 所示。因此，得到的结论与模型（6.1）和模型（6.2）的结论基本一致。

表 6.10　　　　　　　　解释变量 lnsub 回归结果

变量	系数	标准误差	t 值	P 值
Lnsub	0.2844 *	0.1622	1.75	0.080
Lnsub_1	0.1041	0.1504	0.69	0.489

注：*** 、** 、* 分别表示在1%、5%、10%水平上显著。

6.5　研究结论与政策建议

6.5.1　主要结论

通过 2010～2015 年创业板上市企业的微观财务数据以及外部相关数据，建立面板数据的固定效应模型，分析财政补贴对科技创新类企业经营绩效的影响，得出如下结论：第一，当期政府补助对科技创新类企业有正向的显著影响；第二，政府补助对科技创新类企业有一年左右的滞后影响，但不显著；第三，不同行业科技创新类企业政府补助效应具有差异性。

6.5.2　政策建议

基于上述的理论分析和实证检验，我国政府对企业创新的扶持表现出积极的促进作用。但是由于行业特性和滞后影响的存在，也出现了一定的问题，对此提出以下建议。

第一，要在继续增加对科技创新类企业的政府补助总量的基础上重点优化投入结构。财政科技投入规模是国际上衡量一个国家或地区科技创新能力的重要标准，是促进企业科技创新的公共政策基础，要逐步提高财政科技支出占财政总支出和 GDP 的比重。在政府补助形式的选择上，由于创业板上市企业大多规模较小，经营风险较大，政府的无偿资助无疑会在短期内增加企业经营绩效，减小经营风险，激励技术创新，但由于政府与企业之间存在信息不对称以及创新外部性，长期会导致补贴资金的低效率使用以及企业对政府补助的依赖程度增加。所以，应当发挥市场化程度较高的政府补助作用，采用贷款贴息、政府采购以及政府引导性投资基金的形式，逐步降低无偿资助的比例，引导市场需求和更多的社会资金进入企业的创新中来。同时，以绩效评价为基础，并配套相应的奖罚措施，对政府补助绩效好的科技创新类企业加大补助力度，对绩效差的企业减少补助或者不再补助，避免寻租行为。

第二，要对不同成长阶段、不同行业的科技创新类企业实施差异化政府补助政策。实证结论虽然证实了政府补助对科技创新类企业的经营起到了促进作用，但是促进力度并不大，而且数据显示补助对象相对广泛，同时在不同行业间呈现出不同的效果。这就启示我们，政府在补助对象上要加以区分，避免"撒芝麻盐"式的方式，企业在初创期、成长期、成熟期、衰退期也应区别对待。有些企业或产业在发展初期，规模较小，融资能力有限，需要的资金量大，不确定性较高，政府补助应该起到更好的支持和激励作用，对促进企业科技创新的效用也更大；对于有一定规模的科技型企业，它们的体量和资产规模较大，融资能力较强，资金雄厚，更宜使用财政贴息的方式，不仅可以节省财政资金，而且还能撬动社会资金进入科技创新领域，发挥杠杆作用，进而增加企业经营绩效。在行业选择上，对于传统行业的企业，要重点考虑如何促进其产业升级，在进行研发经费资助和科研奖励的基础上，发展财政贴息方式，鼓励商业银行给予企业贷款，拓宽企业创新升级的资金来源渠道。对于新兴朝阳产业，重点考虑人才的引进以及融资渠道的扩展，落实政府在创新创业政策上的人才支持，加大对人才引进的专项补贴政策。在融资渠道上，发挥政府的引导作用，发展风险投资建设，比如政府成立创业投资基金，将政府资金作为基金的一部分，采取专业化市场化的基金管理模式，规定投资成功几年后，股份可以以原价出让给基金投资者；而基金经营失败，则损失由政府和投资者承担，以吸引社会资金的进入，发挥政府的引导作用。

第三，要精准使用补助政策，优化政府补助项目，优选政府补助对象。要使政府补助项目精准作用于科技创新类企业，提升技术研发能力和产品附加值，进而增加企业经营绩效，可鼓励相关领域企业成立研发联合体（research joint venture），将财政科技创新类补贴政策主要用于支持研发联合体。通过研发联合体的科技创新成果助力企业提升技术水平与产品附件值，增强企业核心竞争力。同时，要特别注意避免企业由于获得政府补助而采取急速扩张和低价竞争策略。对于成长期企业，提供财政补贴和信贷支持等措施会在一定程度上导致企业非理性急速扩张。由于国内市场容量有限，这又会极大提高企业低价高量进入国际市场并遭遇反补贴措施的可能性。光伏产业遭遇双反调查的案例即为典型代表。在遭遇美国和欧盟的双反调查后，中国光伏产业受到严重打击，多家领军型企业由于市场萎缩和债务负担过重而破产重组。反补贴措施导致的企业失败不仅严重阻碍了产业发展，也造成了各级政府财政资源的巨大浪费。因此，对于主要供应海外市场的企业，政府应该审慎提供政府补助。一方面，要尽量选择改善营商环境和信息支持等非资金支持类措施为企业提供帮助；另一方面，也要建立完善的贸易摩擦预警机制，尽早发现遭遇国外贸易救济措施的风险并预先采取应对措施。

第7章 财政支出差异性对创业活动的激励效应

7.1 引　　言

现有研究表明，创业对促进创新发展、创造就业、确保公平收入分配及整体经济增长具有深远影响（Wennekers and Thurik，1999；Martin，Picazo and Navarro，2010）。这些社会经济效益的产生一方面得益于内生性因素（创业者个人能力、社会网络及掌握资源状况等），另一方面取决于区域环境因素，不同地域间创业资源的流动配置同样会影响创业活动水平。柯林林格（Koellinger，2008）指出创业活动本质上是创业者与环境要素之间的动态互动过程。全球创业观察报告（Global Entrepreneurship Monitor，GEM）提出创业环境框架体系包括：金融支持、政府政策、政府创业项目、创业教育、R&D 转移、商业和法律基础设施、进入壁垒、有形基础设施、文化与社会规范，郭晓丹（2010）分析论证了政府财政投入与上述创业环境体系各要素直接或间接的关系，进而分析了对整体创业水平的影响。

创业过程中出现的知识、技术外溢体现其较强的正外部性，勾蒂斯和斯鲁沃根（Goedhuys and Sleuwaegen，2010）认为某些公共产品对于创业活动可能是至关重要的，而财政支出在弥补由于正外部性而产生的公共物品供给不足方面能够发挥更有效的作用。欧巴吉和奥卢古（Obaji and Olugu，2014）指出任何国家的创业成功在很大程度上都取决于政府的政策行为，特别是发展中国家政府正在努力实现经济发展，通常会提供基础设施、金融和财政等不同形式的支持性政策方案。但是也指出不能过分强调政府对创业精神的重要性，因为它涉及塑造做出创业决策的制度环境，过多政府行为可能会产生抑制创业的负面效应。

一般来说，财政支出可以体现出政府对经济社会干预的程度和方向，2021 年我国财政支出总额占 GDP 比重为 21.5%，比 2007 年的 14.4% 增长了 50%。从总体规模来看，更大的财政支出代表政府对经济的参与度更高。从理论角度考虑，更广泛的财政支出是强大国家机器存在的物质基础，为保护创业精神的法律和商业基础设施提供支持，而较低的财政支出可能会不利于良好营商环境的构建，但是当前我国经济体系中这种实证关系还并未得到有效验证。在当前加快实施创新驱动发展战略、全面建设中国创业生态环境的背景下，中国政府对创业创新的扶持力度值得关注，而财政支出作为政府宏观调控最直接最高效的手段，更需要进一步深入探寻：财政支出与创业活动关系如何？哪类财政支出对创业活动影响更显著？厘清政府支持创业型经济发展的财政支出政策具有重要的学术价值及现实意义。

本章的贡献主要体现在两个方面：一是不同于从微观视角研究中国政府财政支出与创业行为关系，本章从宏观视角出发，利用省际面板数据论证中国财政支出对地区创业水平的影响，该拓展性研究具有较强的实践价值与可操作性。二是地区创业发展应该是一个动态过程，创业水平提升具有自我反馈机制，本章采用系统 GMM 估计方法，利用动态面板数据模型进行实证分析，有助于克服创业研究中存在的内生性问题，既丰富了先前的研究方法，又使创业理论研究更加全面。

7.2　理论分析与研究假设

考虑财政支出对创业活动的影响，需要从两方面入手：一是财政支出总规模对创业活动的影响；二是财政支出结构对创业活动的影响，包括从创业支持角度对财政支出类型进行分类和对财政支出分类的创业影响机制进行理论阐述。

7.2.1　财政支出总规模与创业

一些研究提出创业活动和政府支出规模的相互影响关系，克雷夫特和马菲克雷夫特（Kreft and Mafikreft，2007）认为经济自由（灵活的劳动力市场和低税收）创造创业精神，随着经济自由度下降，创业活动导致政府支出规模的增长，尤其是当企业家在某地形成一定基础后能够有效地从政府机构获得财政支持。关于政府财政支出对创业活动的影响有两种不同的结论。虽然各国政府企图采取鼓励企业家精神的政策，但很多研究表明政府对创业支持的无效性。亨利克森（Henrekson，2005）实证分析了充满活力的创业文化与福利国家文化及其制度是负相关的，公共支出和税收通过福利楔子和边际税收抑制了商业性投资。爱迪斯、埃斯特林和米茨凯维奇（Aidis，Estrin and Mickiewicz，2010）研究表明政府支出规模与企业家创业之间存在强烈的负相关关系，原因在于广泛的福利支出来源于税收，降低了对新兴企业家的激励。伊斯兰姆（Islam，2015）拓展了爱迪斯等（Aidis et al，2010）的理论，假设信贷市场失灵的存在，确认了之前的研究结论——总政府支出规模与创业活动之间负相关。总结来看，基于单纯的税收增长导致的财政支出规模无限扩张无益于激励创业精神。但是，辛格等（Singh et al.，1999）指出创业在经济发展中的重要作用，政府在创业创新中的作用不容忽视，政府应致力于采取措施增加创业活动。温纳克斯等（Wennekers et al.，2005）认为发展中国家政府必须建立产权保护，促进教育，为后续促进初创企业进入奠定基础，而这主要依赖于财政投入。刘易斯和温克勒（Lewis and Winkler，2015）提供的实证证据表明扩张性政府支出政策增加了消费和投资，有助于创业企业的持续经营，提升创业活动质量。总体来看，对于我国这样的发展中国家，实施创新驱动发展战略加快实现高水平科技自立自强，在长期中发挥市场自由主体作用的同时，也需要政府积极创造环境——通过公共机构提供公共物品和服务。据此，本章提出如下研究假设：

假设7.1：更大的财政支出规模可能依赖于增加创业税负，从而挫败创业者进入创业阶段的积极性，即当期财政支出总规模与创业活动数量之间存在负相关关系。

假设7.2：长期来看，更大的财政支出规模为创业者提供更健全的安全网、更丰厚的创新回报、更便捷的创业环境，即滞后一期财政支出总规模与创业活动质量之间存在正向促进关系。

7.2.2　财政支出结构与创业

郭新强、胡永刚（2012）指出生产性财政支出的"就业效应"会挤出"创业效应"，因此本章财政支出结构不再讨论生产性财政支出。根据伊斯兰姆（Islam，2015）指出的，如果财政在教育、卫生、住房、社会保障、基础设施、宗教和文化、环境和公共秩序安全等方面的支出能够减轻信贷市场的缺陷，改善公共物品的有效供应，可能会出现更大的创业活动。同时，参考宋冬林、姜扬（2017）对财政支出的分类及《中国统计年鉴》中的统计数据，本章财政支出分类的选择包括：教育支出、科技支出、社会保障支出（社会保障和就业、医疗卫生与计划生育）、基础服务性支出（交通运输、商业服务业等事务）、住房保障支出。具体的财政支出类别往往出于对现有创业活动水平的回应而得到进一步加强，本章在分析中考虑了财政分项支出对创业影响的滞后效应，财政支出分类的选择基于如下创业影响机制。

（1）教育支出与创业。罗宾逊和塞克斯顿（Robinson and Sexton，1994）很早就证实了教育对创业的积极影响。教育财政支出对于增加人们受教育的机会及提升社会人力资本水平具有重要意义，人力资本进而提高了创业主体发现机会和开发业务的能力。昂格尔等（Unger et al.，2011）研究发现人力资本与创业成功之间存在较小的显著性正向关系（估计系数为 0.098），与人力资本水平较低的企业主相比，人力资本水平较高的企业主的成功率可能高达 10 倍。然而，中国的现实情况是大批高学历、高素质人才毕业后争先涌向体制内等公共部门就业，公共部门相对于私营部门具有明显的优势，稳定的工作环境、较高水平的福利带来强大的就业示范效应反而挤出了创业活动。但是，人力资本水平较高的人对于就业还是创业具有更高的选择灵活性，能够更好地适应市场变化、进行机会识别，而且一旦选择创业对提升创业成功率及创业活动质量都会有积极作用，这可能来源于教育所体现出的长期滞后性。据此，本章提出如下研究假设：

假设 7.2a：教育支出当期不利于促进创业活动质量；教育支出滞后一期对创业活动质量提升具有正向积极效果。

（2）科技支出与创业。财政科技支出在全社会科技创新投入中占据重要位置，从补偿研发过程中的风险、对研发创新成果进行奖励等方面为创新主体树立信心、提供激励。财政科技支出是科技创新的有力助推器，阿比扬卡尔（Abhyankar，2014）指出创新是创业的具体工具。增加科技投入改善科研环境、加大科技创新激励力度，势必能够吸引更多人才、资源，促进科研人员的流动和创业。此外，科技投入也在促进产业结构优化升级、延长产业链等方面发挥作用，科技进步不断带来更广阔的创业市场。目前，我国科技支出所占比重较低（2007～2016 年在 3.5% 左右徘徊），与发达国家相比，我国模仿创新能力较强，但自主创新能力较弱，极大制约了创新创业发展后劲。据此，本章提出如下研究假设：

假设7.2b：科技支出当期利于促进创业活动质量；科技支出滞后一期对创业活动质量提升具有负向影响。

（3）社会保障支出与创业。社会保障水平与创业活动息息相关，魏格纳（Wagener，2000）认为养老金制度会影响个人选择成为企业家或受雇工人。一些观点认为福利性的社会保障支出会成为创业障碍，斯泰伯格（Steiberger，2005）发现社会福利制度规模与创业活动负相关。柯林林格和米尼提（Koellinger and Minniti，2009）发现，政府过高的失业救济金支出挤出了新兴创业活动。不可否认，政府的福利性保障支出可能会增大从事创业活动的机会成本，因此潜在的创业企业家可能会选择享受福利待遇，而不是高风险创业活动。从另一个角度，较高的社会保险、失业保险、医疗保险等支出能够有效冲抵创业失败的风险成本，消除创业者的后顾之忧，从而有利于进行创业活动。鉴于目前我国社会保障水平并不高，尤其是涉及创业的保障体系尚不健全，适当提高社会保障水平一定程度上确实会增加创业机会成本。长期来看，随着社会保障力度不断加强，医疗、养老、生育等各种福利不断健全，创业会成为人们价值追求的选择。因此，社会保障制度的健全将是影响创业活动质量的积极因素。据此，本章提出如下研究假设：

假设7.2c：社会保障支出当期越高，创业机会成本越大，进而抑制创业活动质量；社会保障支出滞后一期对创业活动质量提升具有正向积极效果。

（4）基础服务性支出与创业。交通等基础设施类支出有利于改善运输、通信条件，这可能会降低创新创业资源的流通成本，加强创业者之间的联系，因此促进人际联系的某些基础设施更有利于创业活动。商业服务业等事务支出有利于优化营商环境，为创业提供宽松的市场氛围，降低交易成本。据此，本章提出如下研究假设：

假设7.2d：基础设施、商业服务业等事务性支出当期及滞后期越高，越有利于创业环境改善，进而有利于促进创业活动质量。

（5）住房保障支出与创业。住房保障支出可以缓解年轻人的住房压力。高德纳等（Gartner et al.，2012）发现新兴企业的大部分融资（57%）来自创业者个人，当然如果能获得外部融资（银行等金融机构）将有利于初创企业取得更高收入，获得创业成功。在外部资本融资受限的情况下，创业者自有财富将是其创业进入的关键物质基础。据此，本章提出如下研究假设：

假设 7.2e：住房保障支出当期及滞后期越高，越有利于降低资金约束，进而有利于促进创业活动质量。

7.3　研究设计

7.3.1　模型构建与估计方法

（1）模型设定。本章认为创业活动是一个动态过程，不仅受当前各种因素的影响，也取决于自身过去的状况。因此，分析财政支出对创业活动的影响，本章构建如下 3 个动态面板计量模型：

$$StartupN_{it} = \alpha + \lambda StartupN_{i,t-1} + \beta Fiscal_{it} + \delta Patent_{it} + \gamma X_{it} + u_i + \eta_i + \varepsilon_{it}$$
$$(7.1)$$

$$StartupQ_{it} = \alpha + \lambda StartupQ_{i,t-1} + \beta Fiscal_{it} + \delta Patent_{it} + \gamma X_{it} + u_i + \eta_i + \varepsilon_{it}$$
$$(7.2)$$

$$StartupQ_{it} = \alpha + \lambda StartupQ_{i,t-1} + \beta_1 Edu_{it} + \beta_2 Tech_{it} + \beta_3 Sec_{it} + \beta_4 Serv_{it}$$
$$+ \beta_5 Hous_{it} + \delta Patent_{it} + \gamma X_{it} + u_i + \eta_i + \varepsilon_{it} \qquad (7.3)$$

其中，i 表示第 i 个省份，t 表示第 t 年，$StartupN_{it}$ 表示创业活动数量指标，用来衡量创业者进入创业活动的状况；$StartupQ_{it}$ 表示创业活动质量指标，$StartupN_{i,t-1}$、$StartupQ_{i,t-1}$ 分别表示被解释变量的一阶滞后项；解释变量 $Fiscal_{it}$、$Patent_{it}$ 表示财政支出总规模、专利申请授权量；解释变量 Edu_{it}、$Tech_{it}$、Sec_{it}、$Serv_{it}$、$Hous_{it}$、分别代表财政教育支出、科技支出、社会保障支出、基础服务性支出、住房保障支出；X_{it} 表示控制变量，包括人均国内生产总值（GDP）、金融发展（Fin）、产业结构（$Struc$）、地区开放程度（$Open$）、基础设施水平（$Infra$）、市场化水平（Mar）；u_i 代表个体效应，η_i 代表时间效应，ε_{it} 代表随机干扰项。

（2）估计方法。本章建立的模型（7.1）、模型（7.2）、模型（7.3）中均含有被解释变量的一阶滞后项作为解释变量，解释变量可能与随机干扰项相关导致动态面板数据模型存在内生性问题，静态面板数据 OLS 估计、固定效应的 LSDV 估计、随机效应的 GLS 估计都将产生有偏且不一致的参数估计量。基于本章大 N 小 T 的短面板数据特征，借鉴阿雷亚诺和邦德（Arellano and Bond，1991）与布伦德尔和邦德（Blundell and Bond，1998），使用广义矩估计方法（Generalized Method of Moments，

GMM）进行模型参数估计，广义矩估计方法包括差分 GMM、系统 GMM，本章使用更有效率的系统 GMM 方法。另外，虽然静态面板 OLS 估计与固定效应（FE）估计都是有偏的，但是二者却决定了动态面板数据中被解释变量一阶滞后项真实估计系数的上、下限范围。因此，本章采用面板混合 OLS 估计和固定效应（FE）估计，以此对比验证模型估计系数的有效区间。

7.3.2　变量选取与数据来源

（1）被解释变量指标说明。广义的创业活动概念包括实现生产要素新的组合的"创新型"创业（Schumpeter，1934）以及由于失业等原因而被迫进行的"生存型"创业，创业的结果主要包括成立私营企业和个体工商户。大多数文献通常以总人口中私营企业及个体工商户数量衡量的创业活动数量（StartupN）表示地区创业水平。本章在研究财政支出总规模与创业活动数量之间的关系时，采用该指标。但是创业活动水平的衡量不应只涵盖创业活动数量，更应该关注创业活动的质量，多罗维奇和麦克诺顿（Dorovic and McNaughton，2007），朱晓红、刘振（2017）等均关注创新型创业的质量，高质量的创新型创业已成为经济发展的主要驱动因素。因此，本章重点的研究主题为财政支出对地区创业活动质量（StartupQ）的影响，由于个体户创业大多属于非自愿、被迫、无奈的选择，所以数据选择中剔除个体户资料，最终选择私营工业企业销售产值（当年价格）占当年 GDP 比重与私营企业就业人数占年末总人口比重两个指标，分别赋予 0.5 的权重求加权平均值，即为创业活动质量（StartupQ）。数据来源于历年《中国统计年鉴》《中国工业经济统计年鉴》及 Wind 数据库。

（2）核心解释变量指标说明。2007 年，我国财政收支分类科目进行了改革，统计数据口径不一致使得改革前后科目无法进行纵向比较，因此本章财政支出指标选取 2007~2015 年数据作为研究范围，此外，基于数据的可获得性，对地区财政支出分项的影响研究时采用 2010~2015 年的数据。本章以地方公共财政支出总额与 GDP 比值代表财政支出总规模（Fiscal），用以衡量地区创业支持力度，本部分更加注重财政支出的构成项对创业活动的可能性影响。因此，根据上文解释进一步选取教育支出（Edu）、科技支出（Tech）、社会保障支出（Sec）、基础服务性支出（Serv）及住房保障支出（Hous）作为解释变量，用各项具体支出占财政总支出比重来衡量支出结构对创业活动的影响。考虑到财政支出对创业影响的滞后性，本章财政支出相关数据考虑滞后期影响效应。数据来源于历年《中国财政统计年鉴》《中国统计年鉴》及 Wind 数据库。

《国务院关于强化实施创新驱动发展战略进一步推进大众创业万众创新深入发展的意见》指出创新是社会进步的灵魂，创业是推进经济社会发展、改善民生的重要途径，创新和创业相连一体、共生共存。因此，创新、创业紧密联系，本章加入地区创新指标作为主要解释变量。多数文献研究中创新指标选择专利申请受理量和专利申请授权量，由于掌握专利发明的企业和携带专利技术的人员更具备创业的筹码，因此本章认为使用专利申请授权量（*Patnet*）（专利包括国内发明、实用新型、外观设计三种，本章使用发明专利授权量）更能准确衡量创新活动产出可能对创业产生的影响。考虑到专利指标无法充分体现市场经济价值的缺陷，本章还以各省份技术市场成交额（*Techmar*）① 作为创新能力的替代变量，代表创新技术转移与成果转化，保证创新对创业作用研究的稳健性。数据来源于历年《中国统计年鉴》及 Wind 数据库。

（3）其他控制变量说明。选择可能影响创业活动水平的地区特征变量作为控制变量，参考袁红林、蒋含明（2013）以及蔡庆丰等（2017）选择的控制变量，包括：人均国内生产总值（*GDP*）、金融发展（*Fin*）、产业结构（*Struc*）、地区开放程度（*Open*）、基础设施水平（*Infra*）、市场化水平（*Mar*）。指标说明如下：选择实际的人均国内生产总值（*GDP*）来衡量地区总体经济发展水平，这是因为创业不论是新创企业或是现有企业，企业家的培育都与区域或国家的经济繁荣有关（Wiklund，1999；Conceicao and Heitor，2002）。参考多数文献方法，人均国内生产总值取一阶滞后值。大多数研究金融发展水平（*Fin*）的文献在指标选择上采用戈德史密斯（Goldsmith，1969）提出的"金融相关比率"（金融资产价值/实物资产价值），由于我国金融资产数据的缺乏，研究我国区域金融水平的文献采用各地区金融机构存贷款总额与各地区 GDP 之比来代替"金融相关比率"，本章将该指标简化为金融机构各项贷款总额与 GDP 之比。产业结构（*Struc*）使用地区第三产业产值占地区当年 GDP 的比重；地区开放程度（*Open*）使用各省市当年进出口总额与地区当年 GDP 比值，进出口总额按当年美元兑人民币汇率的年平均价换算为人民币；基础设施水

---

① 由于西藏的技术市场成交额数据缺失，此处使用不包括港、澳、台地区及西藏在内的 30 个省份 2007～2015 年数据进行回归。

平（*Infra*）以地区公路里程占土地调查面积的比值来衡量；本章以樊纲等（2011）编写的《中国市场化指数》一书中市场化指数总得分代表市场化水平（*Mar*），数据缺失年份以上年指数加上前 3 年指数增加值的平均数计算得到。控制变量数据来源于历年《中国统计年鉴》及 Wind 数据库。

所有变量的说明及主要变量的描述性统计见表 7.1 和表 7.2。

表7.1 　　　　　　　　　　　　　**变量定义及说明**

变量类型	变量	说明
被解释变量	*StartupN*	私营企业及个体工商户数量/年末总人口
	StartupQ	0.5×私营工业企业销售产值/GDP + 0.5×私营企业就业人数/年末总人口
解释变量	*Fiscal*	公共财政支出总额/GDP
	Edu	教育支出/财政支出总额
	Tech	科技支出/财政支出总额
	Sec	（社会保障和就业支出 + 医疗卫生支出）/财政支出总额
	Serv	（交通运输支出 + 商业服务业等事务支出）/财政支出总额
	Hous	住房保障支出/财政支出总额
	Patent	发明专利授权量
控制变量	ln*GDP*_1	人均国内生产总值滞后一期的对数
	Fin	金融机构各项贷款总额/GDP
	Struc	第三产业产值/GDP
	Open	进出口总额/GDP
	Infra	公路里程/土地调查面积
	Mar	根据樊纲等编写的《中国市场化指数》中市场化指数总得分计算

表7.2 　　　　　　　　　　　　　**主要变量的描述性统计**

变量	观测值	平均值	标准差	最小值	最大值
StartupN	270	0.03719	0.01391	0.01495	0.08068
StartupQ	270	0.22484	0.12520	0.04258	0.58261

变量	观测值	平均值	标准差	最小值	最大值
Fiscal	270	0.22058	0.09519	0.08743	0.62742
Patent	270	7.23944	1.51932	3.13549	10.49169
Edu	180	0.16787	0.02692	0.09894	0.28559
Tech	180	0.01923	0.01359	0.00389	0.06584
Sec	180	0.19092	0.03108	0.12385	0.30729
Serv	180	0.08455	0.02376	0.03854	0.17109
Hous	180	0.03821	0.01780	0.00447	0.10972

7.4　实证结果与分析

根据阿雷拉诺和邦德（Arellano and Bond，1991）的建议，我们采用一阶段估计结果进行变量系数显著性的统计推断，采用两阶段估计结果给出 Sargan 统计量进行模型筛选。由于模型中解释变量与被解释变量可能的因果关系产生内生性问题，除了被解释变量的滞后一期为内生解释变量外，本章将财政支出总规模与结构该主要解释变量设定为内生解释变量，模型估计过程中最多使用被解释变量的两个滞后值作为工具变量。财政支出总规模与创业活动数量、财政支出总规模与创业活动质量及财政支出结构与创业活动质量之间关系的动态估计结果分别如表 7.3、表7.4、表 7.5 所示。首先，在 5% 的显著性水平上，AR（1）的 P 值均小于 0.05，AR（2）的 P 值均大于 0.05，结果说明随机扰动项的差分存在一阶自相关，但不存在二阶自相关，因此接受原假设"随机干扰项 ε_{it} 无自相关"——这是使用系统 GMM 的前提。其次，Sargan 检验的 P 值显示在 5% 的显著性水平上无法拒绝"所有工具变量均有效"的原假设。最后，被解释变量滞后一期 $L.\,StartupN$、$L.\,StartupQ$ 的系统 GMM 估计系数值均位于 OLS 估计与 FE 估计之间。总体来看，模型（7.1）、模型（7.2）、模型（7.3）设定合理，工具变量选择不存在过度识别，参数估计真实有效。

表7.3   财政支出总规模与创业活动数量关系的估计结果

解释变量名称	模型 (7.1)		
	系统 GMM	OLS	FE
L. StartupN	1.193 *** (28.07)	1.267 *** (46.35)	0.955 *** (24.34)
Fiscal	−0.0209 ** (−2.38)	−0.000324 (−0.04)	−0.00768 (−0.89)
L. Fiscal	0.0158 * (1.88)		
Patent	−0.000464 (−1.02)	0.000178 (0.96)	0.000846 (1.35)
GDP	0.00198 * (1.71)	0.000945 * (1.89)	0.00103 (0.65)
Fin	0.000105 (0.85)	−0.0000244 (−0.55)	0.000313 ** (2.07)
Struc	−0.000100 (−1.57)	−0.0000848 *** (−2.87)	−0.0000728 (−1.07)
Open	−0.107 * (−1.92)	−0.0255 (−0.93)	−0.115 (−1.13)
Infra	−0.00389 ** (−2.33)	−0.000207 (−0.48)	0.00821 ** (2.08)
Mar	0.000313 ** (2.23)	0.000254 * (1.84)	0.000514 *** (3.23)
C	−0.0142 (−1.50)	−0.00935 * (−1.94)	−0.0221 * (−1.91)
工具变量个数	58		
AR (1)	0.0067		
AR (2)	0.6724		
Sargan 检验	0.9999		

注：*** 、** 、* 分别表示在1%、5%、10%水平上显著，括号内为 t 统计量；AR（1）、AR（2）分别为随机干扰项一阶自相关与二阶自相关检验的 P 值；Sargan 检验为工具变量过度识别检验的 P 值。

表7.4   财政支出总规模与创业活动质量关系的估计结果

解释变量名称	模型 (7.2)		
	系统 GMM	OLS	FE
L. StartupQ	1.010 *** (21.56)	1.177 *** (53.68)	0.749 *** (14.97)

续表

解释变量名称	模型 (7.2)		
	系统 GMM	OLS	FE
Fiscal	− 0. 152 * (− 1. 65)	− 0. 0317 (− 0. 41)	0. 125 (1. 39)
L. Fiscal	0. 440 *** (4. 54)	0. 0918 (1. 17)	0. 145 * (1. 76)
Patent	0. 0125 *** (2. 65)	0. 00248 (1. 28)	0. 00701 (1. 03)
GDP	− 0. 0488 *** (− 3. 39)	− 0. 0139 *** (− 3. 11)	− 0. 0185 (− 1. 17)
Fin	− 0. 00345 ** (− 2. 05)	− 0. 000240 (− 0. 56)	0. 000405 (0. 26)
Struc	− 0. 000340 (− 0. 45)	− 0. 00121 *** (− 4. 04)	− 0. 00197 *** (− 2. 83)
Open	2. 518 *** (3. 37)	1. 049 *** (3. 96)	1. 690 (1. 61)
Infra	0. 0262 (1. 48)	0. 00337 (0. 78)	0. 0612 (1. 49)
Mar	0. 00632 *** (4. 64)	0. 00517 *** (3. 70)	0. 00434 *** (2. 70)
C	0. 346 *** (3. 39)	0. 144 *** (3. 56)	0. 135 (1. 23)
工具变量个数	58		
AR (1)	0. 0030		
AR (2)	0. 8633		
Sargan 检验	0. 9976		

注：***、**、* 分别表示在 1%、5%、10% 水平上显著，括号内为 *t* 统计量；*AR* (1)、*AR* (2) 分别为随机干扰项一阶自相关与二阶自相关检验的 *P* 值；*Sargan* 检验为工具变量过度识别检验的 *P* 值。

表 7.5　财政支出结构与创业活动质量关系的估计结果

解释变量名称	模型 (7.3)		
	系统 GMM	OLS	FE
L. StartupQ	0. 873 *** (14. 05)	0. 979 *** (38. 72)	0. 597 *** (5. 96)

续表

解释变量名称	模型（3）		
	系统 GMM	OLS	FE
Edu	−0.713 ** （−2.11）	0.0652 （0.50）	−0.288 （−1.33）
L. Edu	0.653 *** （2.99）		
Tech	2.248 * （1.83）	0.242 （0.61）	1.896 ** （2.31）
L. Tech	−2.769 ** （−2.27）		
Sec	−1.063 *** （−3.99）	−0.216 * （−1.88）	−0.848 *** （−4.12）
L. Sec	0.527 * （1.93）		
Serv	−0.857 *** （−2.93）	−0.106 （−0.92）	−0.322 * （−1.70）
L. Serv	−0.0624 （−0.24）		
Hous	−0.374 （−0.69）	−0.0155 （−0.08）	−0.0815 （−0.32）
L. Hous	−0.0257 （−0.05）		
Patent	0.00271 ** （0.35）	−0.00244 （−0.66）	0.00281 （0.22）
GDP	−0.0467 * （−1.76）	−0.0203 * （−1.75）	0.0677 * （1.87）
Fin	−0.00343 * （1.69）	0.000437 （0.77）	−0.00116 （−0.41）
Struc	−0.00176 （−1.55）	−0.000659 （−1.43）	−0.00110 （−0.84）
Open	2.004 ** （3.14）	1.257 ** （2.66）	1.912 （2.16）
Infra	−0.0224 （−1.00）	0.00130 （0.21）	0.0769 （1.11）
Mar	0.0139 *** （3.44）	0.00482 * （1.87）	0.00655 （1.65）

续表

解释变量名称	模型（3）		
	系统 GMM	OLS	FE
C	0.701 ** （2.23）	0.279 * （1.88）	− 0.474 （− 1.39）
工具变量个数	55		
AR（1）	0.0074		
AR（2）	0.4537		
Sargan 检验	0.9999		

注：*** 、** 、* 分别表示在1%、5%、10%水平上显著，括号内为 t 统计量；AR（1）、AR（2）分别为随机干扰项一阶自相关与二阶自相关检验的 P 值；Sargan 检验为工具变量过度识别检验的 P 值。

从表 7.3 ~ 表 7.5 列示的回归结果可知，地区创业活动数量及创业活动质量受上年地区创业状况影响明显，滞后一期系数分别为 1.193、1.010、0.873，说明地区创业水平具有自我回馈机制（齐玮娜、张耀辉，2015）。

财政支出总规模对创业的影响表现如下：财政支出总规模在当期对创业活动数量及创业活动质量均起到负向作用，在滞后一期对创业活动数量及创业活动质量均起到正向作用，尤其在对创业活动数量的影响中短期负向效果远大于长期正向效果，对创业活动质量的影响中长期正向效果远大于短期负向效果，假设 7.1、假设 7.2a ~ 假设 7.2e 得到验证。财政支出规模当期促进创业进入效应为负，这是因为财政支出需要财政收入支持，税收作为财政收入最主要的形式，其性质及对创业主体的影响间接决定了财政支出的创业支持效果。依据前文理论分析，来源于高水平税负的财政支出会严重影响创业进入。同时，更多的政府财政支出，影响了市场调节筛选功能的发挥，不利于创新及科技成果转化，因此对创业活动质量产生阻碍作用。但是，滞后一期的财政支出规模存在正向影响效应，这与财政支出结构的滞后性有关，比如下面要分析的教育支出、社会保障支出的创业积极效应通常并不会立竿见影，而是需要经过一定时期才会显现。

财政支出结构对创业的影响表现如下：教育支出当期在 5% 的显著性水平上对创业活动质量有负向影响，滞后一期在 1% 的显著性水平上对创业活动质量有正向影响，且正向影响小于负向影响，假设 7.2a 得到验证。当期教育支出增加有利于增加受教育人数、提高教育质量，"学而优则仕"的传统就业观念及隐藏在其后的社会保障和公共福利导致受高等教育的大学生创业意愿较低，但长期来看，随着教育水平的提升，高水平的人力资本更善于发现创新项目、识别商机，从而有利于提高创业活动质量。科技支出当期在10%的显著性水平上对创业活动质量有正向影响，滞后一期在5%的显著性水平上对创业活动质量有负向影响，且负向影响大于正向影响，假设7.2b得到验证。这表明短期内，财政科技支出带来了科技进步，激励科技人员创业。长期来看，科技支出边际效益递减，甚至不利于创业活动质量提升，主要是因为我国财政支持的技术创新中，原始技术创新远低于引进技术创新，技术引进形成的路径依赖带来技术创新投入的浪费，导致创新型创业基础不牢，缺乏增长后劲。社会保障支出当期在1%的显著性水平上对创业活动质量有负向影响，滞后一期在10%的显著性水平上对创业活动质量有正向影响，负向影响大于正向影响，假设7.2c得到验证。说明目前阶段我国基本社会保障水平还较低，增加社会保障支出反而吸引人们投入福利待遇好的工作，自主创业机会成本增加。但是长期来看，增加社会保障支出有利于消除创业者后顾之忧，更易激发追求自身价值实现的企业家精神。基础服务性支出对创业活动质量的影响与预期不符，假设7.2d没有得到验证。基础服务性支出滞后效应不显著，支出当期对创业活动质量产生显著负向影响，可能因为交通运输支出、商业服务业等事务支出的增加更多的是服务于现存市场，使得营商环境更加便利，创业门槛降低，导致创业活动质量参差不齐。住房保障支出当期及滞后期对创业活动质量的影响均不显著，假设7.2e没有得到验证。从各地区住房保障支出数据可以看出，住房保障支出比例与经济发达程度、创业发展水平并不完全匹配，如北京、天津、广东、浙江等地住房保障支出占财政支出比例较小，而这些地区恰恰房价高企，更需要财政支持，这也许是假设7.2e没有得到验证的原因。

　　此外，创新对创业的影响表现如下：创新对创业活动数量没有显著影响，对创业活动质量起到了正向促进作用，正如阿比扬卡尔（Abhyankar, 2014）指出创新是创业的具体工具，再次验证了创新与创业水平紧密相连的理论。因此，运用财政支出手段鼓励支持创新也是间接支持创业的手段。

7.5　研究结论与政策建议

7.5.1　研究结论

本章基于 2007～2015 年我国 30 个省份的数据运用动态面板模型，研究地区财政支出和创业活动的关系。研究发现：（1）财政支出规模在当期对创业活动数量及创业活动质量均起到负向作用，在滞后一期对创业活动数量及创业活动质量均起到正向作用。（2）教育支出与社会保障支出当期对创业活动质量有负向影响，滞后一期对创业活动质量有正向影响。科技支出当期对创业活动质量有正向影响，滞后一期对创业活动质量有负向影响。基础服务性支出当期对创业活动质量的影响与预期不符，基础服务性支出滞后效应不显著。住房保障支出当期及滞后期对创业活动质量的影响均不显著。（3）创新对创业活动数量没有显著影响，对创业活动质量起到了正向促进作用。

7.5.2　政策建议

研究表明政府财政支出在构建创新创业的社会生态环境中发挥了基础性保障性作用。在政府财政治理中，要在保持"底线思维"和"基本原则"的基础上建立"试错机制"，既要重视培育"草根创业"和"民间创新"，又要打造机制集聚高端人才，以开放包容的姿态为塑造创新、创业的生态环境奠定坚实的基础。根据本章的研究结论，现提出如下相关政策建议。

第一，税收增长型的财政支出规模增长不利于创业活动开展，因此要发挥财政支出对创业的滞后期正向作用。应该合理调整财政支出增加的来源，比如在结构性减税政策背景下，为保证财政支出职能的发挥可以减少某些私人创业补贴，保证重点方向投入的持续性以发挥更大效能。

第二，以税制改革为机遇，尽快转变政府理财理念，深化"以人为本"的财税思想，由投资型财政向民生型财政转型，继续增加教育和社保等民生支出，以民生型财政激发市场主体的创新创业活力，优化营商环境，以"人气"聚集"财气"，从而为财政科技支出提供长久财力保障。

第三，继续加大财政科技投入的同时，要更加关注投入创新绩效，以防止技术资金投入对创业的负面影响，避免资源浪费。高质量的创业活动一定要以创新为基础，而科技型中小企业往往具有创新和创业的双重属性，应当是财政科技政策扶持的重点对象。

7.5.3　不足与展望

突出有利于创新的支出科目，为创业提供良好的公共环境奠定基础的研究结论为政府制定创新创业政策提供了理论依据，但仍存在一些不足：一是财政支出是地方政府间博弈的重要手段之一，尤其在创新驱动战略实施背景下，地区间激励创业行为的财政支出的策略互动行为成为必然，因此有必要进一步运用空间计量模型检验地方政府在创业活动的财政支出方面的策略互动行为。二是受制于数据限制，本章仅探讨政府总体财政支出规模与结构对地区创业活动的影响，地方政府专门针对创业活动的财政支出类型并未涉及，而这也许最能精准地体现财政支出的创业激励效应。

第8章　政府创业投资引导基金对创业活动的激励效应

8.1　引　言

创业可以说是市场经济主体出于利润动机或者价值实现而进行的选择，熊彼特（Schumpeter，1942）指出创业是经济过程本身的关键推动力，经济体系发展的根源在于创业活动。卡里和瑟瑞克（Carree and Thurik，2010）认为创业能够促进经济增长，沃洛维茨和斯基卡（Wołowiec and Skica，2013）进一步证实了企业家精神助力经济转型。现阶段我国经济发展处于新常态，从高速增长转为中高速增长，经济结构不断优化升级，从要素驱动和投资驱动转向创新驱动。各项创业政策的落地实施、创新创业教育的改革推广无不刺激着市场的热情，创业主体从小众到了大众。《全球创业观察2015/2016中国报告》显示，中国早期创业活动比较活跃——活跃指数高达12.84%，高于大多数创新驱动型国家（美国为11.88%、英国为6.93%、德国为4.70%、日本为3.83%）。创业活动在我国越来越成为促进经济发展的普遍性、经常性行为。

雷诺兹等（Reynolds et al.，2002）根据创业动机将创业活动类型区分为机会型和生存型，张玉利和宋正刚（2015）认为机会型创业在创新程度、市场开发程度、成长性、创造就业等方面优于生存型创业，基于研究主体的目标对象，本章选择创新性较强的创业作为研究内容。创新性创业活动具有广泛的外部性，完全市场化的创业投资存在信息不对称，导致创业资源配置可能存在失灵问题。因此，将普通大众转变为创业者有必要为他们提供一定支持，这是政府介入创业活动的契机。迈克尔和德克（Michael and Dirk，2006）认为处于早期阶段的创新创业确实需要外部刺激来激发创新热情，政府可以创造有利于刺激创新创业活动的良好外部环境。马库和戈登（Markku and Gordon，2007）指出政府可以直接对创新创业企业提供补贴进行融资，也可以以引导基金的形式间接参与，利用引导基金的杠杆效应，吸引更多社会资本进行创新创业投资。

根据《中国创业投资引导基金发展报告（2009）》定义：创业投资引导基金作为政府设立并按市场化运作的政策性基金，已经成为引导社会资金进入创业投资领域，引导创业投资企业投资于初创期科技型中小企业的重要政策工具。按照2015年的《政府投资基金暂行管理办法》规定，可以将我国政府引导基金归纳为三大类型：创业投资引导基金、产业投资引导基金、基础设施和公共服务投资引导基金，创业投资引导基金设立的最直接目的是支持创新创业，但其他几类也在改善企业基础服务和融资环境、激发社会大众创新创业活力上发挥作用。《国务院关于大力推进大众创业万众创新若干政策措施的意见》鼓励各地方政府根据实际情况建立和完善创业投资引导基金，支持创新创业发展。各级地方政府积极响应，学习先进地区并出台落实政府引导基金政策。清科集团旗下私募通数据显示，自2014年以来政府引导基金无论是设立数量还是规模都呈现"井喷"态势，呈级次式增长，如图8.1所示。截至2021年，我国政府引导基金已设立1903只，总目标规模122927.2亿元，单只基金目标规模平均64.60亿元。在2021年，从成立数量看，排名前三的省份是江苏、安徽和山东；从设立规模看，江苏、贵州和湖北排名前三。此外，多种类型的引导基金设立繁多，各层级政府主体纷纷涉足，如图8.2所示，2021年中国新增国家级政府引导基金1只；省级政府引导基金20只，同比增长66.7%；地市级政府引导基金52只；区县级政府引导基金42只，可以看出国家级引导基金设立数量逐步缩紧，主要以地市级、区县级为主。创业投资引导基金设立的目的在于引领带动社会资本进入创新创业领域，这种"拨改投"的财政资金使用方式有助于放大财政资金的乘数效应，为创新驱动发展注入源源不断的动力，对于形成中国经济发展新引擎以及加快经济结构转型升级都具有重大意义。

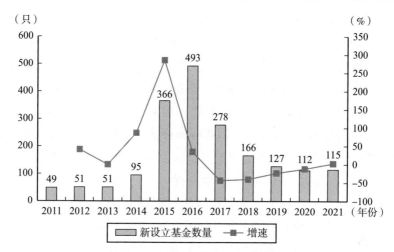

图 8.1 政府引导基金新设立总趋势

资料来源：私募通数据库。

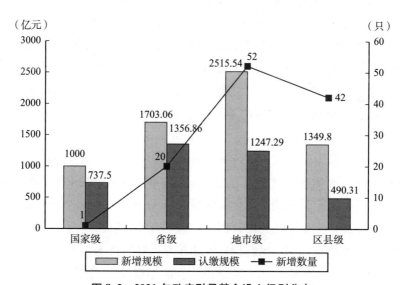

图 8.2 2021 年政府引导基金设立级别分布

资料来源：私募通数据库。

8.2 理 论 依 据

创新驱动发展战略是推动经济社会发展的强大动力，在全面鼓励创业的背景下，一方面，出现了创业资本需求与创业资本供给的结构性失衡；另一方面，激励创业的公共政策环境研究变得越发重要。创新型创业的不确定性加大了创业的风险性，创业成功又会形成强大的外溢性。基于罗默（Romer，1989）的知识外溢理论以及阿克斯等（Acs et al.，2005）的创业知识外溢理论，创新的回报、风险的补偿除市场价格外还应包括政府对其产生额外社会效益的弥补。因此，创业的成功不仅依赖于单一因素，而且依赖于国家、社会和个人层面的综合因素（Tripathi，1984）。李涛等（2017）研究认知能力对中国人创业行为选择的影响，同样承认创业是创业者内在多重综合能力的外在表现，也认为创业是特定制度环境下创业者的理性选择，宏观层面影响因素不容忽视。

政府如何在宏观层面发挥调控功能和杠杆引导作用，为广大创业者提供良好的创业环境呢？总结前人的研究，政府可以在放松管制、降低创业成本、提供税收优惠激励政策、行使财政支出职能以及完善社会保险制度等方面提供积极的政策支持。本章聚焦财政手段对创业的影响，研究者大多认同政府财政支持在促进创业方面能够发挥积极作用，只是使用手段、效果不一。资金来源保障是创业成功的关键，哈尔和勒纳（Hall and Lerner，2009）指出创业发展面临着巨大的资金缺口可能会阻碍经济长期增长和复苏。财政资金是创业资金来源的一大补充，本章研究的政府引导基金属于广义上的财政资金。宋冬林和姜扬（2017）研究得出结论：降低创业者信贷约束及创业失败风险的财政支出有利于提升创业概率。

政府引导基金是指政府财政资金通过投资创业投资机构间接支持创新创业的财政金融化运作制度，王正位等（2008）指出金融策略影响创业企业，率先获得风险投资能够使创业企业增强竞争力及获得更长久的发展。但是如前所述，完全市场化配置创业资源是很难解决创业投资资本供给不足问题的，虽然私人部门风险投资可能拥有更好的技术、更完善的激励机制来刺激创新，但是私人风险投资可能会遭受短期主义（Gompers，1996），这可能会阻碍研发支出和创新。所以，探讨有政府参与支持的创业投资成为必然趋势，国外比较关注政府公共创投项目（有政府投资的创业投资项目）对创新创业的作用，公共创投项目在我国即指政府设立的各类政策性引导基金。以色列 YOZMA 基金、美国 SBIR 计划成为政府支持创业企业的成功典范。勒纳（Lerner，1999）研究了大型公共风险投资项目 SBIR 计划中获得资金支持的高科技公司的长期业绩，得到该计划资助的企业表现出大幅度的就业和销售增长，并且在接下来的几年中更有可能获得此类融资。索伦森和奥迪尔（Sorenson and Audia，2000）指出产业投资基金具有示范效应和培训效应，有助于营造创业创新的活跃社会氛围，并且认为地域是影响创业活动的重要因素。卡明（Cumming，2005）分析了澳大利亚 280 个风险投资基金和私募股权投资基金对 845 家创业公司的投资情况，重点研究创新投资基金（IIF）政府计划，数据显示 IIF 计划有助于投资初创企业、早期高科技企业，以及为被投资企业提供监察和增值咨询。布兰德等（Brander et al.，2010）探讨政府资助的风险投资（GVCs）对创业企业成功的重要影响，研究结果表明 GVCs 资金确实会影响企业的业绩，分析显示：由 GVCs 资助的公司创造了更多的专利。乔杜里和波普里（Chaudhary and Popli，2016）提出大型政府计划、心理因素和创业发展之间联系的研究框架，表明大型政府计划鼓励了影响学生创业发展的最重要的三大心理因素进而影响了创业行为。近几年，随着政府引导基金制度在我国的发展日益步入正轨，国内学者开始实证分析引导基金在我国的运作实践，研究其区域异质性。杨大楷和李丹丹（2012）研究中国 27 个省际面板数据，发现设立引导基金的省份，其私募股权基金投资项目的数量显著多于没有设立引导基金的省份。杨敏利等（2014）同样利用省际层面数据研究地区差异发现：在创业投资发展成熟的省份，设立政府引导基金会挤出社会资本，在创业投资发展落后省份，设立政府引导基金对社会资本有一定的引导作用。杨敏利等（2015）进一步从城市层面研究政府引导基金对社会资金的引导作用，实证结果论证了引导基金能够推动创投市场的发展，各级政府应该继续坚持这一政策。然而，杨大楷和李丹丹（2012）同样以 27 个省际面板数据为研究对象，发现在设立引导基金的省份，创业资本投资的创业企业总数以及各个发展阶段的创业企业数均显著少于没有设立引导基金的省份，即我国政府引导基金政策的实施过程中存在抑制风险投资发展的倾向。

　　通过梳理文献发现，国内外大部分研究说明了政府在促进创业中可以发挥某些作用，但对比国外，我国对公共创投项目（如创业投资引导基金）在创新创业领域发挥的作用关注较少。具体来看，政府创业投资引导基金影响创业可以从两方面分析：一方面，政府创业投资引导基金的设立是以政府信用作为保障，有利于提高机构投资者资金、民间资本、国外资本等多种资金来源参与风险投资的安全性，扩大了资本供给效应，实现创业资金来源多样化。同时，市场化的运作方式也让社会资本分享了专业投资机构的资源、机会及社会网络。另一方面，即使在政府引导基金对社会资本引导作用不确定的情况下，政府大量设立引导基金的行为也传递出一种积极信号：政府支持创新创业。那么引导资金对创业的刺激带动作用有多大呢？是否政府创业投资引导基金规模越大创业水平就越高？基于我国各地经济发展不平衡，区域差异的实证分析十分必要。

8.3　模型建立与估计方法

8.3.1　模型设定

本章构建如下模型实证检验我国政府引导基金设立与创业活跃度之间的关系：

$$E_{it} = \alpha + \beta_1 Lgvc_{it} + \beta_2 X_{it} + u_i + q_t + \varepsilon_{it} \tag{8.1}$$

其中，被解释变量 E 为地区创业活跃度，i 代表第 i 个省份，t 代表第 t 年，α 为常数项。β_1 为核心解释变量的估计系数，$Lgvc_{it}$ 代表地区政府引导基金规模变量。β_2 为控制变量 X_{it} 的估计系数，参考齐玮娜、张耀辉（2015）与李政、邱雨辰（2016）的方法，引入更全面的控制变量，包括人均国内生产总值（GDP）、金融发展水平（Fin）、市场化程度（Mar）、基础设施建设（$Infra$）、产业结构（$Struc$）、地区开放程度（$Open$）、地区人力资本水平（$Human$）。u_i 代表个体效应，q_t 代表时间效应，ε_{it} 为随机误差项。实证样本数据包括 2006～2015 年我国 31 个省份面板数据。数据处理使用 STATA 12.0。

8.3.2　估计方法选择

为使模型估计更加真实有效，进行变量参数估计前要对模型估计方法加以甄选，本章以静态面板数据为基础，通过以下检验对混合回归、固定效应及随机效应模型加以筛选。

首先，选择混合回归还是固定效应模型？混合回归的基本假设是不存在个体效应，由于每个省份不同，可能存在不随时间而变化的遗漏变量，故考虑使用固定效应模型（FE），其原假设为 $H_0: all\ u_i = 0$，即如果原假设成立则选择混合回归。使用 STATA 12.0 进行固定效应回归，其中 F 检验结果如表 8.1 所示。

表 8.1 F 检验

检验结果	统计量	自由度	P 值
F 检验	6.83	(30271)	0

F 统计量 P 值为 0 强烈拒绝原假设，允许个体效应存在，即选择固定效应模型更优。为避免 F 检验的无效性，进一步通过使用聚类稳健标准误的 LSDV（最小二乘虚拟变量）方法估计。结果显示多数个体虚拟变量显著（P 值为 0），因此确定拒绝不存在个体效应的原假设，选择固定效应模型。

其次，选择固定效应还是随机效应模型？Hausman 检验认为如果原假设成立则随机效应模型更为有效，检验结果如表 8.2 所示。

表 8.2 Hausman 检验

检验结果	χ^2 统计量	自由度	P 值
Hausman 检验	79.91	8	0

χ^2 统计量 P 值为 0 强烈拒绝原假设，即面板数据更宜选择固定效应模型。

最后，综合检验筛选结果，本章选择固定效应模型估计面板数据。

8.4 指标选择与模型估计

8.4.1 指标与数据说明

（1）被解释变量。

本章以创业活跃度指数（E）作为被解释变量，衡量某地区创业水平。借鉴《全球创业观察报告》中提出中国创业活动指数（CPEA）的概念，CPEA 指数指万人区域劳动人口中新创私营企业的数量，其中当年新创私营企业数量为过去连续三年累计新增数量。中国大众创业的现实结果主要包括私营企业和个体工商户，但考虑到个体户创业大部分是被迫、无奈的生存选择，缺乏创新驱动力。因此，本章地区创业活跃度指标的计算即为过去连续三年新创私营企业累计新增数量与区域劳动力人口比值，指标结果根据历年《中国统计年鉴》计算得出，我国统计年鉴数据显示区域劳动力人口指 15 到 64 岁人口。

（2）解释变量。

由于政府创业投资引导基金最直接支持的是创新创业，其他几类引导基金也在改善企业基础服务和融资环境、激发社会大众在创新创业活力上发挥作用，再基于数据的可获得性，本章以全部政府引导基金设立规模（*Lgvc*）作为主要解释变量，数据来源是清科私募通数据库。首先，按注册地从私募通数据库中筛选 2006 年至 2015 年间我国引导基金数据，总共搜集到 1152 只政府引导基金，然后分别按省份和年度逐一汇总，最终得出 31 个省级政府引导基金年度设立金额。

（3）其他控制变量。

我们选择可能影响创业活动水平的地区特征变量作为控制变量，包括人均国内生产总值（*GDP*）、金融发展水平（*Fin*）、市场化程度（*Mar*）、地区人力资本水平（*Human*）、基础设施建设（*Infra*）、产业结构（*Struc*）、地区开放程度（*Open*）。指标选择说明如下：设立政府创业投资引导基金带动创业的一个重要表现在于激发民间资本活力，降低创业融资难度。金融发展水平越高，资本市场越发达，创业资金来源就越丰富，越有利于提升创业活跃度。本章选择与创业最相关的融资类指标——金融机构各项贷款总额与地区 GDP 之比作为衡量金融发展水平的指标。市场化程度一方面影响大众创业便利性，另一方面也会影响创业投资引导基金使用的市场化运作，因此对于创业投资引导基金带动创业的效应具有显著作用，本章以樊纲等（2011）编写的《中国市场化指数》一书中市场化指数总得分代表市场化程度，数据缺失年份借鉴杨兴全和曾春华（2012）计算方法，相应年份指数等于上年指数加上前三年指数增加值的平均数。选择人均国内生产总值滞后一期变量更符合经济发展规律，当前及以前地区经济发展水平均会影响创业活动的开展。贸易开放程度的提高使得学习先进的生产技术和管理经验更为便利，知识溢出和集聚带来更广阔的市场、激发创业热情。基础设施建设不断完善有利于市场主体与各资源要素的紧密联系，便捷创业者，加速创业结果的商业化。产业结构优化升级将带给潜在创业者更多创业选择。从根本上讲，创业氛围营造依赖于外部环境推动，而创业成果的实现则更依赖于区域内生力量，因此充分挖掘人力资本潜力、实现内生性增长对创业水平提升也很关键。本章数据由 Wind 数据库及历年《中国统计年鉴》计算整理得出。表 8.3 给出了上述各指标变量的计算方法。

表8.3 变量定义及计算

变量类型	变量名称	指标计算与说明
被解释变量	E	过去连续三年新创私营企业累计新增数量/区域劳动力人口
解释变量	Lgvc	政府引导基金设立金额/GDP
控制变量	Fin	金融机构各项贷款总额/GDP
	Mar	市场化指数
	lnGDP_1	人均GDP滞后一期取对数
	Open	进出口总额/GDP
	Infra	公路里程/土地调查面积
	Struc	第三产业产值/GDP
	Human	高等学校在校学生数

在进行政府引导基金设立规模与创业活跃度二者关系实证检验之前，参考国家统计局区域划分标准，并根据经济发展水平适当调整东、中、西部地区①。本章通过主要变量描述性统计观察区域性差异（见表8.4）。

表8.4 主要变量描述性统计

区域	变量名称	样本	均值	标准差	最小值	最大值
全国	E	310	4.495367	4.162637	0.365513	31.60398
	Lgvc	310	0.001822	0.008072	0	0.110896
东部	E	110	5.935572	5.466625	0.958109	31.60398
	Lgvc	110	0.001368	0.003501	0	0.022062
中部	E	90	3.823084	3.00018	0.870456	17.92555
	Lgvc	90	0.002771	0.013532	0	0.1108961
西部	E	110	3.605212	2.936269	0.365513	14.2493
	Lgvc	110	0.001499	0.004674	0	0.032959

---

① 本章东部地区包括：北京、天津、河北、上海、广东、江苏、浙江、福建、山东、辽宁、海南11个省份；中部地区包括：山西、内蒙古、吉林、黑龙江、安徽、江西、河南、湖北、湖南9个省份；西部地区包括：广西、重庆、四川、贵州、云南、西藏、陕西、甘肃、青海、宁夏、新疆11个省份。

从政府引导基金设立规模看，中部地区设立规模高于全国及东西部地区；全国及各区域引导基金设立规模差异均较大，其中中部与全国标准差较为接近，东部标准差最大。从创业活跃度看，东部地区活跃度指数普遍高于全国及中西部地区，西部地区最低；东部区域内创业活跃度指数差异最大，标准差为5.466625，西部地区创业活跃指数内部差异最小，标准差为2.936269。

8.4.2　模型估计与回归结果分析

为了避免伪回归，确保估计结果的有效性，一般在计量模型估计前要对各面板数据序列的平稳性进行检验。单位根检验是数据平稳性分析中最常用的方法。基于本章平衡面板数据，分别选择 LLC 检验和 ADF 检验两种方法。当两种方法同时达到拒绝面板包含单位根的假设时我们认为满足平稳性检验，反之不平稳。LLC 检验和 ADF 检验结果表明变量 E、$Lgvc$ 为不平稳序列，其他变量均为平稳序列，但经过一阶差分后所有变量通过显著性检验（P 值为 0），因此，可以采用面板数据模型进行回归分析。此处省略单位根检验结果。

（1）全国样本回归分析。

在全国样本回归分析中，考虑政府引导基金规模对创业活跃度可能存在的非线性效应，本章引入政府引导基金规模的二次平方项（$Lgvc^2$），运用 STATA 12.0 统计软件的回归结果如表 8.5 所示。第（1）列表示只包含核心解释变量及其平方项的结果，第（2）~（8）列为在第（1）列的基础上逐步加上各控制变量的结果。

表 8.5　　　引导基金对创业活跃度带动效应的实证估计结果：全国

变量	(1)	(2)	(3)	(4)	(5)	(6)	(7)	(8)
	E	E	E	E	E	E	E	E
$Lgvc$	362.0 *** (7.69)	204.8 *** (4.98)	191.8 *** (4.65)	177.60 *** (4.47)	177.9 *** (4.49)	162.87 *** (4.26)	162.15 *** (4.16)	152.87 *** (3.92)
$Lgvc^2$	−2490.8 *** (−4.84)	−1104.1 ** (−2.50)	−1021.6 ** (−2.32)	−1011.3 *** (−2.01)	−1089.5 ** (−2.42)	−992.1 ** (−1.85)	−980.1 ** (−1.55)	−952.8 ** (−1.07)
Fin		0.740 *** (11.49)	0.773 *** (11.77)	0.762 *** (11.66)	0.771 *** (11.72)	0.722 *** (11.25)	0.705 *** (11.16)	0.701 *** (11.08)
Mar			0.274 ** (2.19)	0.254 ** (2.10)	0.248 ** (1.90)	0.221 ** (1.83)	0.203 ** (1.79)	0.201 ** (1.78)

续表

变量	(1)	(2)	(3)	(4)	(5)	(6)	(7)	(8)
	E	E	E	E	E	E	E	E
GDP				3.185** (7.28)	3.315** (7.52)	1.834** (3.24)	1.794** (3.18)	1.833** (2.71)
Open					−148.898 (−1.93)	−133.77* (−1.78)	−133.95* (−1.79)	−133.52* (−1.77)
Infra						9.502*** (4.01)	8.471*** (3.49)	8.496*** (3.45)
Struc							0.0873* (1.83)	0.0871* (1.82)
Human								−0.122 (−0.06)
C	4.006*** (25.25)	−5.211*** (−6.41)	−7.374*** (−5.78)	−7.822*** (−4.31)	−7.766*** (−4.42)	−6.117*** (−5.42)	−6.782*** (−5.17)	−6.035*** (−6.01)
R^2 within	0.2383	0.4848	0.4936	0.4981	0.4946	0.4893	0.4912	0.4859
R^2 between	0.0592	0.0720	0.0863	0.0457	0.0276	0.0613	0.0793	0.0518
R^2 overall	0.1399	0.1738	0.1784	0.1436	0.1199	0.1755	0.1772	0.1661
F	43.32	86.57	67.02	61.98	53.63	50.33	51.22	50.83

注：*、**、***分别表示在10%、5%、1%水平上显著，括号内为 t 统计量；F 值表示固定效应模型整体显著性检验值。

从回归结果看，在逐步加入控制变量过程中，虽然显著性程度有所变动，但政府引导基金设立规模一次项系数在1%水平上均显著为正；政府引导基金设立规模二次项系数在5%或1%水平上均显著为负，保证了估计结果的稳健性。这说明无限制的规模扩大将使二者关系呈现倒"U"型，即政府创业投资引导基金的增长有助于增加创业活跃度，但盲目无度扩大后将产生反向作用。经验数据也表明，很多地区虽设立大量政府引导基金，但或因无项目可投或因政府官员害怕投资失败担责，致使资金结存浪费，并没有成为创业资本的有力支撑。如至2015年底，中央财政设立的13项政府投资基金募集资金中，有1082.51亿元（占30%）结存未用。抽查地方6项基金，其中66%转作银行定期存款。①

全国样本回归表明我国政府引导基金总体上对于提升创业活跃度发挥了积极作用，符合政策性基金设立导向，符合创新驱动发展战略的顶层设

---

① 资料来源：《国务院关于2015年度中央预算执行和其他财政收支的审计工作报告》。

计要求。其他控制变量包括地区人均国内生产总值、金融发展水平、市场化程度、基础设施建设、产业结构对创业活跃度的正向作用均是比较显著的。特别要说明的是，地区开放程度显著抑制了创业活动。随着我国对外开放程度不断提高，对外经济参与程度显著增强，同时也意味着更激烈的市场竞争、更多的劳动力需求，显然会增加创业的机会成本，这与王小洁等（2016）的结论一致。地区人力资本水平对创业水平提升没有产生显著影响，可能是由于本章人力资本指标选用接受高等教育人数，接受教育层次更高的人通常具有更强的个人能力，其就业机会更多，从而产生就业对创业的挤出效应。基于我国区域发展不平衡的客观条件，继续考察区域异质性。

（2）区域样本回归分析。

表8.6反映了东、中、西部地区间政府引导基金对创业活跃度作用的差异。从区域样本回归看，东、中、西部地区作用效果差异明显。由于本章的目的在于研究政府创业投资引导基金对创业水平影响的区域性差异，故模型中的非主要解释变量不再做进一步分析。由表8.6可知模型的估计效果较好，大部分的估计系数具有显著性。

表8.6　　引导基金对创业活跃度带动效应的实证估计结果：区域

变量	东部	中部	西部
	E	E	E
Lgvc	261.6 *** (2.98)	29.54 * (1.97)	47.64 (1.63)
Fin	0.507 ** (2.15)	0.517 *** (2.71)	0.397 *** (5.96)
Mar	0.113 (0.45)	0.275 (1.22)	0.673 *** (5.25)
GDP	2.379 (1.08)	2.185 ** (2.36)	-0.767 (-0.74)
Open	-384.5 *** (-3.12)	-455.8 ** (-2.23)	342.9 *** (3.95)
Infra	14.10 ** (2.39)	4.691 (1.19)	9.828 *** (3.62)

续表

变量		东部	中部	西部
		E	E	E
Struc		0.0251 (0.24)	0.150 * (1.88)	0.0198 (0.41)
Human		−15.20 ** (−2.51)	2.755 (1.04)	4.772 ** (2.42)
C		23.89 (1.59)	−44.34 *** (−5.83)	−19.26 *** (−3.80)
R²	Within	0.5311	0.8007	0.8586
	between	0.0008	0.5185	0.1907
	Overall	0.0052	0.0179	0.1663
F		52.88	46.66	69.08

注：*、**、*** 分别表示在 10%、5%、1% 水平上显著，括号内为 t 统计量；F 值表示固定效应模型整体显著性检验值。

从政府引导基金设立对创业活跃度的影响看，带动效应呈东、中、西部递减趋势，其中东部和中部分别在 1%、10% 水平上显著为正，西部地区回归系数为正但并不显著。东部地区 Lgvc 的估计系数最显著，原因在于东部某些省份（如北京、上海、天津、广东）是中国经济发展的排头兵，政府引导基金的发展也走在全国前列，其充裕的资源、广阔的市场及较为完善的投资环境吸引了大批优质创投机构参与政府引导基金。近些年东部地区政府引导基金大多发展势头良好，股权投资引导基金支持创新创业力度较大，比如山东规定省市引导基金采取直投方式，择优参股支持在新三板、省内区域性股权交易市场新挂牌的科技型企业，这有助于推动基金与银行投贷联动，满足企业融资需求；政府引导基金设立活跃的浙江探索建立创业引导基金，重点推进农村电商创业和重点群体创业；广东探索建立财政科技资金配套支持风险投资投入初创期研发项目制度，通过创业投资引导基金很好地引导社会资本对科技创业进行投资，形成具有广东特色的"红土"基金系列。可以说东部地区政府引导基金通过联动协同、培育企业主体、引导社会资本助力创新驱动发展战略深入推进较为充分，产生了良性循环效果。而中部地区影响程度不及东部地区，中部 9 省份内部差异较大，湖北属于中部先行者，2008 年设立了第一只省级政府引导基金——湖北省创业投资引导基金，2015 年抓住长江经济带开发开放和长江中游城市群建设等重大国家战略机遇，设立总规模为 2000 亿元的长江经济带产业基金，激发了社会投资活力，据清科榜单"政府引导基金 20 强（2015）"揭示湖北省基金规模居全国之首，支持早期新创企业的创投体系在湖北省逐渐成型，不仅支持了本地初创期科技型企业，对引导基金发展略微滞后的中部其他省份也具有区域辐射带动效应。西部地区 $Lgvc$ 的估计系数为正但并不显著，说明政府引导基金对创业活跃度的作用还没有发挥出来。

上述实证检验结果也和实际情况相一致，许多政府引导基金的设立单纯是基于政府财政资金需要，未与地区经济发展水平和创业项目储备情况相匹配。很多地方引导基金虽设立但并未有足够项目以及专业人员进行投资，致使基金的资金闲置问题凸显，比如中西部地区，引导基金的作用并未有效发挥出来，束缚进一步带动创业的效应。

8.5　研究结论与政策建议

本章构建模型探讨了我国政府创业投资引导基金设立规模对创业活跃度的影响，然后运用省级面板数据进行验证，并分析其区域性差异。研究结论表明：我国政府创业投资引导基金总体上对于提升创业活跃度发挥了积极作用，但是引导基金设立规模与创业活跃度呈现倒"U"型结构。在经济发展水平差异较大的地区，引导基金对创业的带动效应呈现区域异质性。东部地区各省份在引导基金设立方面走在全国前列，引导基金与经济发展、项目储备水平匹配度高，产生良性循环效果。中部地区某种程度上影响较弱，但也能够促进创业发展。就西部地区而言，政府创业投资引导基金对创业活跃度的作用还没有发挥出来。根据以上结论，提出以下政策建议。

第一，组建、扩大、充分利用可投项目资源库。首先，为积极盘活现有结存基金资金，需要更多优质的有潜力的可投资项目，为此政府相关部门、子基金、项目企业等各引导基金参与主体应该加强紧密联系，建立项目资源集成平台。其次，新的政府创业投资引导基金的设立规模应该参考储备项目情况，在各子基金目标、投资范围及力度确定基础上编制基金预算，有效减少引导基金预算资金沉淀现象，促使基金存续与创业项目良性循环。最后，探索项目库资源分享机制，允许区域间优势互补。可以联合投资子基金，共享项目库资源，发挥引导社会资本作用，享受聚集效应带来的税收收益，实现共赢。

第二，因地制宜发展引导基金制度。政府创业投资引导基金的顶层设计不能仅考虑财政出资能力或仅以政绩考评为出发点，而更多应该视当地经济发展情况而定。在东部信息、资源、人才充裕的良好环境中，即使不做地域限制也会吸引大批优质创投机构的投资，过多财政资金的使用可能会挤出私人投资。因此，在信用制度逐步健全的过程中，融资担保投资模式应该在东部发达省份进行更多尝试，充分发挥以小博大的杠杆作用，减少对财政资金的依赖。而在中西部地区，一方面，需要培养专业人才，学习引导基金内部制度建立的经验；另一方面，通过积极运用风险补助、税收优惠等政策降低创业项目潜在风险。

第三，健全激励投资与宽容失败兼顾机制。一方面，减少以致消除"择地不择优"现象，充分尊重市场化选择，这样才能扩大创业投资基金规模，激发社会资本参与投资的积极性，提高政府财政资金的使用效率。另一方面，对于风险性高而项目优良的投资决策，不以盈利与否论英雄，允许失败的可能性，可以从投资的外溢性、市场反应等多角度评判一个投资决策。总之，健全高度市场化的管理模式，从基金整体效益出发，宽容单个基金或单个项目的亏损才能更好地鼓励投资，真正实现带动创业效应的目标。

值得注意的是，地区创业水平的高低依赖于当地创业生态系统建设，需要调动各方创新创业主体协同共进。因此，运用政府创业投资引导基金支持创业发展的同时，还要配合其他政策措施，比如优化创业行政审批程序、放宽或取消市场准入的行政审批，完善基础设施建设，创建便捷创业环境，促进产业结构多样化，改善落后地区金融状况等，联动协同发挥合力作用。

第三篇

税收政策与科技创新

税收政策是激励企业科技创新的常用工具之一，具有较强的导向作用，我国为激励企业科技创新出台了一系列税收政策，对税收政策作用的探究十分重要。本部分利用理论与实证研究方法，探究我国税收政策对创新的激励效应。首先，在经济高质量发展背景下，将绿色纳入研究范围，在第9章从环境规制视角研究环保税对企业技术创新的作用，提出适度加大环保税力度等建议；然后，结合第二篇财政补贴的创新激励效应，在第十章综合比较分析税收政策和补贴政策对企业研发激励的效应差异，提出政策协调方案、实施差异化政策驱动企业自主创新。

第9章 环境保护税对区域创新的影响

9.1 引 言

党的十九届五中全会提出，要坚定不移贯彻创新、协调、绿色、开放、共享的新发展理念，以改革创新为根本动力，推动高质量发展，并提出到二〇三五年"生态环境根本好转、美丽中国建设目标基本实现"的社会主义现代化远景目标。作为发展中大国，我国经济发展与资源环境之间的矛盾越发突出，《2020中国生态环境状况公报》显示，在淡水环境方面，我国2020年地表水 Ⅰ～Ⅲ 类水质断面比例已突破75%，同时近1/3的地表水低于Ⅲ类水质标准，60%以上的地下水被污染，超过70%的地级以上城市环境空气质量超标。当前我国生态环境保护结构性、根源性和趋势性压力总体上尚未根本缓解，污染排放和生态破坏的严峻形势没有根本改变。减少环境污染的最佳途径即市场主体的技术创新活动，采取更加绿色的生产手段，从源头上减少排放到环境中的污染物。但基于创新活动的高风险性与效用外溢性等特征，市场主体很少倾向于自发地进行创新活动，须外部环境倒逼技术创新活动。

环境规制是促使市场主体采取环境保护行动的重要手段，主要包括行政命令型环境规制与市场型环境规制等。我国环境规制政策长期以来以命令控制型的行政手段为主，但随着市场经济与多种经济主体的发展，命令控制型的规制手段对于解决环境问题已不合时宜，更加倡导利用基于市场机制的税收等政策工具引导市场主体增强环保意识，环境保护税应运而生。健全的环境保护税制度将使污染物的排放价格信号更加明确，有利于促进环境污染管控与治理领域的绿色技术创新，同时也能吸引资金向更加绿色环保的领域流动和倾斜，对改善生态环境污染具有重要意义。

　　表9.1整理了环境保护税制度进程。可以看出，我国在2018年1月1日起正式执行《环境保护税法》，对污染物的收费进入正式立法阶段。同时环境保护税也面临着两难的抉择：一是税收强度的增加会提高环境污染治理成本，为了实现利润最大化，市场主体必须采取措施调节自己的生产行为，如此环境保护税在某种程度上便形成"补偿效应"，带来技术创新。二是税收成本的增加是否会形成"挤出效应"，挤占研发资本投入，从而抑制区域创新能力提升。如今我国的整体技术发展水平与西方发达国家相比仍有较大的差距，在关键领域仍然处于被"卡脖子"的阶段，中美贸易摩擦后美国加紧对我国的科技封锁，芯片问题暴露了我国在关键技术领域仍旧不成熟的事实，若想突破美国的封锁，必须要加强技术创新。在此时代背景下，环境保护税对技术创新的影响成为值得研究的问题。基于以上环境保护税与创新关系的简单概述，以下几点问题值得关注：环境保护税能够带动区域技术创新吗？二者之间的关系是线性的还是非线性的？对于不同层次的技术创新水平，这种关系是否一致？同时，这也是本章所要回答的主要问题。

表9.1　　　　　　　　　　　　**环境保护税制度进程**

阶段	时间	制度进程
排污收费制度的提出和试行阶段	1978年	首次提出"排放污染非收费制度"设想
	1979年	颁布实施《中华人民共和国环境保护法（试行）》
排污收费制度实施与完善阶段	1982年	国务院制定《征收排污费暂行办法》
	1988年7月	国务院颁发《污染源治理专项基金有偿使用暂行办法》
	1991年8月	颁布《环境监理工作暂行办法》
	1992年	广东、贵州二省和青岛等九市开展二氧化硫排污收费试点扩大到酸雨控制区和二氧化硫污染控制区
探索新排污收费制度阶段	1991年6月	国家环保局、物价局、财政部发布《超标污水排污费征收标准》《超标环境噪声排污费征收标准》
	1998年	郑州、杭州、吉林三个城市进行了总量排污收费试点
	2000年4月	修订施行的《中华人民共和国大气污染防治法》确定
新排污收费制度的建立与实施	2003年	国务院颁布新的《排污费征收使用管理条例》，在全国范围内实施排污总量收费，覆盖废水、废气、废渣、噪声、放射性五大领域和113个收费项目

续表

阶段	时间	制度进程
环境保护税的提出阶段	2007 年	国务院颁布的《节能减排综合性工作方案》中提到"开征环境保护税"
	2008 年	财政部税政司、国税总局地方税司和国家环保总局政策法规司联合进行环境保护税的研究
	2010 年	2010 年"十二五"规划建议中提出开征环境保护税的目标任务
	2013 年、2014 年	多次提出加快环境保护税的立法工作
环境保护税的立法阶段	2015 年	公布《中华人民共和国环境保护税法（草案）》
	2016 年12 月 25 日	《中华人民共和国环境保护税法》立法通过
环境保护税的实施阶段	2018 年1 月 1 日	《中华人民共和国环境保护税法》及《中华人民共和国环境保护税法实施条例》已于 2018 年 1 月 1 日起施行，2003 年 1 月 2 日国务院公布的《排污费征收使用管理条例》同时废止

9.2　理论机理与研究假设

近年来，可持续发展的观念深入人心，有效推动了国内外学者对环境保护政策效应的研究进展，但结论不尽相同。"波特假说"作为著名的研究结论为环境规制对创新影响的研究做出了重要的前期理论积淀，其否定了新古典经济学"环境政策会抑制技术创新"的观点，并认为合理、适度地进行环境规制有利于促进创新水平的提高，最终可实现生态环境保护与技术创新升级的"双赢"。博尔盖西（Borghesi，2015）等学者通过对欧洲企业的实证研究发现，碳排放交易制度促进地区碳排放量减少的同时，还对技术创新有着推动作用。巴什金娜（Rubashkina，2015）等利用制造业行业数据进行实证分析，证实了环境规制对企业技术创新具有正向促进作用，哈托利（Hattori，2017）发现高额碳排放税会对技术创新产生积极影响。何玉梅和罗巧（2018）利用我国 2007~2014 年各省级地区的面板数据，对环境规制水平和技术创新的相关性做了实证检验，结果显示我国各省市的环境规制强度与技术创新水平正相关，而且环境规制通过促进技术创新，还进一步提高了我国各省份的生产率。苗苗等（2019）从创新主体积极应对环境保护税政策有助于降低其显性成本和隐性成本的生产端，以及绿色消费需求增长的需求端同时出发进行研究，认为环境保护税对创新存在激励作用，从而对创新能力产生显著的正向影响，毕茜和于连超（2019）、吕鹏和黄送钦（2021）的研究均支持以上结论。部分学者认为环境保护政策抑制创新能力，拉马纳坦（Ramanathan，2010）等学者利用方程结构模型法对英国的相关行业数据进行研究，发现企业的环境税费与技术创新和经济增长存在相关性，环境税费会增加企业的成本，减少企业可用于研发投入的资金，对企业的技术创新起着负面影响。余得生和李星（2021）认为环境保护税增加了区域企业的生产成本，此时企业会选择减少研发费用的投入，并且环境保护税强度的提高还可能通过提高企业的融资约束程度间接导致了企业技术研发投入的减少，从而抑制创新。另外，还有学者认为环境保护政策与创新之间的关系不是简单的正向激励或是反向抑制。例如，蔡乌赶和李青青（2019）研究了环境保护税对技术创新产生间接影响的三条路径，结果表明，环境保护税通过吸引外资和增加研发投入，提升了技术创新水平，但强度不足的环境保护税政策会通过要素结构对创新能力产生抑制作用。

综上所述，目前对于环境保护政策与创新能力之间关系的研究，在一定程度上受到"波特假说"的影响。国内学者结合我国国情对"波特假说"进行了补充与完善，依据既有文献的研究结论可以看出，环境保护政策对技术创新的影响方向仍存在不确定性，利用不同的样本、不同的变量设定进行研究可能会得出不一样的结论。本章试图在阐述环境保护税制度进程的基础上，分析其与区域创新能力之间的内在机理，并通过实证加以验证，进一步丰富环境保护税与创新能力关系的研究结论。

新古典经济理论认为，市场机制是最有效的资源配置形式。然而，在解决外部性问题时，市场机制不能充分发挥其作用，出现了"市场失灵"现象，主要表现为私人边际成本/效益大于或小于社会边际成本/效益。环境污染是一种具有强烈负外部性的公共产品。如果政府不采取政策干预，作为技术创新的主体与环境保护税征税对象的企业，其污染排放水平将超过可以承受的最优排污水平。在配置层面同样无法达到帕累托最优状态。庇古（Pigou，1920）针对环境污染的特点提出了用税收的方法来减少负外部性，通过对污染活动征税来增加企业的成本负担，使私有最优和社会最优相一致，迫使区域企业将污染排放控制在一个有效的范围内，最终实现外部成本的内部化。环境保护税一方面可以直接影响区域企业的生产成本，另一方面也会影响区域企业的收入。在这两种效应的共同作用下，将改变区域技术创新的供求关系。

环境保护税对区域创新的作用机制主要通过区域企业的成本制约效应与创新补偿效应发生（如图 9.1 所示）。在成本制约效应的影响下：一是征收环境保护税会降低区域企业的利润。为了达到政府环境规制的目的，企业会尽量减少生产过程。对于介质造成的污染，企业可以花费大量资金购买新的节能减排设备来控制污染排放，也可以通过加大科研投入，自主研发新工艺、新技术来控制污染排放。无论采用哪种方法来控制污染排放，都会增加额外的成本负担。因此，市场主体需要重新考虑如何分配他们相对有限的资源。如果在污染控制上投入更多的生产材料，生产成本就会增加，利润就会受到影响。二是征收环境保护税可能挤占技术创新的研发资金。为了控制污染排放，达到污染控制标准，区域企业必然会将原本用于科技研发的资金从相对有限的资金中转移到污染控制上。这必然会对技术创新的研发资金产生挤出效应，给技术创新的提升增加难度。三是投资的挤出效应。在相对严格的环境规制政策下，为了"规避"这种规制政策给企业带来的成本增加，企业可能会有意识地"迁移"到环境规制政策相对宽松的地区，从而不会在污染控制上投入太多的资金。这似乎降低了企业的生产成本，但实际上可能会使环境控制宽松的地区环境恶化，造成更严重的负外部性，形成所谓的"污染天堂"。如果不"迁移"经营场所，将被迫承担沉重的成本，导致投资成本增加，在市场竞争中处于不利地位。因此，更多的市场主体会选择"迁移"到环境法规相对宽松的地方进行投资和生产。这种转移不仅会减少企业投资水平，也会减少它们在技术创新中的份额。

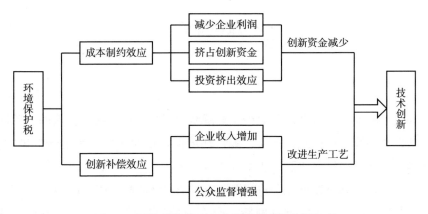

图 9.1 环境保护税对企业技术创新的作用机理

环境保护税对区域创新的第二种作用机制是补偿效应。环境保护税作为一种规制手段，会引发补偿效应，这种效应主要在以下几方面得到体现。一是征收环境保护税可以增加区域企业的可支配收入。虽然出于成本制约效应的影响，征收环境保护税会降低区域企业的利润水平。但是对于那些率先达到国家排放标准的企业，他们可以申请专利保护及技术创新成果，那些因创新能力不足而无法达到国家排放标准的企业会去购买专利使用权，这对技术创新相对先进的企业来说可以带来更为顺畅的资金流动，在一定程度上激励企业将更多的资金用于科技创新。二是征收环境保护税可以起到增强公众的监督作用。近年来，不管是国家层面还是居民层面都愈发重视企业污染和环境保护问题，监督企业的污染排放情况。为了响应国家号召，企业在某种程度上会更加重视技术创新，通过技术创新来控制污染排放，与此同时公民环保意识的提高也会使他们倾向于增加绿色产品的消费量。在环境规制的约束下，企业会倾向于提供更加高质量、更加绿色环保的产品，从而降低产品的环境成本。

综上所述，环境保护税与区域技术创新之间的关系主要取决于区域企业成本制约效应与补偿效应谁占主导作用，根据以上理论分析，本章提出以下假设：

假设 9.1：环境保护税与区域技术创新之间呈非线性关系，即当环境保护税低于某一临界值时，环境保护税的开征对区域技术创新能够起到促进或是抑制作用；当环境保护税征收力度超过特定的临界值时，环境保护税对区域技术创新效应发生改变。

9.3　研　究　设　计

9.3.1　模型设计

为了验证上述假设，本章在计量模型中同时引入了技术创新的一阶滞后项以及环境保护税的二次项，衡量环境保护税对区域技术创新的影响，具体的实证模型设定如下：

$$\ln Y_{it} = \beta_0 + \beta_1 \ln Y_{it-1} + \beta_2 EPT_{it} + \beta_3 EPT^2 + \beta_4 X_{it} + \mu_i + \mu_t + \varepsilon_{it} \quad (9.1)$$

其中，Y 表示区域技术创新，EPT 为环境保护税，X 是一组控制变量，包括经济发展水平（GDP）、外商直接投资（FDI）、人力资本水平

（Edu）、政府补贴（Gov）、产业结构（Ins）、基础设施（Infra）和城镇化率（Urban）。β_0、β_1、β_2、β_3、β_4 为相应的系数，μ_i 表示个体效应，μ_t 表示时间效应，ε_{it} 为随机误差项，i 代表第 i 个省份，t 代表第 t 年。

9.3.2　变量选择与数据来源

本章选取我国 31 个省份 2007～2019 年的省际面板数据作为实证研究的样本数据。数据主要是根据历年《中国统计年鉴》《中国环境年鉴》《中国环境统计年鉴》及 Wind 数据库计算整理得出。

（1）被解释变量。

区域技术创新能力。文献中对创新能力指标的选取尚未达成共识，本章采用的是以专利的授权量衡量一个地区的创新能力。为了进一步探索环保税对不同层次创新的影响，将专利分为外观设计专利、实用新型专利和发明专利三种，其中发明专利属于原创型技术创新（IP），外观设计专利和实用新型专利属于模仿型技术创新（DP），二者之和为技术创新总量（TIL）。本章分别以技术创新总量、原创型技术创新、模仿型技术创新三种形式为被解释变量。

（2）解释变量。

环境保护税。我国从 2018 年 1 月 1 日开始征收环境保护税，在 2018 年之前的数据拟采用指标替代法，以排污费来替代环境保护税分析其对技术创新水平的影响。这主要是考虑到两点原因：一是实证研究的可行性和平稳性，二是我国开征环境保护税的总体思路是按照税负平移的原则将排污费改成环保税。

（3）控制变量。

经济发展水平、人力资本水平、外商直接投资、政府补贴、产业结构、基础设施及城镇化率。具体的变量测度方法如下：①经济发展水平。本章选取人均 GDP 来测度各省份的经济发展水平。②人力资本水平。本章选取大专及以上受教育水平的人数来测度人力资本水平。受教育程度越高，拥有越多高学历的人才，就越有利于技术创新的发展。③外商直接投资。外商直接投资是引进国外先进技术的重要手段，然而外资企业在进入过程中也形成了较强的市场竞争，一定程度上阻碍了内资企业的技术创新。本章首先利用年平均汇率将外商直接投资转化为人民币计量，然后再将各省份的实际外商直接投资除以 GDP 得到的数值来测度外商直接投资水平。④政府补贴。毛其淋和许家云（2015）提出政府对于区域企业适度的补贴政策能够在一定程度上促进企业的科技创新，加速技术发明和产品创新。本章选用政府科学技术支出来表示政府补贴。⑤产业结构。考虑到本章的核心解释变量是环境保护税这一衡量环境污染的指标，故采用陈诗一和陈登科（2018）的方法，引入第二产业占 GDP 的比重来衡量产业结构。⑥基础设施。蔡晓慧和茹玉骢（2016）指出基础设施的不断完善使得产品市场规模扩大进而提高企业的研发投资回报，激励企业的技术创新。借鉴谢荣辉（2017）、徐浩和冯涛（2018）的方法，以每十平方公里土地上公路和铁路的长度来衡量各省的基础设施指标。⑦城镇化率。随着城镇化的发展通过聚集效应在很大程度上对区域技术创新的发展起到了积极的推动作用。本章选用城镇人口占地区总人口的比重来表示城镇化率。

本章采用 STATA15.1 软件进行数据处理。表 9.2 为各指标变量的计算方式。

表 9.2　　　　　　　　　　各指标变量的定义与计算

变量类型	变量名称	变量符号	指标计算与说明
被解释变量	技术创新总量	*TIL*	专利授权量（项，取自然对数）
	原创型技术创新	*IP*	发明专利的授权量（项，取自然对数）
	模仿型技术创	*DP*	实用新型和外观设计的授权量（项，取自然对数）
解释变量	环境保护税	*EPT*	排污费/GDP × 1000
控制变量	经济发展水平	*GDP*	人均 GDP（元/人，取自然对数）
	外商直接投资	*FDI*	*FDI/GDP*
	人力资本水平	*Edu*	大专以上受教育人口数（人，取自然对数）
	政府补贴	*Gov*	政府科学技术支出（万元，取自然对数）
	产业结构	*Ins*	第二产业/GDP
	基础设施	*Infra*	每十平方公里土地上公路和铁路的长度
	城镇化率	*Urban*	城镇人口数/总人口数

注：环境保护税从 2018 年 1 月 1 日开始征收，故 2007～2017 年使用排污费。

9.3.3 研究变量的描述性统计

从表 9.3 变量的描述性统计来看，环境保护税指标最大值与最小值之间的差距较大，均值也相对较低，说明样本区间内我国的环境保护税存在明显的区域差异性且环境保护税的强度普遍偏弱，与现实情况基本一致。

表 9.3   变量的描述性统计

变量	观察值	均值	标准误差	最小值	最大值
TIL	403	9.458	1.716	4.22	13.176
IP	403	7.495	1.743	1.386	10.998
DP	403	9.284	1.723	4.159	13.055
EPT	403	0.0463	0.4040	0.0054	4.770
FDI	403	0.003	0.003	0	0.013
GDP	403	10.579	0.564	8.972	12.009
Edu	403	11.891	0.995	8.377	13.294
Gov	403	13.058	1.191	9.866	16.283
Ins	403	43.485	10.642	5.8	61.5
Urban	403	54.285	14.097	21.5	89.6
Infra	403	0.895	0.521	0.04	2.19

9.4 实证结果与分析

在本章的实证模型中存在被解释变量的一阶滞后项，且由于影响区域技术创新的因素较多且相对复杂，容易遗漏变量，以上原因均会导致出现内生性问题，仍使用最小二乘估计或静态面板模型进行回归不够科学。因此，本章采用系统 GMM 方法进行回归分析。鉴于数据样本容量有限，故采用两步系统 GMM 方法进行回归。

9.4.1 基准模型分析

如表 9.4 所示，在工具变量有效性方面，通过观察 Hansen 检验统计量的值发现其均不显著，故接受原假设，认为模型中所有工具变量均有效。Arellano-Bond 检验的原假设为扰动项无序列相关，检验结果显示 AR（1）

检验拒绝原假设，即扰动项一阶自相关，而 AR（2）接受原假设，即扰动项二阶无自相关。因此，该模型在统计上具备有效性。

表9.4 环境保护税对区域技术创新的回归结果

变量	(1)	(2)
$L.\,TIL$	0.985 *** (0.00172)	0.715 *** (0.0739)
EPT	0.150 *** (0.0302)	0.0891 *** (0.0122)
EPT^2	− 0.0541 *** (0.0115)	− 0.0301 *** (0.00963)
控制变量	NO	YES
截距项	0.293 *** (0.0216)	− 4.528 * (2.379)
时间固定效应	控制	控制
地区固定变量	控制	控制
AR（1）	− 3.03 [0.002]	− 2.95 [0.003]
AR（2）	− 0.94 [0.346]	− 0.93 [0.353]
Hansen 检验	30.82 [1.000]	28.41 [1.000]
极大值点		0.169

注：*** 、** 和 * 分别代表参数估计值在1%、5%和10%水平显著；（ ）内的数字为标准误，[ ] 内的数字为 P 值。

9.4.2 异质性分析

实证模型（1）和模型（6）的结果首先显示，滞后一期的技术创新总量（$L.\,TIL$）系数均显著为正，说明实际创新活动具有一定的惯性，符合理论机制阐述。其次对于 EPT 的系数，一次项系数为正，而 EPT^2 的系数为负。加入其他解释变量后，核心解释变量的显著性表现出较好的稳定性，说明环境保护税与区域技术创新之间的关系是非线性的，技术创新随着环境保护税税收力度的增加呈现先上升后下降的趋势，即倒"U"型的变动态势。根据伍德里奇（Woodridge，2000）的观点，对于二次函数 $y = -ax^2 + bx + c$ 的转折点对应的横坐标变量的值（ $-b/2a$ ）可以认为是其门槛值，即极大值点。故模型（2）、模型（4）、模型（6）中的门槛值分别为 0.169、0.126、0.265。即在其他条件不变的情况下，当环境保护税的税收力度为 0.169、0.126、0.265 时，环境保护税对技术创新的影响将从积极的促进作用转向消极的抑制作用，前文的研究假设成立。所以要想发挥环境保护税的积极作用，必须合理设定环境保护税的税收力度。

从创新异质性角度进行分析，如前文所述，本章将技术创新活动分为原创型技术创新和模仿型技术创新，以刻画出环保税对不同层次创新的影响差异。从表 9.5 实证结果看，环保税对不同层次创新的影响均具备一定惯性，且环境保护税对模仿型创新的影响虽也符合倒 "U" 型的变动态势，但在加入一系列控制变量后结果却不显著。这说明现阶段环境保护税更利于倒逼区域创新主体进行原创型技术创新，从侧面印证了环境保护税的意义。

表 9.5　　　　　环境保护税对区域不同层次创新差异影响

变量	（3）	（4）	（5）	（6）
$L.IP$	0.980 *** (0.00586)	0.725 *** (0.0310)		
$L.DP$			0.981 *** (0.00378)	0.762 *** (0.0624)
EPT	0.178 ** (0.0809)	0.201 *** (0.0604)	0.132 *** (0.0143)	0.121 (0.0975)
EPT^2	−0.0553 (0.0356)	−0.0505 *** (0.0169)	−0.0546 *** (0.00598)	−0.0516 (0.0399)
控制变量	NO	YES	NO	YES
截距项	0.310 *** (0.0557)	−1.510 * (0.754)	0.332 *** (0.0349)	−3.061 * (1.511)
时间固定效应	控制	控制	控制	控制
地区固定变量	控制	控制	控制	控制
AR（1）	[0.040]	[0.043]	[0.004]	[0.006]
AR（2）	[0.215]	[0.108]	[0.931]	[0.936]
Hansen 检验	30.81 [1.000]	30.25 [1.000]	30.77 [1.000]	29.56 [1.000]
极大值点		0.126		0.265

注：***、** 和 * 分别代表参数估计值在 1%、5% 和 10% 水平显著；（　）内的数字为标准误，[　] 内的数字为 P 值。

9.4.3 稳健性检验

为确保分析的可靠性，本章借鉴科尔（Cole，2008）、卫平和余奕杉（2017）的方法，用环境污染治理投资总额与 GDP 之比的数值对环境保护税的指标进行替代以完成稳健性检验。从表 9.6 的检验结果可以看出，汉森（Hansen，1996）检验统计量的值均在 20 以上，且通过观察 P 值发现其均大于 0.1，证实模型通过了过度识别检验且所选工具变量有效。阿雷亚诺和邦德（Arellano and Bond，1991）Arellano-Bond 检验中的 AR（1）和 AR（2）结果中同样认定回归结果稳健有效。此外，整体上稳健性检验回归系数仅在数值上发生小幅度变化，并未出现实质性改变，故认为本章的实证结果整体上稳健可靠。

表 9.6   稳健性检验的回归结果

变量	（7）	（8）	（9）	（10）	（11）	（12）
$L. TIL$	0.986 *** (0.00171)	0.638 *** (0.114)				
$L. IP$			0.980 *** (0.00662)	0.706 *** (0.0371)		
$L. DP$					0.984 *** (0.00439)	0.702 *** (0.0855)
EPT	0.180 (0.159)	0.141 *** (0.0394)	0.188 ** (0.0833)	0.218 *** (0.0683)	0.123 ** (0.0455)	0.242 (0.142)
EPT^2	−0.144 (0.101)	−0.0513 *** (0.00824)	−0.0584 (0.0365)	−0.0517 ** (0.0207)	−0.0503 * (0.0286)	−0.126 * (0.0689)
控制变量	NO	YES	NO	YES	NO	YES
截距项	0.286 *** (0.0254)	−4.552 * (2.466)	0.305 *** (0.0600)	−1.811 (1.505)	0.312 *** (0.0338)	−6.670 * (3.329)
时间固定效应	控制	控制	控制	控制	控制	控制
地区固定变量	控制	控制	控制	控制	控制	控制
AR（1）	［0.004］	［0.012］	［0.046］	［0.050］	［0.007］	［0.013］
AR（2）	［0.418］	［0.743］	［0.375］	［0.990］	［0.986］	［0.949］
Hansen 检验	26.53 ［1.000］	23.57 ［1.000］	26.87 ［1.000］	26.56 ［1.000］	26.81 ［1.000］	23.91 ［1.000］

注：*** 、** 和 * 分别代表参数估计值在 1%、5% 和 10% 水平显著；（ ）内的数字为标准误，［ ］内的数字为 P 值。

9.5　研究结论与政策建议

9.5.1　研究结论

本章利用全国 31 个省份 2007～2019 年的面板数据，运用两步系统 GMM 方法实证检验了环境保护税对区域技术创新的影响，得出以下结论：环境保护税与技术创新总量、原创型技术创新、模仿型技术创新均呈非线性的倒"U"型关系。当 EPT 小于门槛值（0.169、0.126、0.265）时环境保护税对区域的技术创新产生促进作用；当 EPT 大于门槛值时环境保护税会阻碍区域的技术创新。当前我国环境保护税的税收力度并未跨越各种类型的技术创新门槛值，距离环境保护税促进技术创新门槛还有一定距离。

9.5.2　政策建议

基于上述结论并结合环境保护税发展现状，提出以下政策建议。

第一，可适度提高环境保护税的征收力度。当前的环境保护税是从排污费基础上平移过来的，从本章的模型估计结果来看，样本期间内中国各省份的环境保护税的税收强度相对较弱，大多处于倒"U"型曲线门槛值的左侧，环境保护税发挥着正面的作用。因此，想要提升区域创新能力，可以在不超越门槛值的前提下继续加大环境保护税的税收力度，促使其继续逼近倒"U"型曲线的门槛值，并确保上升阶段的显著性，最大化发挥环境保护税对区域技术创新的促进作用。同时，要注意不能盲目提高环境保护税的规制强度，确保严格的税收环境规制给区域企业带来的成本负担不突破其可承受的范围。特别是在当前减税降费的背景下，过高的税率会增加区域企业的"税痛"，只有严格且设计合理的环境保护税税率才能让以环保先行为理念的企业获得更多的成本优势，从而吸引更多的企业积极地研发新工艺，依靠技术水平的提升来应对税收环境规制。

第二，构建更为完善的环境保护税优惠政策。其一，使环境保护税收优惠渗透企业各环节。例如，允许区域企业购入、安装、使用等环节中的环境监控、减排等设备发生的费用可予以抵扣环境保护税。其二，严格规范环境保护税优惠范围。如重新审视农村养殖业优惠范围，将环保意识、治污设备等作为考核指标，降低农村地区"小而散"的污染源。其三，优化现有优惠政策。如将污染物排放浓度和污染排放物两个指标综合考虑来制定优惠政策，防止部分企业钻政策的"空子"，造成"低浓度、大排放"等不符合优惠政策设置初衷的企业享受优惠所形成的税负不公弊端。

第三，加强环境保护税与其他环境规制手段的配合。各种环境规制方法各有利弊，政策制定者要注重各种方法之间的协同效应，最大限度地激发区域的技术创新。当前，我国已在部分地区针对排污权交易开展了试点性改革，环境保护税的开征有助于将以往忽视的各类企业和污染源纳入交易监管体系，从而形成"一级市场"稳妥和"二级市场"活跃的格局。在试点改革基础之上，我国应继续完善排污权交易试点的改革方案，下一步继续针对有条件的地区进行排污权交易探索性创新，在充分吸收前期试点地区的改革经验后在全国范围内进行推广。此外，可考虑建立环境信息公开等新型环境规制手段，调动环保的积极性和主动性，开展以企业为主的"源头治理"，带动企业对技术创新的需求。

第四，将碳税纳入环保税中，并遵循"谁使用、谁排放、谁缴税"的原则进行征收管理。鉴于当前环境保护现状，碳税的开征符合全球发展形势，将其统一纳入环境保护税中可进一步规范环境保护税的征税范围，也更加符合国家低碳发展的目标。具体而言：在税种类型上，将碳排放碳减排有关的行为，诸如二氧化碳排放纳入环保税征税范围；在征税对象上，重点对化石燃料高消耗的区域企业征税，此类企业在较高缴税压力下倾向于提高产品价格，造成消费者减少消费量；在税率设置上，参照全球平均水平循序渐进地设定税率，要在国家总体减排目标下与其他能源政策相适应，切不可在初期便设定较高的税率。

本章的主要贡献在于：一是从环境保护税的视角切入，将技术创新细分为原创型技术创新和模仿型技术创新，分析环境保护税对不同类型技术创新的影响，丰富了具体的环境规制政策对技术创新影响的研究。二是以往学者对环境保护税的研究大多停留在环境效应和经济效应上，本章从环境保护税倒逼区域企业通过技术创新、节能减排的方向进行定量研究，并对今后环境保护税的改革提出了可行的建议，为后续环境保护税的研究提供了参考依据。

第 10 章 税收政策与补贴政策对企业
研发的激励效应差异性

10.1 引 言

党的十八大以来，我国明确提出创新驱动发展战略，不断加强对科技创新的重视。党的二十大报告中进一步强调了要坚持创新驱动发展战略，必须坚持科技是第一生产力、人才是第一资源、创新是第一动力。从 2012 年至 2021 年，我国全社会研发投入从 1.03 万亿元增长至 2.79 万亿元，研发投入强度从 1.91% 增长到 2.44%，全球创新指数排名从第 34 位上升至第 12 位，成功进入创新型国家行列。[①]

但基于企业研发的特性，我国在原创能力、关键核心技术和高端人才等方面仍存在短板，需要不断提升自主创新能力和培养高端技术人才。第一，企业研发的市场信息不对称。企业在研发投入阶段，市场投资者并不能充分了解企业的研发成功率及成本收益等情况，只有在研发成功后市场才得以了解企业研发技术的先进性及市场前景，但企业在发展初期的研发阶段就需要被市场所认可并获得投资，因此企业研发的信息不对称阻碍了企业获得融资。第二，企业研发财力投入的沉没成本高。基于多数技术研发历时长、研发结果不确定性高，一旦研发失败，研发前期投资很难变现或收回，因此企业在研发过程中往往缺乏自主创新动力，会谨慎地进行研发财力投入。第三，研发人力资源稀缺性。研发人力资源通常需要具有专业技术能力的创新型人才，且人力资源和企业研发岗位需求通常很难匹配；加上通过企业培训来满足研发岗位需求的人力需要耗费较长时间，导

---

① 我国进入创新型国家行列 [N]. 经济日报，2022 - 06 - 07.

致专业的技术人员供给不足。第四，企业研发投资调整难度大。在企业进行财力和人力资源投资后，即使在研发过程中失败，由于财力投资的沉没性、技术以及人力资源的专业性导致企业对研发活动调整难度较大。鉴于企业研发具有的上述特性，财税政策为科技创新提供直接和间接资金支持，引导企业进行自主科技创新至关重要。因此，对我国财税政策对企业研发活动的激励效应进行研究具有现实意义，其中激励企业自主科技创新的政策主要包括财政补贴和税收优惠。

现有研究多数从税收优惠和财政补贴对技术创新的产出侧进行效应差异研究。第一，税收优惠和财政补贴对创新产出均具有激励效应。陈朝月和许治通过广东省 2010～2017 年的制造业企业数据验证了直接补贴和税收优惠均可以激励企业创新产出。刘兰剑等（2021）聚焦新能源汽车进一步证实税收优惠和财政补贴对专利质量的正向激励作用，且财政补贴作用更为显著。第二，税收政策和财政补贴政策对企业创新产出的激励效应因企业异质性而存在差异。江静（2011）认为政府直接补贴和税收优惠对不同所有制类型企业的创新活动激励具有差异性，提出对内资企业侧重于财政直接补贴，而内外资企业统一适应公平的税收优惠。柳光强等（2015）利用上市公司的微观数据分析了税收优惠和财政补贴对不同产业、同一产业均有明显差异，应分别制定不同的财税政策来激励企业创新活动。柳光强（2016）进一步考虑信息不对称视角下税收优惠、财政补贴两种政策激励效应的差异性，指出应根据特定领域或产业的特殊性出台相应的政策，明确两种政策工具不同的激励目标。贺德方等（2022）认为激励效应具有生命周期异质性，提出种子期应主要予以财政补贴直接支持，初创期和成长期主要采用知识产权等制度支持，成熟期主要采用税收优惠政策。

但从税收优惠和财政补贴对技术创新的投入侧进行效应差异分析的研究较少，且研究视角主要针对财力投入。卫舒羽和肖鹏（2021）从财税政策对财力投入的效应视角展开研究，采用沪深 A 股上市公司数据，验证了税收优惠与财政补贴均促进企业加大研发资金投入。梁宇等（2023）对研发补贴和税收优惠对企业研发投入的影响进一步研究，发现存在融资约束会使得研发补贴与税收优惠对企业研发资金投入的激励作用下降。上述学者均强调税收优惠和财政补贴对研发资金投入的重要性，忽视了研发人力资源，而这种"重物质资本，轻人力资本"的投资模式不利于我国的科技与经济发展，科技发展需要资本与人力协调互补。于源和苑德宇（2016）通过实证检验得出科研人员对企业创新有着显著正向影响。因此，无论是财力投入还是人力投入对企业创新都至关重要。

目前关于财税政策对企业创新的效应实证研究一直是研究热点，从财税政策出发，剖析对企业创新的效应仍具有较强的现实意义。本章选取了2016～2021 年创业板企业数据，通过构建固定效应模型，进行税收优惠和财政补贴对企业研发投入侧中财力投入和人力投入的激励效应差异研究。主要的边际贡献在于：一是从企业自主创新能力与意愿出发，研究财政补贴和税收优惠对自主研发投入的激励效应差异，并将自主研发细分为财力投入和人力投入。二是研究财政补贴和税收优惠政策效果的差异性，有利于政策之间协调配合，更好地激励企业自主创新。

10.2　特征事实与研究假设

10.2.1　特征事实

（1）科技型企业发展体系逐步形成。近年来，我国科技型企业发展势头迅猛，研发创新能力不断增强，核心竞争力不断提高，促进了全社会科学技术水平的进步。新出现的一大批优秀科技型企业，对社会创新能力的提升作出了卓越的贡献，加快了经济发展速度，提升了国家的综合竞争实力，全国科技企业主要集中在科学研究与技术服务业、制造业、信息传输和软件服务等技术密集型企业。

科技企业地域分布不均，长三角城市群成培育沃土。科技部数据显示，2021 年中国创新驱动发展取得新成效，全社会研发投入达到 27864 亿元，同比增长 14.2%，研发投入强度达到了 2.44%，国家创新能力综合排名上升至世界第 12 位。在实现"十四五"良好开局的同时，也体现出我国科研实力的进一步提升。《科技企业地图（全国篇）》报告显示，我国科技型企业在地域分布上出现不均衡的情况，目前主要分布在沿海以及中部地区，西南、西北地区的企业相对较少。从数量上看，全国科技型企业分布前十的省份分别是广东、江苏、浙江、北京、上海、山东、四川、福建、安徽、河南。沿海地区省份因经济发展较快，政策引导力度大，往往能够吸引更多的资金和人才聚集，而融资能力的提升又反哺企业提高自身科技实力。从科技企业融资次数来看，从 2012～2021 年十年间，我国科技企业融资次数 TOP5 的城市分别是：北京、上海、深圳、杭州和广州，总体上看长三角城市群企业融资环境较好，在全国处于优势地位。不难看出，近几年来，长三角科技创新共同体建设进展顺利，包括"长三角 G60 科创走廊"等不断推进，使得科创产业融合进一步深化。因此，长三角城市群可被认为是我国科技企业培育的沃土，也是高成长科技企业优选的栖息区域。

创新环境决定成长周期，一家科技企业平均成长需 4 ～ 7 年。一家科技企业从成立开始，成长到具备一定科技实力的企业大致需要 4 ～ 7 年。不同城市的企业增长周期也有所不同，并且能反映出各个城市的整体科技创新环境不同。苏州的科技公司平均成长速度最快。2021 年，苏州的工业总产值排名全国前三，全市有 16 万家工业企业，体系完备，全年规模以上工业总产值超四万亿元，较好体现了其创新活力和科创基因。[①] 广州紧随其后拿下第二。广东省科技统计分析中心数据显示，广州市 2021 年国家重点实验室数量、粤港澳联合实验室数量、国家工程技术研究中心数量等均位于全省第一。这些数据反映了广州的经济创新活力、科技成果转化能力以及大院大所集聚带来的创新优势。

高新企业数量超过 30 万家。为鼓励科技创新，国家也为企业提供了众多支持和帮扶，将科技认定和政策支持相结合。从科技创新资质认定上看，截至 2021 年末，各类科技认定企业中，科技型中小企业与高新企业数量最多，均达到 30 万家以上。全国专精特新企业有 4 万家，科技小巨人企业 1.3 万家。高新企业有发明或实用新型专利的企业占比较高，TOP10 省份中有 7 个省份达到 80% 以上，最少的也有近 60%，这也表明高新企业的技术研发能力较强。从上市公司科技实力上看，截至 2021 年12 月 31 日，A 股上市公司 4684 家，其中深交所 2576 家，上交所 2032家，北交所 76 家。[②] 在四个上市板块中，科创板的整体科技实力最高，其次是创业板，沪深主板的企业创新能力分布相差不大。上市公司整体科技实力平均得分为 83.2 分，其中，广东和北京在上市企业数量以及科技创新水平方面表现突出；自治区中，内蒙古的整体科技实力较强。

（2）科技型企业创新能力增加。科技型企业人才队伍壮大。科技型企业的发展离不开人力资源的积累，如表 10.1 所示，我国研究与发展人员全时当量从 1992 年的 67.43 万人，增长到 2020 年的 523.45 万人，年均增长率

---

① 苏州市统计局，国家统计局苏州调查队. 苏州统计年鉴 2022 [M]. 北京：中国统计出版社，2022.

② 数据来源于合合信息旗下启信宝发布的《科技企业地图（全国篇）》报告。其中，科技认定类企业名单数据来源于工信部、科技部、发改委等权威部门公布的名单。

达到 7.6% 。其中，从事基础研究、应用研究和试验发展人员全时人员当量
分别从 5.84 万人、20.90 万人和 40.70 万人，增长到 42.68 万人、64.31 万
人和 416.46 万人，年均增长率分别为 7.4% 、4.0% 和 8.7% 。

表 10.1　　　　　　　　　1992～2020 年我国研发人员全时当量

年份	R&D 人员 全时当量 （万人）	基础 研究 （万人）	应用 研究 （万人）	试验 发展 （万人）	年份	R&D 人员 全时当量 （万人）	基础 研究 （万人）	应用 研究 （万人）	试验 发展 （万人）
1992	67.43	5.84	20.90	40.70	2007	173.62	13.81	28.60	131.21
1993	69.78	6.33	21.49	41.96	2008	196.54	15.40	28.94	152.20
1994	78.32	7.64	24.20	46.48	2009	229.13	16.46	31.53	181.14
1995	75.17	6.66	22.79	45.71	2010	255.38	17.37	33.56	204.46
1996	80.40	6.96	23.65	49.79	2011	288.29	19.32	35.28	233.73
1997	83.12	7.17	25.27	50.68	2012	324.68	21.22	38.38	265.09
1998	75.52	7.87	24.97	42.68	2013	353.28	22.32	39.56	291.40
1999	82.17	7.60	24.15	50.42	2014	371.06	23.54	40.70	306.82
2000	92.21	7.96	21.96	62.28	2015	375.88	25.32	43.04	307.53
2001	95.65	7.88	22.60	65.17	2016	387.81	27.47	43.89	316.44
2002	103.51	8.40	24.73	70.39	2017	403.36	29.01	48.96	325.39
2003	109.48	8.97	26.03	74.49	2018	438.14	30.50	53.88	353.77
2004	115.26	11.07	27.86	76.33	2019	480.08	39.20	61.54	379.37
2005	136.48	11.54	29.71	95.23	2020	523.45	42.68	64.31	416.46
2006	150.25	13.13	29.97	107.14					

资料来源：《2021 年中国科技统计年鉴》。

科技型企业研发投入经费持续增加。研发投入是科技创新最直接、最
有效的供给要素，全社会研发投入主要来源于企业和政府。如表 10.2 所
示，我国从 2010 到 2020 年间研发总支出从 7062.6 亿元增长到 24393.2 亿
元，年均增长率达到 13.2% ，其中企业研发支出从 5063.1 亿元增长到
18895 亿元，年均增长率为 14.1% ；而政府研发投入增长速度则慢于企业
研发投入增长速度，从 1696.3 亿元增长到 4825.6 亿元，年均增长率
为 11.0% 。

表 10.2　　　　　　　　　　　我国研发支出状况

年份	全部 R&D 经费 （亿元）	政府资金 （亿元）	企业资金 （亿元）	国外资金 （亿元）	其他资金 （亿元）
2010	7062.6	1696.3	5063.1	92.1	211.0
2011	8687.0	1883.0	6420.6	116.2	267.2
2012	10298.4	2221.4	7625.0	100.4	351.6
2013	11846.7	2500.6	8837.7	105.9	402.5
2014	13015.7	2636.1	9816.5	107.6	455.5
2015	14169.9	3013.2	10588.6	105.2	462.9
2016	15676.7	3140.8	11923.5	103.2	509.2
2017	17606.1	3487.4	13464.9	113.3	540.5
2018	19677.9	3978.6	15079.3	71.4	548.6
2019	22143.6	4537.3	16887.2	23.9	695.2
2020	24393.2	4825.6	18895.0	90.1	582.5

资料来源：2011~2021 年《中国科技统计年鉴》。

（3）科技型企业创新成果涌现。总体来看，我国科技型企业发展迅速，近年来，全国高技术产业主要经济指标如企业个数、R&D 人员全时当量、营业总收入、净利润和投资额等，均处于增长的趋势，具体情况见表10.3。企业数从 2010 年的 28189 个增长为 2020 年的 40194 个，增长了42.59%。R&D 人员全时当量从 2010 年的 39.9 万人年增长为 2020 年的 99.0万人年，增长 1.48 倍之多。营业总收入与净利润在 2018 年相较于 2017 年略有下降，整体上仍呈递增的趋势。投资额也呈递增趋势，从 2010 年的6944.7 亿元增长为 2017 年的 26186.5 亿元，增长了 2.77 倍。

表 10.3　　　　　　　　　　　高技术产业指标

年份	企业数 （个）	R&D 人员全时当量 （万人年）	营业总收入 （亿元）	净利润 （亿元）	投资额 （亿元）
2010	28189	39.9	74482.8	4879.7	6944.7
2011	21682	42.7	87527.2	5244.9	9468.5
2012	21636	52.6	102284.0	6186.3	12932.7
2013	268894	55.9	116048.9	7233.7	15557.7
2014	27939	57.3	127367.7	8095.2	17451.7

续表

年份	企业数（个）	R&D 人员全时当量（万人年）	营业总收入（亿元）	净利润（亿元）	投资额（亿元）
2015	29631	59.0	139968.6	8986.0	19950.7
2016	30798	58.0	153796.3	10301.8	22786.7
2017	32027	59.0	159375.8	11295.9	26186.5
2018	33573	85.2	157001.0	10293.0	—
2019	35833	86.1	158849.0	10504.0	—
2020	40194	99.0	174613.0	12394.0	—

资料来源：2015～2021 年《中国科技统计年鉴》。

如表 10.4 所示，从 2015～2020 年企业发明专利申请受理量排名可以看出，在发明专利申请量位居前 10 的国内企业中，科技型企业占据绝大多数席位，它们的申请量之和占前 10 位企业申请总量的绝大多数。

表 10.4　　　　　　**2015～2020 年企业发明专利申请受理量排名**

排名	申请企业	发明专利申请受理量（件）
1	国家电网公司	23308
2	华为技术有限公司	19756
3	中国石油化工股份有限公司	15766
4	京东方科技集团股份有限公司	11560
5	OPPO 广东移动通信有限公司	9985
6	中兴通讯股份有限公司	9132
7	珠海格力电器股份有限公司	7757
8	腾讯科技（深圳）有限公司	7621
9	联想（北京）有限公司	6897
10	美的集团股份有限公司	6274

资料来源：《企查查中国专利20强企业榜单》。

10.2.2　理论依据与研究假设

（1）税收优惠、财政补贴与企业研发财力投入。税收优惠属于间接激励和事后激励。我国现有多种税收优惠政策支持企业技术创新，如研发费用加计扣除、国家重点扶持的高新技术企业减按 15% 征收企业所得税、技术咨询等免征增值税等。税收优惠直接降低企业税收负担，在一定程度上也可以缓解企业研发的资金压力，降低企业研发风险，还能够降低研发中的人力成本，从而对企业进行自主研发投入产生激励效应，且税收优惠政策比较稳定，企业可以通过研发获得税收优惠，不确定性低，对企业自主研发的扭曲较少。相较于财政补贴，税收优惠只需符合技术创新就可以得到相应的税收减免或返还，没有具体技术研发方向的限制，企业可以选择最有利于企业发展阶段的技术研发，达到企业最优发展。从激励对象看，税收优惠多为企业已经投入研发财力和人力资源，或已取得研发成果，或净利润大于 0 的情形才能获得，而多数企业由于前期缺乏研发资金条件不能得到满足，因此税收优惠对企业进行自主研发资金投入的激励效应有限。

财政补贴属于直接激励。第一，财政补贴可以充实企业资金，直接迅速地降低企业研发的资金压力；降低企业研发结果的不确定性所带来的资金风险，降低企业研发成本，提高研发的预期收益率。第二，引导市场投资者进行投资。财政补贴可以向市场传递企业技术研发情况良好或获得国家认可的信号，增加企业可信度，吸引更多投资者进行投资，降低企业融资门槛。第三，财政补贴对企业研发领域具有导向作用，企业为获得财政资金直接支持，将研发重点放在财政补贴领域，如新能源技术、绿色低碳等的技术研发，既能缓解企业技术研发的资金压力，又有助于国家产业结构的合理布局。第四，财政补贴既包括事前补贴，又包括事后补贴，补贴环节较税收优惠更加灵活，可以有效缓解企业研发资金压力。

税收优惠与财政补贴对企业研发财力投入的效应差异比较，如图 10.1 所示，AB 为企业未享受财税政策情形下的等成本线，Q_1 表示企业未享受财税政策情形下的等产量线，在此情形下，企业利润最大化的均衡点为 E_1，企业研发财力投入为 S_1。结合税收优惠与财政补贴对企业财力投入的效应理论分析，在企业不断享受到科技创新税收优惠政策的情形下，企业研发投入成本价格降低，等成本线与横轴的交点向右移动至 C 点，企业利润最大化均衡点由 E_1 移动到 E_2，企业的财力投入由 S_1 提升至 S_2。在企业享受到财政补贴的情形下，与企业享受到税收优惠政策相比，企业研发投入成本价格下降程度更大，等成本线与横轴的交点向右移动至 D 点，企业利润最大化均衡点由 E_1 移动到 E_3，企业的财力投入由 S_1 提升至 S_3。

基于上述分析，我国多种税收优惠政策降低企业税收负担，对企业自主研发扭曲较少；财政补贴具有可以直接充实企业研发资金、引导投资和研发领域以及多环节补贴的灵活性等特点。由此，本章提出如下假设：

假设 10.1：税收优惠和财政补贴政策对企业研发财力投入均有正向激励作用，但财政补贴效应更为显著。

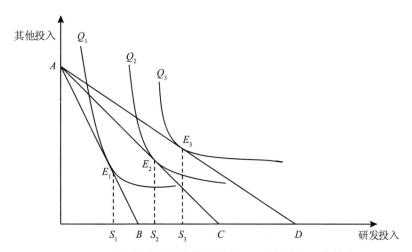

图 10.1　税收优惠与财政补贴对企业研发财力投入的效应

（2）税收优惠、财政补贴与企业研发人力投入。企业创新活动除了需要财力资源的投入以外，还需要研发人力资源的投入，两者相互配合与良性互动提升企业科技创新产出，因此，在研究财税政策对企业研发投入时不可忽视对研发人力投入的影响。税收优惠对企业研发人力投入主要表现在人力资源需求侧。企业在投入研发人力资源时会对招聘成本、培训成本、绩效工资成本以及创新风险和不确定性等进行综合考量。当企业获得人力资本的税收优惠政策时，如允许企业抵扣科研人员的培训成本，会降低企业的研发投入成本，从而激发企业进行更多研发人力投入。如图 10.2 所示，税收优惠政策对研发人力投入的影响，在企业未获得人力相关的税收优惠政策情形下，D_1 为研发人员需求曲线，S 为研发人员供给曲线，均衡点为 E_1，研发人员的工资水平为 W_1。在企业得到人力相关的税收优惠政策情形下，企业雇佣研发人员成本降低，研发人员需求曲线由 D_1 右移至 D_2，新均衡点为 E_2，研发人员的工资水平由 W_1 提升至 W_2。

财政补贴对企业研发人力投入主要表现在人力资源供给侧。若企业将获得的财政补贴用于吸引科研人才，研发人员会"用脚投票"至有资金补助的区域和企业，减少企业人才流失和激发研发人员的工作热情，进而增加劳动供给。如图 10.3 所示，财政补贴政策对研发人力投入的影响，在企业未获得财政补贴情形下，S 为研发人员供给曲线，U 为研发人员预算线，均衡点为 E_1，研发人员投入量为 L_1，研发人员的工资水平为 W_1。在研发人员得到工资以外的资金补助情形下，企业研发人员劳动意愿上升，研发人员投入量会沿着供给曲线向右移动与财政补贴后预算线相交形成新均衡点 E_2，研发人员投入量由 L_1 提升至 L_2，科研人员的工资水平由 W_1 提升至 W_2。基于税收优惠与财政补贴政策对企业人力投入的激励效应理论分析，由此，本章提出如下假设：

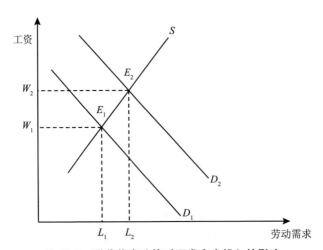

图 10.2   税收优惠政策对研发人力投入的影响

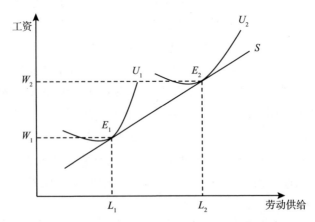

图 10.3   财政补贴政策对研发人力投入的影响

假设 10.2：税收优惠与财政补贴政策对企业研发人力投入均具有正向激励作用。

10.3　研 究 设 计

10.3.1　变量的选取

（1）被解释变量。

企业研发财力投入（*frd*）为被解释变量，采用企业每年末研发合计与每年末总资产的比来衡量，体现了企业为了进行自主技术创新愿意且能够投入的财力资源。

企业研发人力投入（*human*）为被解释变量，采用企业每年末研发人员数量来衡量，体现了企业为进行自主技术创新愿意且能够投入的人力资源，为消除异方差，对企业研发人力投入进行取对数处理。

（2）解释变量。

税收优惠（*tax*）为核心解释变量，现有文献主要有两种方法来度量企业税收优惠，一是采用名义税率和实际税率的差额与利润的乘积来衡量，本章参考周燕和潘瑶（2019）的做法，以企业财务报表中"收到的各项税收返还"中的数据为依据，具体采用收到的各项税收返还与每年末总资产的比来衡量。

政府补贴（*sub*）为核心解释变量，采用政府补助与每年末总资产的比来衡量，体现了企业获得的直接技术创新补贴程度。使用企业财务报告附注中政府补助明细一栏数据，具体采用政府补助与每年末总资产的比来衡量。

（3）控制变量。

参考现有文献还有其他因素会影响企业研发投入，因此本章加入以下控制变量：盈利水平（*roe*），用净资产收益率表示；财务杠杆（*lev*），用资产负债率表示；成长能力（*yysr*），用营业收入增长率表示；企业年龄（*age*），测度方法为当年年末与企业成立日期之差；企业规模（*size*），用企业年末总资产规模来表示。

以上各变量的名称、定义如表 10.5 所示。

表 10.5 变量定义

变量类型	变量名称	变量符号	具体计算方法
被解释变量	企业研发财力投入	*frd*	企业每年末研发合计/每年末总资产
	企业财力投入	*human*	ln(企业每年末研发人员数量 + 1)
解释变量	税收优惠	*tax*	收到的各项税收返还/每年末总资产
	政府补贴	*sub*	政府补助/每年末总资产
控制变量	盈利水平	*roe*	净利润/股东权益
	财务杠杆	*lev*	负债总额/总资产
	成长能力	*yysr*	(本年营业收入 - 上年营业收入)/上年营业收入
	企业年龄	*age*	当年年末 - 企业成立日期
	企业规模	*size*	ln(年末总资产 + 1)

10.3.2　数据来源

本章研究数据来自 Wind 数据库创业板企业板块，因为创业板企业多数为中小企业，具有发展潜力但成立时间较短、规模较小且缺乏完全自主创新能力，财税政策对企业研发投入产生影响更为显著，避免企业因自身发展成熟，无论是否有财税政策激励都具备完全自主创新研发投入能力的影响。选取数据时将 *ST 企业、重要解释变量缺失的样本予以剔除，最终选取了 379 家企业 2016～2021 年的数据，研究税收优惠与政府补贴对企业研发投入的效应。如表 10.6 所示，盈利水平平均值为 -1.24，可以看出所选样本企业自身盈利水平较差，缺乏完全自主创新能力。从税收优惠和政府补贴的均值、最小值和最大值可以看出企业之间获得的财税激励存在差异。从企业研发财力和人力投入最小值与最大值差距可以看出，企业之间研发投入存在较大的差异。

表 10.6 描述性统计

变量	平均值	标准差	最小值	最大值
frd	3.37	2.33	0.03	15.90
human	503.99	971.20	10	20880
tax	0.93	1.13	0	10.52
sub	0.60	0.55	0	6.48

续表

变量	平均值	标准差	最小值	最大值
roe	−1.24	72.18	−2252.41	71.65
lev	35.58	17.60	2.76	98.45
yysr	52.71	138.38	−92.19	3817.57
age	18.06	4.44	6.10	35.18
size	41.14	63.17	2.76	967.88

10.3.3　模型设计

根据研究假设及上述变量的定义，建立以下模型验证税收优惠和财政补贴对企业研发财力投入和人力投入的效应差异：

$$frd_{it} = \beta_0 + \beta_1 tax_{it} + \beta_2 roe_{it} + \beta_3 lev_{it} + \beta_4 yysr_{it} + \beta_5 age_{it} + \beta_6 size_{it} + \gamma_i + \mu_t + \varepsilon_{it} \tag{10.1}$$

$$frd_{it} = \beta_0 + \beta_1 sub_{it} + \beta_2 roe_{it} + \beta_3 lev_{it} + \beta_4 yysr_{it} + \beta_5 age_{it} + \beta_6 size_{it} + \gamma_i + \mu_t + \varepsilon_{it} \tag{10.2}$$

$$frd_{it} = \beta_0 + \beta_1 tax_{it} + \beta_2 sub_{it} + \beta_3 roe_{it} + \beta_4 lev_{it} + \beta_5 yysr_{it} + \beta_6 age_{it} + \beta_7 size_{it} + \gamma_i + \mu_t + \varepsilon_{it} \tag{10.3}$$

$$human_{it} = \beta_0 + \beta_1 tax_{it} + \beta_2 roe_{it} + \beta_3 lev_{it} + \beta_4 yysr_{it} + \beta_5 age_{it} + \beta_6 size_{it} + \gamma_i + \mu_t + \varepsilon_{it} \tag{10.4}$$

$$human_{it} = \beta_0 + \beta_1 sub_{it} + \beta_2 roe_{it} + \beta_3 lev_{it} + \beta_4 yysr_{it} + \beta_5 age_{it} + \beta_6 size_{it} + \gamma_i + \mu_t + \varepsilon_{it} \tag{10.5}$$

$$human_{it} = \beta_0 + \beta_1 tax_{it} + \beta_2 sub_{it} + \beta_3 roe_{it} + \beta_4 lev_{it} + \beta_5 yysr_{it} + \beta_6 age_{it} + \beta_7 size_{it} + \gamma_i + \mu_t + \varepsilon_{it} \tag{10.6}$$

其中，i 和 t 分别表示企业和年份，γ_i 表示个体固定效应，μ_t 表示时间固定效应，ε_{it} 表示随机误差项。

10.4　实证结果与分析

10.4.1　基准回归结果分析

利用 Stata16.0 对模型（1）～模型（6）进行固定效应分析，回归结果如表 10.7 所示。列（1）~ 列（3）为税收优惠和政府补贴对企业研发财力投入的影响，可以看出税收优惠和政府补贴系数均在 1% 置信水平上显著为正，且政府补贴系数明显大于税收优惠系数，表明税收优惠和政府补贴对企业研发财力投入具有显著激励效应，且政府补贴的效应更明显。列（4）~ 列（6）为税收优惠和政府补贴对企业研发人力投入的影响，可以看出税收优惠和政府补贴系数均在 1% 置信水平上显著为正，政府补贴系数和税收优惠系数相差很小，表明税收优惠和政府补贴对企业研发人力投入具有显著激励效应，税收优惠和政府补贴对企业研发人力投入的激励效应接近。总体来看，税收优惠和政府补贴均对企业研发投入产生正向激励效应，且政府补贴比税收优惠的作用更大（$0.444 = 0.379 + 0.065 > 0.293 = 0.225 + 0.068$），从而验证了假设 10.1 和假设 10.2 成立。

表 10.7　　　　　　　　　　　基准模型回归结果

变量	frd			human		
	（1）	（2）	（3）	（4）	（5）	（6）
tax	0.245 *** (6.68)		0.225 *** (6.17)	0.071 *** (6.86)		0.068 *** (6.53)
sub		0.406 *** (7.55)	0.379 *** (7.10)		0.072 *** (4.72)	0.065 *** (4.23)
roe	−0.001 *** (−3.68)	−0.001 *** (−2.85)	−0.001 *** (−2.70)	−0.000 (−1.00)	−0.000 (−0.59)	−0.000 (−0.40)
lev	0.005 ** (2.15)	0.006 ** (2.30)	0.005 ** (2.21)	0.001 (1.45)	0.001 (1.57)	0.001 (1.48)
yysr	0.000 (0.91)	0.000 ** (2.14)	0.000 (1.31)	−0.000 (−1.54)	−0.000 (−0.43)	−0.000 (−1.32)
age	0.198 *** (12.18)	0.199 *** (12.27)	0.195 *** (12.16)	0.002 (0.41)	0.003 (0.54)	0.001 (0.30)
size	−0.820 *** (−10.60)	−0.754 *** (−9.68)	−0.740 *** (−9.59)	0.678 *** (30.80)	0.687 *** (30.71)	0.692 *** (31.23)
常数项	2.002 *** (7.41)	1.741 *** (6.35)	1.593 *** (5.84)	3.249 *** (42.27)	3.225 *** (40.90)	3.179 *** (40.61)
时间效应	控制	控制	控制	控制	控制	控制
个体效应	控制	控制	控制	控制	控制	控制

续表

变量	frd			human		
	（1）	（2）	（3）	（4）	（5）	（6）
样本量	2274	2274	2274	2274	2274	2274
F	28.89	29.29	27.89	50.07	48.91	48.72
R^2	0.166	0.171	0.188	0.453	0.446	0.458

注：括号中数值为 t 统计量，* 、 ** 和 *** 分别表示在 10% 、5% 和 1% 置信水平上显著。

10.4.2　稳健性检验

（1）政策效应滞后性回归分析。鉴于税收优惠和财政补贴对企业研发投入的效应可能会产生滞后性，本章将税收优惠和政府补贴均采用滞后项进行检验，也可在一定程度上避免内生性。如表 10.8 所示，当税收优惠和财政补贴均滞后一期，模型（1）~模型（6）中的税收优惠和政府补贴系数均在 1% 置信水平上显著为正，且总体来看，政府补贴效应大于税收优惠效应（0.170 = 0.143 + 0.027 > 0.135 = 0.095 + 0.040），进一步验证前文假设 10.1 和假设 10.2 成立。当税收优惠和财政补贴均滞后两期或更多期时，税收优惠和政府补贴系数均不再显著，证明税收优惠和政府补贴对企业研发的激励效应存在一期滞后。这与苏屹等（2021）实证检验政府补助对新能源企业 R&D 投入存在促进效应而非"挤出"效应，但此效应仅在滞后一期时仍然显著，在滞后两期时不再显著结论相一致。

表 10.8　　　　　　　　　　政策效应滞后性回归结果

变量	frd			human		
	（1）	（2）	（3）	（4）	（5）	（6）
L. tax	0.103 ** (2.53)		0.095 ** (2.33)	0.042 *** (3.70)		0.040 *** (3.56)
L. sub		0.152 *** (2.82)	0.143 *** (2.64)		0.031 ** (2.09)	0.027 * (1.83)
roe	−0.001 *** (−4.57)	−0.001 *** (−4.66)	−0.001 *** (−4.74)	−0.000 ** (−2.19)	−0.000 ** (−2.18)	−0.000 ** (−2.31)
lev	0.004 (1.38)	0.004 (1.51)	0.004 (1.37)	0.001 (−1.28)	0.001 (−1.08)	0.001 (−1.28)
yysr	0.000 (1.48)	0.000 (1.24)	0.000 (1.51)	−0.000 (−1.48)	−0.000 * (−1.90)	−0.000 (−1.46)

续表

变量	frd			human		
	(1)	(2)	(3)	(4)	(5)	(6)
age	0.204 *** (11.47)	0.198 *** (11.01)	0.199 *** (11.10)	0.001 (0.27)	0.000 (-0.06)	0.000 (0.05)
size	-0.904 *** (-10.09)	-0.880 *** (-9.76)	-0.878 *** (-9.74)	0.644 *** (25.89)	0.648 *** (25.81)	0.650 *** (25.96)
常数项	2.361 *** (6.85)	2.391 *** (6.97)	2.293 *** (6.65)	3.491 *** (36.50)	3.520 *** (36.86)	3.478 *** (36.29)
时间效应	控制	控制	控制	控制	控制	控制
个体效应	控制	控制	控制	控制	控制	控制
样本量	2274	2274	2274	2274	2274	2274
F	29.36	29.49	27.89	50.07	50.44	49.43
R^2	0.152	0.153	0.156	0.453	0.359	0.364

注：括号中数值为 t 统计量，* 、** 和 *** 分别表示在10%、5%和1%置信水平上显著。

（2）分行业异质性回归分析。鉴于科技型企业和非科技型企业均存在研发活动，科技型企业相较于非科技型企业对研发投入的需求更大，因此财税政策对科技型企业和非科技型企业的效应可能存在差异，因此本章对科技型企业和非科技型企业分别进行回归。表10.9为税收优惠和财政补贴对科技型企业研发投入的影响，税收优惠和政府补贴的系数仍在5%/1%置信水平上显著为正。表10.10为税收优惠和财政补贴对非科技型企业研发投入的影响，税收优惠和政府补贴的系数仍在1%置信水平上显著为正，进一步验证假设10.1和假设10.2成立。从表10.9和表10.10中，可以看出科技型企业的税收优惠和政府补贴系数均明显大于非科技型企业税收优惠和财政补贴系数，说明税收优惠和政府补贴对科技型企业的研发投入效应更加明显。

表10.9　　　　　　　　　　科技型企业回归结果

变量	frd			human		
	(1)	(2)	(3)	(4)	(5)	(6)
tax	0.357 ** (2.07)		0.322 ** (2.00)	0.132 *** (3.46)		0.127 *** (3.41)

续表

变量	frd			human		
	(1)	(2)	(3)	(4)	(5)	(6)
sub		1.494 ***	1.482 ***		0.200 ***	0.195 ***
		(7.18)	(7.15)		(4.11)	(4.06)
roe	−0.003 **	−0.002 *	−0.002 ***	−0.001 *	−0.000	−0.000
	(−2.41)	(−1.85)	(−2.01)	(−1.90)	(−1.34)	(−1.61)
lev	−0.012	−0.001	−0.003	0.002	0.004 *	0.003
	(−1.14)	(−0.13)	(−0.29)	(0.95)	(1.74)	(1.48)
yysr	0.000	0.000	0.000	0.001 **	0.001 **	0.000 **
	(0.33)	(0.72)	(0.58)	(2.07)	(2.47)	(2.25)
age	0.438 ***	0.419 ***	0.429 ***	0.004	−0.000	0.003
	(7.62)	(7.80)	(7.98)	(0.36)	(−0.04)	(0.28)
size	−1.373 ***	−1.345 ***	−1.248 ***	0.865 ***	0.843 ***	0.882 ***
	(−4.50)	(−4.75)	(−4.36)	(12.77)	(12.69)	(13.27)
常数项	1.764 *	1.278	0.633	3.262 ***	3.368 ***	3.113 ***
	(1.68)	(1.35)	(0.64)	(14.02)	(15.21)	(13.49)
时间效应	控制	控制	控制	控制	控制	控制
个体效应	控制	控制	控制	控制	控制	控制
样本量	432	432	432	432	432	432
F	21.65	29.29	19.81	34.48	30.95	31.93
R^2	0.257	0.171	0.352	0.429	0.436	0.455

注：括号中数值为 t 统计量，* 、** 和 *** 分别表示在 10% 、5% 和 1% 置信水平上显著。

表 10.10　　　　　　　　非科技型企业回归结果

变量	frd			Ry		
	(1)	(2)	(3)	(4)	(5)	(6)
tax	0.254 ***		0.240 ***	0.069 ***		0.066 ***
	(7.82)		(7.41)	(6.45)		(6.19)
sub		0.264 ***	0.232 ***		0.055 ***	0.046 ***
		(5.38)	(4.79)		(3.41)	(2.88)
roe	−0.001 ***	−0.001 **	−0.001 **	−0.000	−0.000	0.000
	(−3.08)	(−2.56)	(−2.33)	(−0.43)	(−0.21)	(0.02)
lev	0.008 ***	0.007 **	0.007 ***	0.001	0.001	0.001
	(3.19)	(3.09)	(3.11)	(1.24)	(1.20)	(1.18)

续表

变量	frd			Ry		
	(1)	(2)	(3)	(4)	(5)	(6)
yysr	0.000 (0.76)	0.000 ** (2.05)	0.000 (1.04)	− 0.000 * (− 1.93)	− 0.000 (− 0.91)	− 0.000 * (− 1.77)
age	0.138 *** (9.03)	0.143 *** (9.27)	0.136 *** (8.96)	0.004 (0.81)	0.006 (1.10)	0.04 (0.73)
size	− 0.662 *** (− 9.38)	− 0.613 *** (− 8.47)	− 0.605 *** (− 8.51)	0.648 *** (28.11)	0.657 *** (27.83)	0.659 *** (28.26)
常数项	2.066 *** (8.34)	1.896 *** (7.40)	1.797 *** (7.13)	3.142 *** (38.89)	3.116 *** (37.30)	3.089 *** (37.37)
时间效应	控制	控制	控制	控制	控制	控制
个体效应	控制	控制	控制	控制	控制	控制
样本量	1842	1842	1842	1842	1842	1842
F	26.04	27.14	23.85	39.69	38.84	37.00
R^2	0.161	0.144	0.173	0.473	0.462	0.475

注：括号中数值为 t 统计量，*、** 和 *** 分别表示在10%、5%和1%置信水平上显著。

10.5　研究结论与政策建议

10.5.1　研究结论

本章分别研究了税收优惠和政府补贴对企业财力投入和人力投入的激励效应，通过理论分析和实证结果分析，可以得出以下结论：第一，税收优惠和政府补贴对企业财力投入和人力投入均有显著的正向激励作用，且政府补贴的激励效应更明显。第二，税收优惠和政府补贴对企业研发投入的激励效应不只发生在当期，滞后一期也仍对企业研发投入具有激励效应。第三，相较于非科技型企业，税收优惠和财政补贴对科技型企业的研发投入激励效应更为明显。

10.5.2　政策建议

基于以上结论，本章提出以下政策建议。

第一，加大财政补贴力度，优化财政补贴结构。加大财政补贴力度，直接缓解企业研发资金压力，降低研发风险。丰富财政补贴资金种类，设立专款，专用于某类型技术研发基金，引导企业进行自主研发投入，引导企业进行符合当前经济发展需要的技术研发，如能源技术、通信技术和绿色技术等，进行创新技术研发而非复制技术研发。持续加强对科技型企业的研发补贴，促进科技型企业更加主动地进行研发的财力和人力投入，激发科技型企业的研发创造能力。同时，也要注重非科技型企业的研发补贴，促进非科技型企业生产数字化，提高企业劳动生产率。

第二，加强财政补贴资金使用监管，对科技财政资金进行绩效评价。加强财政补贴发放的监管，防止企业"骗补"、滥用或挪用资金，落实资金去向，提高财政资金激励企业创新的使用效率，真正降低企业研发投资风险，缓解企业自身压力。对用于科技激励的财政支出和税式支出进行绩效评价，评估财政资金使用效率，以便及时调整资金使用方向，为后期财税政策激励科技创新提供依据。

第三，加大人才补贴和税收优惠政策力度。对企业人才引进或培养进行企业补贴或对专业技术人才直接给予个人补贴。在税收优惠方面，当前实行的个人所得税中规定：纳税人在中国境内接受学历（学位）继续教育的支出，在学历（学位）教育期间按每月 400 元的定额扣除。同一学历（学位）继续教育的扣除期限不超过 48 个月；纳税人接受技能人员和专业技术人员职业资格继续教育的费用，在取得相关证书当年按照 3600 元的定额扣除。但无论是学历（学位）继续教育支出，还是继续教育支出通常高于可扣除限额，不利于高科技人才对进一步提升学历和技能的积极性。因此，在个人所得税的税前扣除项目中可以进一步考虑对高科技人才的教育成本进行考量，加大扣除比例或据实扣除，对人才引进的住房补贴也准予在税前扣除，或按一定比例扣除。

第四，加大企业技术研发税收优惠范围。一是完善对中小型企业的税收优惠政策。科技型企业尤其是中小型科技企业，由于自身规模和研发活动周期长的限制，在研发初期很难获得收益，甚至会产生亏损，此时税收优惠政策就失去了效果。结合科技型企业的特点，在经营周期的不同阶段采取差异化的税收优惠政策，扩大享受政策优惠的企业范围，加大对中小型科技企业的税收优惠力度，更好地发挥财税政策对企业研发投入的激励效用。二是加大企业研发环节的税收优惠力度。目前税收优惠的重点作用范围在产业链的末端即所得税的税收优惠，集中对生产和销售环节征税，使得企业倾向于花钱购买新技术而放弃自主研发，从长远角度看不利于提升社会的创新能力。税收政策的作用重点应转向产业链的前段，着力于降低企业的研发成本和风险，如针对科技型中小企业享受优惠的预缴时间可以从第三季度放宽到每个季度。

第四篇

财税政策与区域科技创新

当前我国创新发展出现地区发展不平衡，大量科技资源、科技型企业集中于北上广深，而国家创新驱动发展是系统创新，离不开各地区共同参与、协同并进，因此财税政策支持区域创新体系建设的研究成为热点。库克等（Cooke et al.，1992）提出区域创新系统的概念，强调了区域层面创新治理的差异性。为研究地方政府参与区域创新系统建设效果，本篇选取典型地区研究区域协同创新，自京津冀协同发展的一项重要内容是协同创新共同体建设，因此第 11 章建立科技创新协同视角，对区域科技创新协同中的财税政策进行评价并借鉴国内外先进地区科技创新协同经验，提出有针对性的加快区域协同创新发展的财税对策建议。第 12 章研究政府引导基金与区域企业创新，分析在市场化运作方式下引导企业创新和推动产业转型升级的具体实现路径。第 13 章基于依靠科技创新实现经济稳增长和防风险的长期均衡要求，研究地方债务与区域创新之间的均衡关系。

第 11 章 京津冀科技园区科技创新与协同治理效应研究

11.1 引　言

党的十九大报告指出，我国经济已由高速增长阶段转向高质量发展阶段，科技创新是引领高质量发展，提高区域生产力、创新活跃度和综合实力的战略支撑。作为国家创新体系的重要组成部分，建立高效的区域协同发展机制、实施跨区域协同治理正成为各级政府的共同诉求。国外学者对区域协同创新度的问题关注较早，在评价指标上主要以《国际竞争力》和《欧洲创新排行榜》发布的指标体系为选取依据，在研究方法上通常综合选取几种研究方法对区域创新度进行测评。贾等（Jia et al.，2020）研究表明，创新体制、创新投入和创新产出是影响区域协同创新度的关键因素；平托和格雷罗（Pinto and Guerreiro，2010）采用因子分析和层次分析法测评欧盟 175 个地区的创新度，指出就业、技术革新、人才资源、经济结构为主要影响因素。关于政府在协同创新中的作用，张等（Zhang et al.，2016）提出，以制度性、合作性学习为特征的文化形式能够带来创新进步，公共政策作为基础工具能够建立社会与经济之间的联系；卡茨莱特（Cacciolatti，2015）等分析中国 30 个地区的政府创新合作数据，发现在具有创新效应的四类合作中，政府干预是其中一种。

京津冀协同发展成为我国重大发展战略以来，引发国内学者的广泛关注，大量研究分析了京津冀协同发展的现状及存在的问题。张满银等（2020）构建京津冀区域协同发展评价指标体系，基于应用主成分分析和熵值法，从经济、社会和生态系统三个维度实证考察京津冀区域协同创新关系。崔志新、姚东旭、龙晓君等（2019），谢泗薪等（2021）运用定量研究方法，从协同创新、技术创新、创新经济绩效等方面测评京津冀区域协同创新能力。科技园区是地方政府在经济领域开展合作的重要载体和创新成果转化的有效平台，在京津冀协同发展过程中科技园区发挥了关键作用，根据自身的创新资源和产业优势谋求区域间的共同发展。近年来，我国学者针对京津冀科技园区的研究也逐渐增多。如蒋海军、盛彦文等（2016）运用网络理论模型（CRINSP），探究科技园区在促进跨区域创新中的协作机理和运行机制；苏文松等（2017）通过分析政府引导、产业梯度转移、市场合作等五种科技园区协同动力机制，提出不同驱动机制下京津冀三地科技园区合作共建模式；叶堂林等（2019）指出城市群是国家创新体系建设的重要空间载体，是区域协同发展的主要地域单元，京津冀协同发展必将成为中国区域一体化的新引领和新示范。

基于以上分析发现，科技园区在区域创新发展中具有关键作用，但不同区域科技园区的协同机制及与地方政府的互动关系尚需进一步研究。可以说，科技园区协同创新发展是研究政府治理的重要维度。自 2014 年京津冀协同发展战略实施以来，京津冀三地在产业链对接、协同创新等方面取得了显著成效，但三地政府协同合作水平不高、协同机制有待完善、协同治理动力不足，导致三地科技资源流动与共享不畅，协同创新程度不高，区域创新能力不强。鉴于三地科技园区是否深度融合决定京津冀协同发展的质量与深度，本章运用复合系统协同度模型，构建京津冀科技园区协同创新度评价指标体系，测度科技园区各子系统协同创新有序度及整体协同度，力求提出针对性建议，为深化区域协同治理、推进跨区域政府合作、提升区域整体创新水平提供助力。

11.2　理论分析与研究框架

国内学者普遍认为政府协同治理是促进科技园区协同创新的外部驱动机制，但政府协同治理对科技园区协同创新的影响并非一蹴而就，从目前现实情况来看，京津冀科技园区协同创新中，政府协同治理虽然起到主导作用，但三地政府利益分配机制、主体责任分配等尚不明确，仍然处于起步阶段，且还存在京津冀三地资源禀赋差异、跨区域税收分成等问题，这些因素均制约着政府协同治理对科技园区协同创新的促进。政府协同治理过程中强调主体间相互依存，以共同的价值理念参与创新治理，京津冀科技园区治理属于三地政府协同治理，是多层次治理的体现。多层次治理涉及地方、地区、国家以及全球视角，"谁来治理"与"如何治理"是主要探讨的问题。马克（Marks，1993）率先提出了多层次治理理论，强调在治理过程中主体间是非等级与多中心，主体间相互依存，以实现共同创新治理。翁士洪、周一帆（2017）从三个维度对政府的整体治理问题进行了全面回答：第一维度为战略目标，即厘清政府协同治理的战略定位、价值取向与治理目标，对政府协同治理具有整体导向作用；第二维度为治理主体，即明确不同治理主体间的关系，构建多主体共同参与的治理体系，回应了多层次治理的"谁来治理"问题；第三维度为行为策略，即政府协同治理过程中采取的政策任务、政策工具、治理方式等，回应了多层次治理的"如何治理"问题。京津冀科技园区治理强调各主体平等参与，作为政府协同治理的第二个维度，回应了多层次治理的"谁来治理"问题。京津冀科技园区治理权力在政府层级之间协调共享、合作共治，促进京津冀科技园区形成多主体的结构化政府协同治理模式，以提升政府协同治理水平，从而促进科技园区协同创新。对此，陈智国和张文松（2017）的研究结果亦可证明，科学合理有效的政府协同治理有助于在京津冀之间加强利益共同体建设，消除行政壁垒，打破区域协同创新障碍，提高资源配置效率，进而促进三地科技园区协同创新发展。通常，政府协同治理的路径包括协同政策的出台和协同创新软环境的营造。在协同政策的出台上，政府协同政策是从中央政府的顶层设计到三地政府合作。从协同发展政策的出台到协同创新共同体的建设，再到产业转移和产业协同三个方面促进科技园区协同创新。在政府营造协同创新软环境上，三地政府统筹协调，通过推动三地政策、制度、文化协同，税收分成，搭建产业合作平台，干部挂职锻炼等合作，协同创新资源，加大创新经费投入、人员投入，助推高科技企业创新发展，营造有利于三地科技园区创新合作的市场和制度环境。综上所述，政府以协同政策的出台和协同创新软环境的营造作为两个基点，通过影响科技园区协同创新共同体的建设、产业转移和产业协同、创新合作市场与合作制度环境等方面主导着科技园区的协同创新。

科技园区创新不仅由政府主导，集聚园区内部创新力量也可促进政府的协同治理，三螺旋理论认为政府与科技创新主体大学、企业三者之间的交互作用是区域协同创新的重要前提，京津冀三地政府与科技园区中的大学与企业主体之间的交互作用共同促进了科技园区协同创新，主体"交迭"是科技园区这一创新系统的核心单元。为了促进科技园区协同创新，京津冀政府必然要加强联系，由此推动京津冀三地政府协同治理的深度与广度。赵东霞等（2016）在三螺旋理论视角下对国外大学科技园"官产学"协同创新模式进行比较研究，并指出科技园区协同创新的提升需要提高政府、大学与企业的创新能力与职能效用。张艺和陈凯华（2020）在全面总结国内外学者对官产学三螺旋创新范式的研究基础上，同样得出了政府协同治理与科技园区协同创新之间具有密切联系，二者之间相互促进。因此，国内学者的研究结论亦可证实科技园区协同创新是推动政府协同治理的内在机制，科技园区协同创新从合作主体与合作类型两个方面影响政府协同治理。一方面，地区间政府、企业、大学、科研机构等合作主体间的协同互动是提高政府协同治理效能、促进京津冀高质量发展的重要路径。另一方面，区际合作是科技园区的主要合作类型，且主要体现在行政层面，非单纯市场行为。三地政府间合作推动市场向企业、大学、科研机构开放，促进产业梯度转移和协同、科技产业孵化机制的生成，有助于促进三地政府协同治理效能提升。

综上所述，本章基于政府协同治理与科技园区协同创新之间存在的关系，试图从协同政策、创新环境、合作主体与合作类型出发，将政府协同治理与科技园区协同创新纳入同一研究框架下，以此深入分析京津冀科技园区科技创新与协同治理效应，如图 11.1 所示。

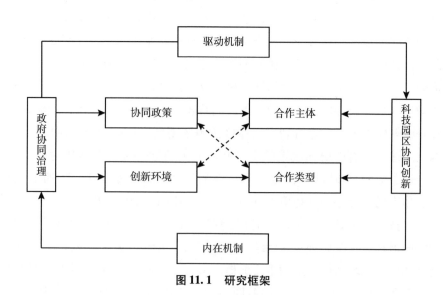

图 11.1　研究框架

11.3　京津冀科技园区协同创新与政府治理

11.3.1　京津冀科技园区协同创新分析

在测度京津冀科技园区各子系统协同创新有序度及整体协同度之前，首先测评三地科技园区的创新能力，借鉴鲁继通（2015）、张满银等（2020）的研究成果并结合本章需求，从创新资源投入能力、创新产出能力、科技孵化能力三方面分析。

《国家高新区创新能力评价报告（2020）》数据显示，2019 年科技园区的创新能力加权增长率，北京为 10.1%，河北为 11.4%，天津为 −5.8%，可以看出，北京与河北科技园区创新能力提升较显著，天津科技园区创新能力出现负增长。将构成科技园区创新能力的一级指标分解，得到京津冀三地科技园区 5 个一级指标的加权增长率（见表 11.1）。

表 11.1　　　　2019 年京津冀科技园区 5 个一级指标的加权增长率　　　　单位：%

省（市）	创新资源集聚	创新创业环境	创新活动绩效	创新国际化	创新驱动发展
北京	−5.8	52.1	−1.8	12.2	−0.7
天津	5.4	−35.9	11.4	−35.4	3.4
河北	8.9	8.9	31.3	25.1	−11.8

如表 11.1 所示，反映创新能力的加权增长率指标中，创新创业环境、创新国际化与创新活动绩效指标极差较大，表明 2019 年京津冀三地在营造创新创业环境、推动创新国际化以及提升创新活动绩效方面显著不同。在创新创业环境中，京津两地差距显著，北京实现 52.1% 的正增长，天津实现 35.9% 的负增长，二者相差 88 个百分点，表明北京作为全国科技创新中心及全球创新资源集聚的中心城市之一，科技人才高度集聚，营造了良好的创新创业软环境。相比而言，天津整体营商环境尚有待提升，间接导致创新国际化水平呈现低增长率。在创新活动绩效中，津冀两地增长显著，天津、河北分别实现 11.4%、31.3% 的正增长，表明两地依托产学研平台和雄安新区有效提升了创新活动绩效。在创新驱动发展中，只有天津呈现正增长，表明天津依托滨海新区上升为国家战略后，加快产业结构调

整和转型升级步伐，增强了自身创新驱动力。综合以上分析发现，三地需高度重视科技园区创新发展与建设，自顶层设计始，着手优化科技园区整体发展环境，强化科技园区创新发展基础。

（1）创新资源投入能力。科技园区创新资源投入呈现多样化特征，其中，占比最大的是研发（R&D）经费投入。如表 11.2 所示，从研发经费投入数量看，京冀两地科技园区 R&D 经费投入总额逐年提高，2014 年北京中关村 R&D 经费投入为 497.17 亿元，2019 年达到了 1107.81 亿元，增长了 1 倍多；2014 年河北石家庄高新区 R&D 经费投入为 34.34 亿元，2019 年达到了 59.96 亿元，增长了近 0.8 倍。天津滨海 R&D 经费投入呈降低态势，但整体降幅不大，由 2014 年的 114.76 亿元减少到 2019 年的 75.11 亿元，表明天津滨海创新资源投入力度有待加强。从科技园区 R&D 经费投入占全国 R&D 经费投入比重看，北京中关村 R&D 经费投入占比明显高于津冀两地，津冀两地在比重上相差不大。

表 11.2　　　　　　　京津冀部分科技园区 R&D 经费投入情况

分类	地区	2014 年	2015 年	2016 年	2017 年	2018 年	2019 年
R&D 经费投入（亿元）	北京中关村	497.17	595.61	574.56	767.45	912.55	1107.81
	天津滨海	114.76	118.82	162.86	75.51	90.00	75.11
	石家庄高新区	34.34	53.17	54.89	49.95	61.32	59.96
全国 R&D 经费投入（亿元）		13015.63	14169.88	15676.75	17606.13	19677.93	22143.60
科技园区 R&D 经费占全国 R&D 经费比重（%）	北京中关村	3.90	4.20	3.67	4.36	4.64	5.00
	天津滨海	0.88	0.84	1.03	0.43	0.46	0.34
	石家庄高新区	0.26	0.38	0.35	0.28	0.31	2.70

人才是科技园区构成的关键要素，人才的数量和质量直接关系到科技园区创新发展的水平和速度。自京津冀协同发展战略实施以来，三地财政持续加大对人才的投入，多次出台人才引进政策。如表 11.3 所示，2014~2019 年除北京中关村 R&D 人员（全时当量）和科技活动人员数量有显著增长，

津冀两地人员增长有限且状态不稳定。2014 年北京中关村 R&D 人员（全时当量）为 12.55 万人，科技活动人员为 43.33 万人，2019 年分别达到了 18.89 万人和 86.31 万人。相比之下，2014 年天津滨海新区 R&D 人员（全时当量）为 2.17 万人，科技活动人员为 6.28 万人，2019 年分别为 2.12 万人和 5.42 万人，出现小幅回落。2014 年石家庄 R&D 人员（全时当量）为 1.25 万人，科技活动人员为 2.18 万人，2019 年分别为 1.21 万人和 3.29 万人，表明津冀两地的人才引进政策缺乏一定的竞争力，人才发展环境有待优化。

表 11.3　　　　　　　　　京津冀部分科技园区人才投入

分类	地区	2014 年	2015 年	2016 年	2017 年	2018 年	2019 年
R&D 人员全时当量（万人）	北京中关村	12.55	13.83	14.89	18.24	16.63	18.89
	天津滨海	2.17	2.10	2.90	2.43	2.51	2.12
	石家庄高新区	1.25	1.43	1.69	0.80	1.38	1.21
科技活动人员（万人）	北京中关村	43.33	60.46	66.07	73.58	78.47	86.31
	天津滨海	6.28	6.16	6.67	6.31	5.57	5.42
	石家庄高新区	2.18	2.31	2.75	2.71	3.20	3.29

（2）创新产出能力。创新产出能力取决于科技园区企业主体规模、企业运行状态以及经济效益等方面。高新技术企业作为科技园区创新产出成果的主体，其创新产出成果在科技园区中实现转化，高新技术企业发展和创新能力进而成为科技园区增强创新实力和提升核心竞争力的重要抓手。

如表 11.4 所示，从整体上看，在反映科技园区高新技术企业创新产出能力的指标中，北京在营业收入、技术收入占营业收入比重方面远远超越了津冀两地。从专利申请量和授权量来说，河北超越了京津两地。究其原因，一方面河北科技园区依托雄安新区拥有较好的科技创新和产业基础，专利技术申请量居三地首位；但专利申请量与授权量极差较大，主要是由于部分专利申请创新度不足，高新技术发展过程中创新驱动力不足；京津科技园区虽有较好的产业基础，但专利申请活跃度不足，在高新技术专利申请量上仍具有提升空间。另一方面，营业收入指标相差悬殊，表明京津冀科技园区发展存在异质性和不均衡性。综合以上分析发现，提高高新技术企业创新能力、增强产业集群效应，是三地政府在京津冀科技园区协同发展中需高度重视的问题。

表 11.4　　2019 年京津冀科技园区高新技术企业创新成果产出情况

省（市）	专利申请量（项）	专利授权量（项）	营业收入（万元）	技术收入占营业收入比重（%）
北京	83717	52225	664221	20.25
天津	60792	49072	5417	10.84
河北	101274	57809	4963	9.68

（3）科技孵化能力。政府要努力构建科技产业孵化转化机制，该机制通过园区平台企业、产业联盟、高校院所等科技平台资源有效整合北京各类科技创新资源，通过移植既有的创新创业服务资源对接津冀科技发展与产业升级需求，向津冀科技园区进行科技产业孵化转化，支撑京津冀科技园区创新合作。如表 11.5 所示，2019 年高新区科技企业孵化器数量、加速器内企业数以及在国家高新区总数中的占比看，虽然三地科技园区孵化器和企业数都超过了 1000 家，但北京科技园区的孵化器不仅超过了 10000 家且占到了高新区总数的 12.3%，为津冀两地总和的 3 倍。究其原因，得益于北京拥有众多高校以及科研院所，具备实现大量科技成果转化的基础条件，此外还拥有中关村庞大产业体系的支持和容纳大量孵化企业的成果转化基地。天津拥有与北京合作共建的滨海—中关村科技园区，宝坻京津中关村科技城等科技孵化重大平台。

表 11.5　　2019 年高新区科技企业孵化器及加速器内企业数分布

省（市）	科技企业孵化器及加速器内企业数（个）	占国家高新区整体数量的比重（%）
北京	13642	12.3
天津	1740	1.9
河北	2520	2.6

随着京津冀协同发展明确提出"京津研发，河北转化"的口号，

我国"十四五"规划要求提高科技成果在河北孵化转化成效,这对河北来说是机遇与挑战并存的关键性阶段。由此可见,河北在提升科技成果转化能力方面需加快对接京津科技园区,建设成果转化共同体。2017 年,覆盖河北 5 市区和 11 个产业园区的河北·京南科技成果转化示范区宣布成立,此后三地共有 20 多个重大科技成果在示范区成功转化。截至 2021 年,河北已建成 33 个科技企业孵化器,科技孵化能力持续增强。

11.3.2　政府在京津冀科技园区协同治理中发挥重要作用

"十四五"规划要求京津冀三地从产业转型升级、缩小公共服务差距、促进协同创新等方面实现有效协同,在科技创新、产业链升级和价值链重构等方面发挥三地政府协同治理的有效作用。以科技园区为载体实现协同治理和创新发展,能够发挥疏解北京非首都功能的作用,且未来将在延长并完善三地产业链上有所作为。

(1) 政府政策协同分析。科学合理有效的制度是推进政府协同治理的基本保障。具体表现为:一是政策制定紧跟时代发展要求。自党的十九大报告首次出现"高质量发展"以来,三地或联合或各自制定关于京津冀协同发展的政策文件,在遵从国家总体规划的基础上制定符合三地科技园区"高质量发展"的协同政策,推动区域协同创新。二是政策重点关注高技术产业,致力于共建创新型园区。在规划共建协同创新共同体时,要求三地科技园区要兼顾新能源、新材料、智能科技等前沿新兴产业发展,加大科技园区新旧动能转换政策支持力度,完善并拓展京津冀三地协同创新产业链。三是政策呈现全面性、系统性特征。三地或联合或单独出台的政策具有各自的侧重点和针对性,但从政策整体看,均包含三地科技园区在协同治理过程中管理体制的搭建、对产业或行业的发展规划以及在人才引进和培养等方面的要求。在政府政策体系支撑下,京津冀三地科技园区协同向纵深推进,为实现京津冀"十四五"规划目标奠定基础。

(2) 三地合作共建园区现状。科技园区是京津冀三地政府实现跨区域合作治理的重要载体。截至 2021 年底,京津冀都市圈内共涵盖 14 个国家级科技园区和 40 个省级科技园区。其中,国家级科技园区包括国家自主创新示范区、高新技术园区和各经济技术开发区。从科技园区整体分布情况看,以北京中关村科技园区、天津国家自主示范区及天津经济技术开发区为层级较高的中心区域,京津周边的 3 个地级市——廊坊、唐山、沧州则汇集了河北省 47% 的省级以上科技园区,如表 11.6 所示。

表 11.6　　　　　　　　京津冀国家级和省级科技园区数

项目	京津冀	北京	天津	石家庄	唐山	秦皇岛	邯郸	邢台	保定	张家口	承德	沧州	廊坊	衡水
国家级	14	1	2	2	2	1	1	0	1	0	1	1	2	0
省级	40	0	0	3	6	2	4	2	3	3	0	5	8	4
总数	54	1	2	5	8	3	5	2	4	3	1	6	10	4

　　三地政府为聚集、融合、共享创新资源，合作打造了多个有利于协同创新和助力产业转移的产业发展基地以及创新平台。北京作为京津冀协同创新的动力源，充分发挥科技园区的创新领导力量。如中关村科技园区作为津冀两地科技园区的"领头羊"，与津冀政府合作共建多个致力于协同创新的发展平台和创新基地，如表 11.7 所示。

表 11.7　　　　　　2014～2021 年京津冀协同创新共同体建设情况

地区	共建园区
京津	滨海—中关村科技园、宝坻京津中关村科技城、京津创智产业园、海兴京津产业转移示范园区、京津州河科技产业园、京津合作园区、京津科技谷产业园
京冀	保定中关村创新中心、中关村海淀园秦皇岛分园、雄安新区中关村科技园、邢台开发区·通州产业园、威县·顺义产业园、沙河·房山产业园、巨鹿·昌平产业园、广宗·良乡产业园
津冀	云上应急产业合作创新示范区、津冀循环经济产业示范区、津冀生活用纸科技创新产业园区、津冀文化产业园区

11.4　实证结果与分析

11.4.1　科技园区协同创新度指标体系设计

　　本章立足于京津冀发展实际，基于协同创新视角，借鉴国外成熟的区域创新协同度评价体系，使用创新投入（人员投入和经费投入）和创新产出（专利申请授权数）为主要衡量指标。同时，借鉴国内主流的协同创新度评价体系，如鲁继通（2015）以人员投入和专利申请授权数为主要衡量指标，张满银等（2020）强调经济产出为衡量协同创新的重要指标。结合本章实际，京津冀科技园区协同创新系统由北京、天津、河北三个科技园区创新子系统组成，其中每个子系统又划分为创新人员投入、创新经费投

入、创新成果产出和经济产出四个序参量，依据序参量设计 11 个二级评价
指标。通过以上指标体系测算 2014～2019 年三地科技园区各子系统协同创
新有序度，如表 11.8 所示。数据来源于历年《中国科技统计年鉴》《中国
高技术产业统计年鉴》《中国火炬统计年鉴》及京津冀三省市统计年鉴。

表 11.8　　　　　　　京津冀科技园区协同创新度评价指标体系

子系统	序参量	衡量指标	单位
（北京、天津、河北）科技园区创新协同系统	创新人员投入	R&D 人员全时当量	人/年
		科技活动人员	人
	创新经费投入	R&D 经费内部支出	万元
		科技活动经费内部支出	万元
	创新成果产出	专利申请量	项
		专利授权量	项
		营业收入	万元
		技术收入占营业收入比重	%
	经济产出	净利润	万元
		上缴税额	万元
		出口创汇额	万元

（1）有序度测量模型构建。有序度衡量各子系统在协同过程中是否具
有一致性。设定子系统 S_j，$j \in [1, k]$。这里的子系统 S_j 是指北京、天津、
河北科技园区的协同创新系统。假定三地协同创新系统的演进存在序参
量，可表示为：$e_j = (e_{j1}, e_{j2}, \cdots, e_{jn})$。其中，$n \geq 1$，$\beta_{ji} \leq e_{ji} \leq \alpha_{ji}$，$i \in [1,$
$n]$，α_{ji} 和 β_{ji} 表示序参量 e_{ji} 取值的上限与下限。j 为子系统数量，因本章以
京津冀三地科技园区为研究对象，即 $j = 3$。序参量 e_{j1}，e_{j2}，$\cdots$，e_{jm_1} 的取
值与子系统有序度正相关，同理，序参量 e_{jm_1+1}，e_{jm_1+2}，$\cdots$，e_{jn} 的取值也
与子系统有序度正相关。根据式（11.1）计算子系统 s_j 序参量的有序度：

$$U_j(e_{ji}) = \begin{cases} \dfrac{e_{ji} - \beta_{ji}}{\alpha_{ji} - \beta_{ji}}, & i \in [1, m_1] \\[3mm] \dfrac{\alpha_{ji} - e_{ji}}{\alpha_{ji} - \beta_{ji}}, & i \in [m_1 + 1, n] \end{cases} \tag{11.1}$$

（2）复合系统协同度模型设计。对子系统协同创新有序度的测算，考
察 e_j 对子系统 S_j 有序度贡献的总和，在此需对 $U_j(e_{ji})$ 进行集成处理。

一般情况下，采用线性加权平均法进行集成，具体做法如下：

$$U_j(e_j) = \sum_{i=1}^{n} w_i U_j(e_{ji}) \geq 0, \; w_i \geq 0, \; \sum_{i=1}^{n} w_i = 1 \quad (11.2)$$

w_i 为计算协同度时的三地权重，发明专利在一定程度上反映了地区创新水平，运用京津冀科技园区发明专利数据，基于熵值法计算得出三地权重，分别为 0.454、0.393、0.153。由式（11.1）、式（11.2）可知，$U_j(e_j) \in [0,1]$，若 $U_j(e_j)$ 取值越大，则表明 e_j 对子系统 S_j 有序度的贡献越大，反之则越低。最后，计算得出科技园区整体协同创新度水平。测算科技园区整体协同创新程度需构建复合系统协同度模型 D，公式如下：

$$D = \sqrt{C \times T} \quad (11.3)$$

$$C = \left\{ \frac{U_1(S_1) \times U_2(S_2) \times U_3(S_3)}{\left[\frac{U_1(S_1) \times U_2(S_2) \times U_3(S_3)}{3} \right]^3} \right\}^k, \; 0 \leq C \leq 1 \quad (11.4)$$

$$T = \frac{U_1(S_1) \times U_2(S_2) \times U_3(S_3)}{3} \quad (11.5)$$

其中，定义 C 为系统耦合度，表示各子系统间强弱关系，k 为调节系数，$k \geq 2$，本章取值为 $k = 2$。T 为系统综合评价得分结果，根据 D 的数值，可对复合系统协同程度进行排序与分类。

11.4.2　复合系统协同度测算与评价

首先，运用式（11.1）计算后得到京津冀科技园区子系统序参量的有序度，结果如表 11.9 所示。

表 11.9　　　　　　　　京津冀科技园区子系统序参量的有序度

年份	地区	创新人员投入	创新经费投入	创新成果产出	经济产出
2014	北京	0.245	0.588	0.163	0.445
	天津	0.220	0.319	0.173	0.318
	河北	0.162	0.290	0.183	0.393
2015	北京	0.246	0.570	0.120	0.491
	天津	0.194	0.340	0.180	0.371
	河北	0.136	0.310	0.204	0.415
2016	北京	0.301	0.616	0.134	0.497
	天津	0.235	0.306	0.213	0.340
	河北	0.145	0.341	0.182	0.404

续表

年份	地区	创新人员投入	创新经费投入	创新成果产出	经济产出
2017	北京	0.317	0.637	0.241	0.528
	天津	0.228	0.304	0.230	0.307
	河北	0.175	0.295	0.197	0.393
2018	北京	0.308	0.721	0.243	0.561
	天津	0.257	0.403	0.251	0.375
	河北	0.194	0.339	0.234	0.409
2019	北京	0.323	0.823	0.247	0.593
	天津	0.218	0.421	0.263	0.392
	河北	0.187	0.362	0.254	0.412

其次，利用式（11.2）可进一步计算出京津冀科技园区子系统协同创新的有序度，结果如表 11.10 所示。

表 11.10　　　　　　　　京津冀科技园区子系统协同创新有序度

地区	2014 年	2015 年	2016 年	2017 年	2018 年	2019 年
北京	0.402	0.461	0.462	0.472	0.695	0.703
天津	0.219	0.278	0.337	0.283	0.312	0.326
河北	0.174	0.258	0.295	0.291	0.301	0.312

如表 11.10 所示，京津冀科技园区子系统协同创新有序化程度整体呈现提升状态。其中，北京有序化程度呈现稳步提升状态，且总体水平较高，2017 年之前处于平稳状态，2018 年后北京科技园区创新子系统有序度大幅提升，表明北京科技园区创新子系统处于调整期，意在等待新契机使北京科技园区协同创新能力得到跃升。相对于北京科技园区较高的协同创新水平，天津科技园区总体发展态势一般，2017 年出现小幅回落，2018 年又缓慢上升。表明天津科技园区子系统协同创新有序化进程面临困难，协同创新水平处于不稳定状态，为此找准子系统协同创新有序度波动根源，突破有序化进程难关为首要任务。河北科技园区子系统协同创新有序度较低，2017 年出现小幅回落但超过同年天津科技园区子系统协同创新的有序度，表明河北科技园区子系统协同创新有序度虽不稳定但在京津两地带动下，创新水平和创新能力有了较大提升。

最后，基于三地科技园区子系统协同创新有序度的演变，利用式（11.3）～式（11.5）进一步测算出 2014～2019 年京津冀科技园区整体协同创新度（见表 11.11）并参考协同度标准（见表 11.12），从中把握各年份的协同创新效应和演变规律。

表 11.11　　　　　　　　　京津冀科技园区整体协同创新度

指标	2014 年	2015 年	2016 年	2017 年	2018 年	2019 年
协同度	0.193	0.241	0.272	0.261	0.365	0.383

表 11.12　　　　　　　　　　协同度划分标准

$D \leqslant 0.6$	$0.6 < D \leqslant 0.8$	$0.8 < D \leqslant 1$
低度协同	中度协同	高度协同

如表 11.11 和表 11.12 所示，京津冀科技园区协同创新系统整体处于协同状态（协同度为正值），但协同度的值均低于 0.6（低度协同），协同化进程仍旧缓慢。2014～2016 年，京津冀科技园区协同创新整体协同度缓慢上升，2017 年出现小幅回落，说明科技园区协同程度有所减弱，2018 年后出现缓慢上升。科技园区整体协同度最大值为 0.383，最小值为 0.193，极值波动较大，表明京津冀科技园区协同创新关系并不稳定，区域协同创新仍面临难题与挑战。

11.5　研究结论与政策建议

11.5.1　研究结论

本章运用复合系统协同度模型，测度 2014～2019 年京津冀科技园区内各子系统协同创新有序度及园区整体协同度，得出以下几点结论。

（1）京津冀科技园区各子系统序参量有序度整体呈现提升状态，但三地创新人员投入、创新经费投入和经济产出三大序参量有序度差异较大。北京科技园区子系统序参量均高于津冀两地，津冀两地差异不大。

（2）京津冀科技园区各子系统协同创新有序度整体呈现提升状态，但三地有序度差异较大。除北京科技园区子系统有序化程度基本处于稳步提升状态外，津冀有序化进程缓慢，有序化状态表现不协调、不稳定。

（3）京津冀科技园区整体处于协同创新状态，但因政府政策下达存在时滞性、园区产业同构性导致各园区对政策响应存在偏差，进而导致协同程度低、状态不稳定，协同化进程缓慢，协同效应也不明显。

11.5.2 政策建议

（1）构建跨区域合作治理模式及科技园区利益共享机制。一是政府要发挥中坚力量，搭建并完善三地政府协同联动机制。建立产业转移、产业承接、政策对接一体化平台，打造科技园区协同创新的"软环境"，利用区别于其他各地的优惠政策围绕重点产业链招商引资，为科技园区企业提供人才、技术、资产流动等无差别的优质服务，在引智引资的同时做好留智留资，促进资金、技术、应用、市场等要素对接，深入推动产学研一体化。二是推动三地政府探索建立"京津冀共同发展基金"，运用第三方机构对三地政府在推动京津冀科技园区协同创新发展中的贡献进行合理的利益分配和成本分担，利用税收分成调动区域积极性，促进利益共享和风险共担机制加快形成。

（2）发展特色产业集群，提高协同创新配套能力。京津冀科技园区协同创新发展初期以产业转移和产业对接为主要合作形式，但真正完成京津冀协同是一个长期且曲折的过程，推进三地协同发展、加速科技成果转化，不断提高三地协同治理能力和创新能力，形成规模化产业集群。一方面，利用三地协同创新共同体的建设，加大对滨海—中关村科技园区、曹妃甸—中关村科技成果产业化基地等共建科技园区、产业基地的财政支持力度，促进资源、人才等创新要素在整个大区域内自由流动，不断培养创新基础，提高协同创新能力。另一方面，放大北京科技园区引领带动、辐射外溢效应，天津和河北应在提升自身创新能力的基础上，在学科领域与创新层次上与北京实现差异化发展，通过研发机构和创新型产业承接北京的创新溢出。三地间逐渐形成产业分工，聚力发展新能源、新材料等高新技术产业及新兴产业，完善并延长京津冀区域创新产业链，以产业协同推动创新型产业集群形成。

（3）转变政府传统的行政观念，打造扁平化的高效服务机关，构建务实有效的区域协同治理机制。一方面，打造扁平化的高效服务机关。由三地科技园区内企业、高校、科研院所推选代表，由政府部门组织建立线上（下）会议，直接面向政府问询与沟通，摒弃以往层层下达指令的方式，避免产生政策误解或理解不到位的情况。另一方面，未来应当做好三地科技园区协同创新整体规划，以三地科技部门为主导建立多主体协作治理，带动相关政府部门多主体参与协作，引导各科技园区梳理产业定位及布局，挖掘各科技园区特色，如北京应充分发挥市场机制在产业链中的引领作用，进一步打通大学、科研机构与企业间的成果转化通道，津冀两地政府应进一步营造良好的科技园区营商环境，特别在关键技术领域应加大资金、人才投入，带动各类创新主体实现协同创新，推动三地科技园区政府协同治理效能提升。

与以往关注京津冀整体协同创新水平的研究不同，本章选取京津冀科技园区作为研究对象，运用复合系统协同度模型，针对性构建科技园区协同创新评价子系统，进一步丰富京津冀科技园区协同创新子系统评价指标体系。同时，重点关注政府在其中发挥的作用，剖析政府协同治理与科技园区协同创新的逻辑关系并纳入统一研究框架下，有助于将京津冀科技园区协同创新向纵深推进，为推动跨区域政府合作提供了重要的理论参考和实践指导。

11.5.3 不足与展望

本章分析了京津冀科技园区科技创新与协同治理效应，研究结论符合实际，但仍存在一些不足：一方面，京津冀三地政府在政务公开方面尚需完善且数据更新较慢。本章聚焦三地科技园区，存在数据获取不足、变量选取不全等问题。另一方面，在创新成果产出中聚焦营业技术收入与专利获取数据，未将校企合作科研项目、技术转让以及企业购买技术等指标纳入考量。综上所述，未来研究可以实地调研的方式丰富数据获取途径，纳入更多的衡量指标，以期更加准确地分析京津冀科技园区科技创新与协同治理效应。

第12章 政府引导基金与区域企业创新

12.1 引 言

持续的技术创新和政府引导的市场经济转型造就了中国经济高速增长的比较优势（林毅夫、苏剑，2007）。2019 年底，中央经济工作会议提出要继续推动我国经济高质量发展和技术创新。在推动创新的资源配置方式的研究中，较为一致的观点是，单纯依靠市场无法实现创新资源的有效配置，需要政府进行宏观调控（杨洋等，2015；王德祥、李昕，2017）。2020 年初，为对冲新冠肺炎疫情带来的经济下行压力，习近平总书记强调"积极的财政政策要更加积极有为"。支持创新发展和产业升级，仍是我国实施积极财政政策、推动经济高质量发展的着眼点和发力点。

我国的技术创新呈现出典型的企业主导特征，而企业技术创新离不开研发资金的长期持续性投入。当企业内部资金不足时，外部金融资源的获取成为影响企业研发投入的关键因素（解维敏、方红星，2011）。但由于我国金融资源配置偏好实物资产担保，且创新活动自身具有高风险性，导致我国企业创新面临较严重的融资约束。如何突破企业创新的资金瓶颈，成为推动企业创新的关键。传统的财政政策工具多为对企业的直接财政支持，易带来较大的财政支出压力（邓子基、唐文倩，2012）。而政府引导基金作为撬动社会资本、引导创新产业发展的财政政策工具之一，其本质是政府以资本供给者的姿态对资本供给端进行的干预（Bertoni et al.，2015）。政府引导基金作为一种政府和市场相结合的财政政策工具，其设立之初即承担了引导企业创新和推动产业转型升级的政策目标，且据《政府投资基金暂行管理办法》规定，政府引导基金采用"市场化方式"运行，这又使政府引导基金天然与市场链接。由此可见，政府引导基金具有

"政府 + 市场"的双重属性。2012 年起，政府引导基金在我国开始迅猛发展，设立规模和数量迅速膨胀。根据清科私募通数据库和投中数据库资料，2017 年我国政府引导基金设立目标规模已达 34450.5 亿元，累计已设立规模近 90000 亿元。尽管股权投资行业在 2018 年遭遇了募资寒潮，政府引导基金的设立规模和数量较前几年出现一定程度的回落，但也依然呈现出了持续发展的势头，这说明进入稳定增长期的政府引导基金在我国资金供给端依然发挥重要的出资引领作用。

那么，在我国运行多年的政府引导基金，其引导企业创新和推动产业转型升级的政策目标在市场化运作方式下是否得以实现？其具体实现路径是什么？政府与市场的结合，是否如预期般能实现创新产业的优胜劣汰和传统产业的转型升级？这都是本章尝试思考和回答的问题。

12.2　文　献　综　述

从微观视角研究宏观政策效应，是近年来的研究热点之一。拥有雄厚财政资金和绝对信息优势的政府不仅有动机而且有能力对其他微观创新主体进行指导和激励，这为从企业创新视角观测政府财政政策实施效果提供合理性前提。纵观政府财政政策与企业创新关系的相关研究，与本章主旨较为相关的文献主要集中在考察政府补贴、税收优惠等财政行为对企业创新的影响（Czarnitzki et al.，2011；陆国庆等，2014；冯海红等，2015；王春元，2017）。这些研究都建立在政府对企业的直接财政支持基础上，一定程度上忽略了市场在创新资源配置中的基础性作用。更为重要的是，当前学界关于政府财政支持与企业研发投入的关系还存在较大分歧，主要集中在政府财政行为对企业研发投入是否存在挤出效应上（刘畅等，2020）。产生分歧的一个可能的重要原因在于宏观财政政策与微观企业创新行为的相关研究往往忽略市场作用。

林毅夫（2017）指出，中国道路的成功秘诀在于同时发挥"有效市场"和"有为政府"的作用，形成了市场作用和政府作用有机统一、相互补充、相互促进的格局。政府引导基金作为一种"政府 + 市场"的新兴财政政策工具，其与市场的紧密结合，引起了国内外学者的广泛关注。国外学者对于政府引导基金的研究主要基于公共投资和私人投资的对比，争论的焦点在于社会资本的公共介入是否具有经济效率，研究方法由早期案例研究逐步转为后期实证研究。布兰德等（Brander et al.，2015）、贝尔托尼（Bertoni，2015）等学者的研究表明，具有公共投资和私人投资双重属性的政府引导基金投资更能对企业成长产生显著促进作用。索伦森和奥迪尔（Sorenson and Audia，2000）认为，政府引导基金具有示范效应和培训效应，有助于营造创新的社会氛围。同时也有学者认为，与私人投资相比，政府引导基金对企业创新难以产生显著的正向影响。国内学者的研究多围绕政府引导基金对基金管理机构投资行为和区域经济及投资环境的影响展开，如杨敏利等（2015）、施国平等（2016）、陈旭东和刘畅（2017）等学者的研究。揭示政府引导基金与企业创新关系的研究也零星出现，如王晗等（2018）、程聪慧和王斯亮（2018）、邓晓兰和孙长鹏（2019）等学者均指出，政府引导基金有利于企业摆脱资金限制，增加研发投入。但是，现有研究甚少涉及政府引导基金促进企业研发投入的内在机制分析，也未曾考量政府引导基金在市场化运作方式下发挥创新效应的路径选择，更忽略了政府引导基金对我国产业结构转型升级的影响。

　　本章可能的贡献在于：（1）引入融资约束变量，分析政府引导基金促进区域企业创新的内在机制，并尝试给出稳健的经验检验结果，考察政府引导基金政策目标的实现情况。（2）对政府引导基金效应发挥的路径选择进行分析，政府引导基金是对高融资约束企业的"雪中送炭"，还是对低融资约束企业的"锦上添花"？（3）通过区分企业产权性质、区域市场化水平和行业要素投入类型，对政府引导基金的效应发挥进行异质性分析，进一步检验政府引导基金是否存在推动产业转型升级的连带效应。

12.3　理论回顾与研究假设

12.3.1　融资约束与企业创新

　　企业为降低成本获得超额收益，会产生创新冲动。企业资源理论指出，资金是影响企业创新的重要资源。优序融资理论认为，内源融资是企业创新融资的主要来源（Himmelberg and Petersen，1994）。当内源融资难以满足企业创新需求时，企业只能寻求外源融资。然而，囿于我国金融市场信贷资源配置的选择性偏好和企业创新投资自身的属性特征，导致我国企业创新所需的研发投入面临较严重的融资约束的客观存在。我国金融体系呈现典型的银行主导特征，大中型商业银行和国有企业存在所有者性质的重合，国有银行作为信贷资源的掌握者，对信贷资源的配置存在明显的实物资产担保偏好，而费用化的研发投入具有资金需求量大、不确定性较强、资产转化期较长等特征，与固定资产投资等项目相比更难以吸引信贷资金青睐，企业创新面临的融资约束程度加剧。加之我国地方政府长期存在的基于区域间竞争的投资拉动需求，将本已稀缺的信贷资源进一步引向地方政府融资平台、存量房地产等土地财政部门及产能过剩的重资产行业，以地方政府隐形债务的形式占据大量银行信贷资源。地方政府疲于应对高额的债务本息压力，对地方性银行的信贷配置方向进行干预，信贷资源进一步扭曲至低效率产业和部门（周煜皓、张盛勇，2014）。而高效率的企业创新投资在重重挤压下面临着更高程度的融资约束，制约企业创新水平的提升。基于此，提出如下假设：

假设 12.1：融资约束对企业创新具有制约作用。

12.3.2 政府引导基金、融资约束与企业创新

政府引导基金承担引导创新的政策目标，若假设 12.1 成立，那这种政策目标的实现，是否可通过对企业融资约束的缓解作为其发挥作用的路径。理论上，应存在以下作用机制：第一，政府引导基金通过参股子基金实现对被投企业的直接注资，缓解被投企业面临的融资约束；第二，也是更重要的，政府引导基金通过撬动社会资本，能够实现区域内金融资源的集聚，引导社会资本进入创新程度较高的产业和领域，从而推动区域企业创新和产业结构优化。杨大楷和李丹丹等学者研究发现，设立政府引导基金的省份，其私募股权社会投资项目的数量显著多于未设立引导基金的省份（杨大楷、李丹丹，2012）。由此可见，政府引导基金具有强烈的撬动社会资本的动机和作用。第三，政府引导基金的投资具有信号传递作用，通过为被投企业背书，企业更容易获得融资，进而缓解融资约束，提升研发投入。实际上，由于政府引导基金具有连接政府和市场的双重属性，其一方面为企业创新提供政策支持，另一方面为社会资本获取市场化收益。二者的协同能推动政府引导基金双重目标的实现。这种通过市场化投资行为完成宏观政策目标的财政安排，正是政府引导基金的优势体现，也是政府引导基金发挥创新引导效应的机制体现。为检验这种效应的客观存在，本章提出如下假设：

假设 12.2：政府引导基金能够通过缓解融资约束，提升区域企业创新水平。

12.3.3　政府引导基金发挥创新引导效应的路径选择

我国经济已经进入高质量发展阶段，技术进步是推动高质量发展的根本路径，创新是企业实现技术进步的关键。政府引导基金的政策目标，是通过发挥财政资金的杠杆效应推动企业创新。实践中，这种政策效应的发挥依赖于市场化运作，不可避免地受到市场影响。如果假设 12.2 成立，即政府引导基金通过缓解企业融资约束，推动区域企业创新水平提升的机制存在，那么这种机制通过何种路径加以实现需要进一步考量。本章认为，可能的实现路径包括两种：第一，对面临较高融资约束水平的企业，政府引导基金能够通过缓解融资约束提高其创新水平，即发挥"雪中送炭"效应。高融资约束背景下，企业不得不关注研发投入质量，以创新效率的提升弥补供应链资金的短缺。政府引导基金在此类企业中的注入更有可能实现集约化使用和集中化运营，有利于缩短研发周期，实现核心技术突破及创新成果转化。第二，对面临较低融资约束水平的企业，政府引导基金能够通过缓解融资约束进一步提升其创新水平，即发挥"锦上添花"效应。创新的连续性需要研发投入的长期稳定供给，宽松的融资环境有助于企业接近最优创新投入规模，提升创新效率和企业发展质量。政府引导基金的加持，能使此类企业更具创新活力和创新底气，敢于挑战行业先进技术并把握发展先机晋升为行业翘楚。由此，为检验政府引导基金推动创新的效应发挥路径，本章对样本企业进行了划分，并设立如下对比假设，以检验政府引导基金"锦上添花"和"雪中送炭"的效应是否存在并发挥何种作用：

假设 12.3a：对融资约束水平较高企业，政府引导基金能够通过缓解融资约束提升企业创新水平。

假设 12.3b：对融资约束水平较低企业，政府引导基金能够通过缓解融资约束提升企业创新水平。

12.4　研　究　设　计

12.4.1　模型设定

为尽可能合理且稳健地考察融资约束对企业创新的影响，本章设计模型（12.1），同时，为揭示政府引导基金通过缓解融资约束，提升区域企业创新水平的内在机制，在模型（12.1）基础上加入政府引导基金与融资约束的交乘项，建立模型（12.2）：

$$RD_{it} = \alpha_0 + \alpha_1 FC_{it} + \sum \alpha_2 Control_{it} + \sum Year + \sum Provice + \mu_{it}$$

$$(12.1)$$

$$RD_{it} = \beta_0 + \beta_1 FC_{it} + \beta_2 GIF_{it} + \beta_3 FC_{it} \times GIF_{it} + \sum \beta_4 Control_{it}$$

$$+ \sum Year + \sum Provice + \varepsilon_{it} \qquad (12.2)$$

其中，RD 为被解释变量企业创新；GIF 代表政府引导基金；FC 代表企业融资约束；$Control$ 为控制变量，包括区域控制变量和企业控制变量。此外，在模型估计中，我们还控制了企业所属省份及年度不同对企业研发投入的影响。

12.4.2　数据来源

本章数据来源于清科私募通数据库、投中数据库（CVsource）、Wind数据库及中国宏观经济数据库，时间窗口选择政府引导基金效应开始显现的 2012～2018 年，以沪深两市 A 股上市公司面板数据作为微观数据。并对数据进行如下处理：（1）剔除金融企业样本；（2）剔除处于非正常营业状态的样本；（3）剔除关键指标数据缺失的样本；（4）剔除关键数据连续期间不足 7 年的样本。处理后，共保留 7196 个样本观测值。

12.4.3　变量的选取与说明

（1）被解释变量。

被解释变量为企业创新（RD），对企业创新的衡量指标主要分为投入类指标和效率类指标。政府引导基金主要通过股权投资实现对企业的直接注资，因此，选择研发投入作为衡量指标更为合理。测算方法为企业研发费用与总资产的比值，研发费用具体数值通过上市公司年度财务报表获取。

（2）核心解释变量。

核心解释变量包括融资约束和政府引导基金。对融资约束变量的测度选择定量指标方式。借鉴魏志华等（2014）的研究方法，使用 KZ 指数度量企业融资约束程度，同时选用 WW 指数用于稳健性检验。KZ 指数的构建过程如下：对全样本 KZ 指数中涉及的各项企业财务指标，包括经营性现金流占上年度总资产比重（CF_{it}/A_{it-1}）、现金股利占上年度总资产比重

（DIV_{it}/A_{it-1}）、现金持有量占上年度总资产比重（C_{it}/A_{it-1}）、资产负债率（LEV_{it}）和托宾 Q 值（Q_{it}），按年度进行分类排序，以各项目中位数为标准，低于中位数 KZ_i 取 1，否则取 0，取得 5 个指标对应的 KZ 值，构建 KZ 指数计算模型：$KZ = KZ_1 + KZ_2 + KZ_3 + KZ_4 + KZ_5$；然后采用排序逻辑回归将 KZ 指数作为因变量对 CF_{it}/A_{it-1}、DIV_{it}/A_{it-1}、C_{it}/A_{it-1}、LEV_{it} 和 Q_{it} 进行回归，回归结果如表 12.1 所示。可以看出，企业经营性现金流、现金股利和现金持有量越高，面临的融资约束水平越低，而资产负债率和托宾 Q 值越高，企业面临的融资约束水平越高，反映了现金充裕水平、杠杆水平和投资机会对企业融资约束的影响。获得了各个变量的回归系数后，即可运用排序逻辑回归的结果计算各上市公司的 KZ 指数，该指数越大，企业面临的融资约束水平越高。

表 12.1　　　　　　　　　　企业融资约束水平估计结果

变量	CF_{it}/A_{it-1}	DIV_{it}/A_{it-1}	C_{it}/A_{it-1}	LEV_{it}	Q_{it}	$Adj-R^2$
KZ 指数	−9.154 ***	−27.727 ***	−4.011 ***	3.482 ***	0.328 ***	0.211
	（−59.094）	（−35.555）	（−46.495）	（51.815）	（45.396）	

注：*** 表示显著性水平为 1%（双尾）；未报告截距项。

对政府引导基金（GIF）最准确的衡量指标是实际投出规模，但由于数据缺失严重，本章选取投出规模的前端指标——政府引导基金设立目标规模作为测度指标。经搜集，共得到 2012 年至 2018 年各级政府引导基金设立目标规模数据 1734 条，进行如下筛选：一是剔除关键信息缺失基金；二是考虑到国家级大基金涉及诸多省份和地区，难以进行省级划分，予以剔除；三是考虑到基础设施投资基金、PPP 项目基金、城市公共安全基金、城市建设维护基金、专项扶贫基金、支农基金等与本章研究目的关联度不大，予以剔除；沈能（2012）认为，环保基金、生态基金等环境规制型基金有利于促进企业创新水平提升，本章予以保留；四是为确保基金信息准确可靠，将所有基金信息输入中国证券投资基金业协会网站查询基金注册信息，剔除未注册基金项目。经筛选后，共保留 1659 条政府引导基金目标规模数据，按注册地区和时间两个维度进行省级和年度划分。此外，还搜集了 2012 年至 2018 年有政府引导基金参股（即政府引导基金作为有限合伙人）的基金目标规模数据 846 条，经过上述剔除后，用于稳健性检验。

（3）控制变量。

为减少遗漏变量造成的偏差，本章选取相对较全面的区域控制变量和企业控制变量，区域控制变量包括省域科学技术支出（GOV）和省域第二产业占比（IND）；企业控制变量包括盈利能力（ROA）、企业规模（SIZE）、企业年龄（AGE）、成长性（GROW）、股权集中度（LAROWN）。具体指标说明见表12.2。

表 12. 2 　　　　　　　　　　　　　　**主要变量选择及定义**

变量类别	变量名称	变量符号	变量定义
被解释变量	企业创新	RD	研发费用/总资产
核心解释变量	融资约束程度	FC	KZ 指数
	政府引导基金	GIF	政府引导基金设立目标规模金额的自然对数
区域控制变量	科学技术支出	GOV	省份科学技术支出/GDP
	第二产业占比	IND	第二产业增加值/GDP
企业控制变量	盈利能力	ROA	净利润/总资产
	企业规模	SIZE	固定资产净值的自然对数
	企业年龄	AGE	企业成立年限
	成长性	GROW	（期末销售收入 – 期初销售收入）/期初销售收入
	股权集中度	LAROWN	第一大股东持股比例

12. 4. 4　变量描述性统计及分析

表 12. 3 Panel A 列出了主要变量的描述性统计数据。从企业创新变量来看，样本企业整体创新水平较低且差异较大，平均研发投入仅占总资产的 2. 5%。从政府引导基金变量看，最大值和最小值间振幅较大且标准差高达 10. 115，说明政府引导基金分布存在不平衡。融资约束变量标准差达 1. 671，企业间融资约束水平差异明显。

此外，本章将样本企业按融资约束水平排序，以中位数分为融资约束高组和融资约束低组。表 12. 3 Panel B 描述了不同融资约束水平情况下各主要变量的差异。从企业创新变量看，融资约束较高组企业的研发投入均值显著小于融资约束较低组企业的均值，初步说明融资约束是影响企业研发投入的重要因素。但政府引导基金设立规模在分组中的差异并不显著，说明政府引导基金设立时，对企业融资约束水平不存在明显的政策端偏好。这为进一步分析政府引导基金创新引导效应的路径选择提供了便利。如果在不同融资约束水平的企业分组中，且在政府引导基金设立规模无明显差异的情况下，对创新的推动作用却表现出明显差异，则说明政府引导基金在"雪中送炭"和"锦上添花"两种效应间存在路径选择。

表 12.3　　　　　　　　　　　变量描述性统计

Panel A　变量的描述性统计分析

变量类别	变量名	观测值	均值	标准差	最小值	中间值	最大值
被解释变量	RD	7196	0.025	0.031	0	0.019	1.094
核心解释变量	FC	7196	0.431	1.671	−10.108	0.68	7.598
	GIF	7196	6.075	10.115	−20.723	9.23	12.885
区域控制变量	GOV	7196	0.006	0.003	0.002	0.005	0.014
	IND	7196	0.427	0.089	0.186	0.45	0.577
企业控制变量	ROA	7196	0.038	0.073	−1.432	0.034	0.517
	SIZE	7196	20.680	1.577	0	20.552	26.658
	AGE	7196	2.911	0.276	0.693	2.944	4.111
	GROW	7196	0.132	0.788	−0.971	0.085	55.044
	LAROWN	7196	0.344	0.147	0.030	0.326	0.089

Panel B　按融资约束水平分组的主要变量强度对比检验

变量	融资约束水平	均值	组间比较	均值对比差异
RD	低 −0	0.029	0 − 1	12.275 ***
	高 −1	0.021		
GIF	低 −0	6.158	0 − 1	0.691
	高 −1	5.993		

12.5　实证结果与分析

12.5.1　基准检验——全样本分析

本部分讨论基准检验结果，如表 12.4 所示，在全样本模型（12.1）中融资约束变量系数显著为负，说明融资约束对企业创新具有显著的制约作用，假设 12.1 得到验证。但模型（12.1）只揭示二者之间的简单逻辑关系，无法考察政府引导基金是否存在通过缓解企业融资约束，进而影响区域企业创新的内在机制，因此在模型（12.1）基础上引入政府引导基金与融资约束的交乘项，做进一步讨论。

表 12.4 基准检验结果

变量	全样本		融资约束低组		融资约束高组	
	模型（12.1）	模型（12.2）	模型（12.1）	模型（12.2）	模型（12.1）	模型（12.2）
FC	-0.131*** (-9.6634)	-0.128*** (-9.4365)	-0.176*** (-6.9717)	-0.170*** (-6.6993)	-0.0263 (-0.9514)	-0.0265 (-0.9591)
GIF		0.0112 (1.0672)		-0.0261 (-1.0923)		0.0216 (1.1104)
GIF × FC		-0.0226* (-2.4343)		-0.0476* (-2.4147)		-0.0119 (-0.5791)
GOV	0.00446 (0.1533)	0.00267 (0.0915)	0.0390 (0.7467)	0.0411 (0.7830)	-0.0353 (-1.0112)	0.0369 (-1.0569)
IND	0.0839 (1.6442)	0.0909 (1.7733)	0.0675 (0.6852)	0.0721 (0.7277)	-0.0112 (-0.1907)	0.00623 (-0.1061)
ROA	0.0546*** (4.7499)	0.0569*** (4.9332)	0.111*** (3.8145)	0.113*** (3.9067)	0.0518*** (4.5018)	0.0524*** (4.5075)
SIZE	0.0843** (3.2540)	0.0831** (3.2101)	0.168** (3.0997)	0.167** (3.0930)	0.00972 (0.3578)	0.00968 (0.3563)
AGE	-0.00973 (-0.1396)	-0.0111 (-0.1602)	0.0138 (0.1122)	0.0194 (0.1581)	-0.0983 (-1.1247)	-0.0997 (-1.1402)
GROW	0.0251** (2.9510)	0.0249** (2.9241)	0.0207 (1.6895)	0.0208 (1.6990)	0.0547* (2.2748)	0.0553 (2.2993)
LAROWN	-0.0154 (-0.6164)	-0.0163 (-0.6545)	-0.0352 (-0.7249)	-0.0361 (-0.7420)	-0.0490 (-1.6696)	-0.0489 (-1.6673)
CONSTANT	-0.0649 (-1.1103)	-0.0657 (-1.1245)	-0.0541 (-0.5056)	-0.0441 (-0.4119)	-0.152* (-2.0914)	-0.151* (-2.0804)
YEAR	控制	控制	控制	控制	控制	控制
PROVICE	控制	控制	控制	控制	控制	控制
N	7196	7196	3598	3598	3598	3598
R^2	0.6279	0.6283	0.6507	0.6514	0.7013	0.7014

注：括号内为 t 统计量，***、**、* 分别表示在1%、5%、10%水平上显著。

模型（12.2）中，我们重点关注政府引导基金与融资约束交乘项系数的显著性，全样本回归结果显示，交乘项在10%水平下显著为负，即融资约束对企业创新的制约作用随着政府引导基金设立目标金额数的增加而显著降低，说明政府引导基金通过缓解企业融资约束，进而推动区域企业创新的内在机制客观存在，假设 12.2 得到验证。这种内在机制在实践中可以表现为两个方面。一方面，政府引导基金对社会资本的撬动及由此形成的资金规模效应，为企业提供更多的研发投入资金流入；另一方面，政府引导基金参股子基金的投资方向可以为社会资本提供创新投资示范，降低投资市场信息不对称状态，提高资金分配及使用效率。

从控制变量来看，科学技术支出和第二产业占比两个区域层面控制变量对企业研发投入产生正向影响但皆不显著，可能的原因一方面是区域性宏观政策的传导存在一定时滞，另一方面也说明引领我国企业创新的力量可能已经不仅仅局限在第二产业中。企业层面控制变量中，盈利能力、企业规模、成长性与企业研发投入存在显著正向关系，说明营业利润和销售收入越高、更具规模优势的企业更倾向于加大研发投入并参与创新竞争。

12.5.2　基准检验——创新效应路径选择

基于以上结论，为进一步检验政府引导基金发挥创新引导效应的具体路径，本章将样本企业分为融资约束高组和融资约束低组，分别进行回归，表 12.4 检验结果一并给出清晰答案。在融资约束高组中，政府引导基金与融资约束的交乘项系数虽为正且并不显著，在融资约束低组的企业样本中，政府引导基金与融资约束的交乘项显著为负。说明在推动企业创新方面，政府引导基金对面临较低融资约束水平的企业发挥更明显的推动效应，假设 12.3b 的结论得到支持。在创新引导效应客观存在的前提下，政府引导基金并未对面临较高融资约束水平的企业发挥"雪中送炭"的激励效应，反而对受融资约束困扰较少的企业发挥了"锦上添花"的再推动效应。看似并不合理的结论，其实正是对政府引导基金效应路径的深刻阐述。

本章从以下三个方面对此结论进行解释。第一，从企业端来看，与融资约束较低的企业相比，面临较高融资约束的企业更需大量且持续的资金供给才能激发其创新积极性，现有投资力度难以实现这类企业的创新激励。描述性统计结果也说明，现有政府引导基金设立规模对面临不同融资约束水平的企业并未区别对待，在同等投资力度下，政府引导基金对面临较低融资约束的企业具有更明显的创新推动效应，也不足为奇。第二，从市场端来看，政府引导基金采取"市场化方式"运行，企业要想得到子基金的青睐需要经过市场化检验，而面临较高融资约束的企业往往具有"先天弱势",市场化运行过程中更难以吸引社会资本投入。第三,从政策端来看,政府引导基金的返投比例要求助长地方投资保护。出于区域经济发展需要,各区域政府引导基金设立时均要求子基金投资规模的一定比例需投向本区域内注册企业或外地招商落户当地企业,据投中数据调查,71.43%的引导基金对子基金的返投比例最低要求为不低于2倍的扣除相应比例管理费后的实际可投金额。这就使得一部分融资约束水平并不高的当地企业更容易获得基金支持,导致低融资约束企业分享了高融资约束企业的基金份额,政策效应出现折扣。

从另一层面来看,政府引导基金强化了低融资约束企业的后天优势,却无法弥补高融资约束企业的先天不足,进一步拉大了企业间研发投入差距,由此带来的创新效应差异使企业间优胜劣汰进程加快,这也在一定程度上有利于我国产业结构的优化升级。

12.5.3 分样本检验

由于我国特殊的制度背景和经济发展现状,使得我国企业创新融资约束问题呈现显著的结构性特征,不同产权性质、地区和行业的企业面临的创新融资约束存在差异性(周煜皓,2017)。为深化本章的研究结论,我们按照企业产权性质、区域市场化程度、行业要素密集度划分企业样本进行比较分析,检验政府引导基金的效应发挥是否存在异质性,结果如表12.5所示。

表 12.5 　　　　　　　　　　　　　分样本回归结果

变量	产权性质		市场化程度		要素密集度		
	民营企业	国有企业	市场化程度低	市场化程度高	资本密集型	技术密集型	劳动密集型
FC	-0.111^{***}	-0.147^{***}	-0.154^{***}	-0.123^{***}	-0.218^{***}	-0.103^{***}	-0.0522^{***}
	(-7.061)	(-5.786)	(-7.7136)	(-7.6018)	(-7.8118)	(-4.7554)	(-5.1662)
GIF	0.000101	0.0133	0.0214^{*}	0.00292	0.0203	0.00765	0.0137
	(0.0074)	(0.7895)	(2.0549)	(0.1966)	(0.9544)	(0.4607)	(1.8256)
$GIF \times FC$	-0.0420^{**}	-0.00259	-0.0175	-0.0296^{*}	-0.0420^{*}	-0.0141	0.00369
	(-3.495)	(-0.171)	(-1.8563)	(-2.3069)	(-2.1128)	(-0.8981)	(-0.6422)
GOV	-0.00132	0.0221	-0.141^{*}	0.00911	0.134^{*}	-0.118^{**}	0.00879
	(-0.038)	(0.4058)	(-2.1897)	(0.2686)	(2.1755)	(-2.5902)	(0.4106)
IND	-0.0116	0.171^{*}	0.149^{***}	0.0292	-0.0470	0.209^{*}	-0.0103
	(-0.166)	(2.1832)	(3.3641)	(0.3451)	(-0.4598)	(2.3946)	(-0.2959)

续表

变量	产权性质		市场化程度		要素密集度		
	民营企业	国有企业	市场化 程度低	市场化 程度高	资本 密集型	技术 密集型	劳动 密集型
ROA	0.0566 *** (4.5539)	0.0537 * (2.0516)	0.0153 (0.9101)	0.0662 *** (4.8415)	0.0332 (1.1729)	0.0862 *** (4.7223)	0.0266 ** (2.8674)
SIZE	0.110 ** (3.1688)	0.0524 (1.3091)	0.00630 (0.2490)	0.132 *** (3.7724)	0.142 ** (3.2941)	0.124 ** (2.6000)	0.0120 (0.5043)
AGE	− 0.115 (− 1.336)	0.0444 (0.3782)	0.201 (1.8699)	− 0.0521 (− 0.6445)	0.289 (1.5145)	0.0485 (0.4163)	− 0.0434 (− 1.1647)
GROW	0.0219 ** (2.7458)	0.0890 (1.8342)	0.0108 (0.3698)	0.0243 ** (2.6287)	0.0702 (1.3914)	0.0322 (1.6867)	0.0166 (0.8075)
LAROWN	− 0.0572 (− 1.811)	0.0485 (1.1606)	0.103 ** (3.0946)	− 0.0507 (− 1.6932)	0.0727 (1.4215)	− 0.0175 (− 0.4184)	− 0.0753 *** (− 4.1106)
CONSTANT	− 0.0216 (− 0.259)	− 0.145 (− 1.742)	− 0.294 ** (− 2.8087)	− 0.00301 (− 0.0423)	0.151 (1.0032)	0.196 * (2.0373)	− 0.401 *** (− 11.426)
YEAR	控制	控制	控制	控制	控制	控制	控制
PROVINCE	控制	控制	控制	控制	控制	控制	控制
N	4071	3125	1330	5866	2193	3380	1566
R^2	0.6997	0.5259	0.6750	0.6190	0.4153	0.6874	0.7522

注：*** 、 ** 、 * 分别表示在1%、5%、10%水平上显著。

（1）按照企业产权性质划分样本的分析。不同产权类型的企业在获得金融资源、财政补贴、税收优惠等方面存在显著差异。张杰等（2012）也认为，只有在私人以及集体企业中，融资约束才对企业研发投入造成显著的抑制效应。张文君（2015）则指出，在积极财政政策背景下，国有企业受益于挤入效应，融资约束程度下降；而民营企业在受益于挤入效应的同时受制于挤出效应，融资约束无显著改善。基于此，本章按产权性质将样本企业划分为民营企业组和国有企业组，分别进行回归，以检验企业产权性质不同对政府引导基金创新引导效应的影响。由表 12.5 列示的回归结果看，民营企业样本中，政府引导基金与融资约束的交乘项系数显著为负，但国有企业样本的交乘项系数虽为负但并不显著。说明与国有企业相比，政府引导基金通过缓解融资约束推动企业研发投入提升的效应在民营企业样本中得到了更有效的发挥。

国有企业享有政府信誉保证，拥有更多的可抵押资产，更容易获得银行信贷资源配置；地方政府出于 GDP 竞争和维持税收收入的目的，也更偏向于对国有企业实施政策扶持。这种情况下，民营企业对政府引导基金的需求较国有企业更为迫切。同时，民营企业出于激烈的竞争环境和对企业利润的追逐，具有机制灵活、市场嗅觉敏锐、经营高效等特点（陈东、刘志彪，2020）。相对于国有企业，民营企业具有更大的创新冲动，对于研发投入资金的使用效率也较高，这些因素都使得政府引导基金的创新引导效应在民营企业中得以充分发挥。

（2）按照区域市场化程度划分样本的分析。我国作为一个区域差异极为明显的发展中大国，经济发展的不平衡性使得我国区域间市场化程度存在较大差异，区域创新环境的异质性尤其突出（李政、杨思莹，2018）。本章根据王小鲁、樊纲等《中国分省份市场化指数报告 2018》，用市场化程度指数衡量这种差异，指数越高表示市场环境越好。① 表 12.5 列示的回归结果显示，在市场化程度较高地区的企业样本中，政府引导基金与融资约束的交乘项系数显著为负，但市场化程度较低地区的企业样本中，交乘项系数虽为负却并不显著。说明政府引导基金缓解融资约束进而推动区域企业创新的效应在市场化程度较高地区表现更为显著。

市场化程度较高地区率先享受了改革开放红利和大量政策性优惠，经济发展起点高且政府引导基金已初具规模（年平均 213.75 亿元）。而市场化程度较低的地区，由于设立规模较小（年平均 50.14 亿元），政府引导基金的规模效应未能充分发挥，因此，通过缓解融资约束对企业研发投入的提升效应并不明显。这也从另一方面说明，政府引导基金在市场化程度较低地区具有更大的发展潜力。

市场化程度较高地区已经率先通过科技创新带动经济结构调整，步入经济高质量发展阶段，市场化程度较低地区尚处于市场的前期成长阶段，尚依赖经济增速带动经济增长，社会资本对企业研发投入供给不足（陈梦根等，2020）。政府引导基金可以通过对融资约束的缓解，弥补企业融资缺口，有利于市场化程度较低地区的企业突破发展瓶颈。显然，现有政府引导基金对市场化程度较低地区的企业融资约束的缓解作用不明显，对企业创新推动力度不足，效应并未有效发挥。

（3）按照行业要素投入类型划分样本的分析。企业所处行业对要素投

---

① 按照 2012～2018 年各省份市场化总指数排序，将市场化指数至少有 5 年位于前 15 位（包含第 15 位）的省份划分为市场化程度高组，其余省份为市场化程度低组。其中，市场化程度高组各省份如下：天津、浙江、广东、上海、福建、北京、江苏、重庆、山东、湖北、湖南、江西、四川、河南、安徽；市场化程度低组各省份如下：陕西、吉林、辽宁、河北、广西、黑龙江、山西、海南、宁夏、贵州、内蒙古、甘肃、云南、新疆、青海、西藏。

入的依赖程度影响企业资金需求和创新冲动。资本密集型企业对资金投入的需求更大；技术密集型企业具有更强烈的创新冲动；劳动密集型企业面临更严峻的创新挑战。本章以证监会的行业分类为基础，借鉴鲁桐和党印（2014）的行业分类方法，按照聚类分析，将企业所属行业分为资本密集型、技术密集型和劳动密集型三大类分别进行检验①，结果如表 12.5 所示。

回归结果表明，在资本密集型行业的企业样本中，政府引导基金与融资约束的交乘项系数显著为负，表明对于融资约束在该类型企业创新中发挥的制约作用，政府引导基金对其具有显著缓解作用。技术密集型行业的企业样本中，交乘项系数虽为负但并不显著。原因主要在于，大规模且持续的研发投入是技术密集型企业实现公司价值的必然选择，无论是否获得政府引导基金的支持，其都具备进行研发投入的内生动力，因此政府引导基金在此类企业中的创新引导效应并不明显。在劳动密集型行业的企业样本中，交乘项系数并不显著且符号为正，说明政府引导基金在此类企业中并未发挥创新引导效应，甚至对其研发投入提升产生负向影响。这说明无论是政府引导基金还是社会资本，劳动密集型行业都不再具有创新型投资吸引力，资源更多地向资本密集型和技术密集型行业集聚，也进一步说明，政府引导基金的实施在一定程度上有利于促进我国产业结构的优化升级。

12.5.4　稳健性检验

为保证结果的有效性，本章使用三种方法进行稳健性检验。首先，使用政府引导基金参股基金目标规模金额数替代政府引导基金设立目标规模进行稳健性检验，按照上文方法重新进行回归。其次，替换融资约束指数类型，用 WW 指数替代上文中的 KZ 指数。最后，更换回归方法。由于变量间可能存在的双向因果关系，如政府引导基金、融资约束会影响企业创新，企业创新也可能在一定程度上影响政府引导基金和融资约束，因此，重新使用工具变量法进行模型回归，以减轻内生性问题对回归结果的影响。结合研究实际，本章采用差分 GMM 方法进行估计，用企业研发投入

---

① 按鲁桐等（2014）的行业分类方法，资本密集型行业有：石油化工业、金融与非金融业、房地产业、造纸印刷业等；技术密集型行业有：电子业、机械仪表业、医药和生物制品业、信息技术业、环保产业等；劳动密集行业有：农林牧渔业、建筑业、采掘业、交通运输业、食品饮料业、纺织与服装制造业等。

的滞后一期作为工具变量，为保证模型的平稳性和工具变量的有效性，分别进行扰动项序列相关检验和工具变量过度识别检验。

回归结果如表 12.6 所示，可以看出，政府引导基金仍然通过对融资约束的缓解作用，促进了区域企业创新水平提升，这与前文的研究结果一致。本章估计结果对政府引导基金衡量标准、融资约束的指标选择及回归方法选择不存在过度敏感问题。为节省篇幅，稳健性检验只呈现基准模型检验结果，不再进行分样本检验。

表 12.6　　　　　　　　　　　　　稳健性检验

变量	政府引导基金变量替换		融资约束指数替换		回归方法替换（GMM）	
	模型（12.1）	模型（12.2）	模型（12.1）	模型（12.2）	模型（12.1）	模型（12.2）
L. RD					0.0391 *** (14.6139)	0.0379 *** (15.7302)
FC	− 0.131 *** （− 9.6643）	− 0.127 *** （− 8.2983）	− 0.0595 *** （− 5.5766）	− 0.0202 （− 1.4455）	0.0492 ** (3.0374)	0.0475 ** (2.9969)
GIF		0.000211 （− 0.0151）		0.00937 (0.8029)		0.00766 (1.8021)
GIF × FC		− 0.0455 *** （− 4.4505）		− 0.265 *** （− 4.3220）		− 0.0213 * （− 2.5751）
GOV	0.00446 (0.1533)	0.00401 (0.1263)	− 0.00330 （− 0.1049）	− 0.00942 （− 0.2994）	− 0.00235 （− 0.0967）	0.0117 (0.5650)
IND	0.0839 (1.6442)	0.0454 (0.5018)	0.101 (1.8195)	0.115 * (2.0595)	0.0486 (0.8730)	0.0975 ** (2.6548)
ROA	0.0546 *** (4.7499)	0.614 *** (4.9037)	0.119 ** (8.5131)	0.121 *** (8.6981)	0.114 *** (6.7767)	0.0933 *** (6.9588)
SIZE	0.0843 ** (3.2540)	0.110 *** (3.3503)	0.0724 ** (2.6162)	0.0725 ** (2.6233)	− 0.0532 （− 0.8460）	− 0.0584 （− 1.1402）
AGE	− 0.00973 （− 0.1398）	− 0.00422 （− 0.0561）	− 0.0505 （− 0.6720）	− 0.0574 （− 0.7650）	− 0.0349 （− 0.8262）	− 0.0753 （− 1.8799）
GROW	0.0251 ** (2.9510)	0.0234 ** (2.7484)	0.0239 ** (2.7029)	0.0223 * (2.5219)	0.0275 (1.7465)	0.0248 (1.6793)
LAROWN	− 0.0154 （− 0.6164）	− 0.0249 （− 0.8598）	− 0.00237 （− 0.0885）	− 0.00367 （− 0.1374）	0.0209 (0.5134)	− 0.0187 （− 0.5212）
CONSTANT	− 0.0649 （− 1.1103）	0.0102 (0.1445)	− 0.0872 （− 1.3753）	− 0.0986 （− 1.5561）	− 0.00422 （− 0.1047）	0.0230 (0.6552)
YEAR	控制	控制	控制	控制	控制	控制
PROVINCE	控制	控制	控制	控制	控制	控制
N	7196	5667	6670	6670	5140	5140

续表

变量	政府引导基金变量替换		融资约束指数替换		回归方法替换（GMM）	
	模型（12.1）	模型（12.2）	模型（12.1）	模型（12.2）	模型（12.1）	模型（12.2）
R^2	0.6279	0.6721	0.6171	0.6185		
AR（1）					通过	通过
AR（2）					通过	通过
$Sargan$ 检验					通过	通过

注：***、**、*分别表示在 1%、5%、10% 水平上显著，括号内为 t 统计量；AR（1）、AR（2）分别为随机干扰项一阶自相关与二阶自相关检验的 P 值；$Sargan$ 检验为工具变量过度识别检验的 P 值。

12.6　关于"政府＋市场"模式下创新效应的再探讨

创新是经济发展的第一动力，已经形成社会共识。但对于创新推动模式的研究，一直存在政府推动与市场推动的争论。凯恩斯主义强调政府宏观调控在弥补市场失灵中的重要作用，自由主义学派则认为只有在市场机制下才能够实现有效创新，政府直接干预微观主体创新只会适得其反。从公共品角度看，企业创新活动具有外溢性，单靠市场无法解决其有效供给问题，这为财政介入企业创新构建了合理性框架。但是，实践证明，政府通过直接财政行为给予企业的创新支持，并不一定带来创新投入和创新产出的增加。因此，各国开始探索一种"政府＋市场"的创新模式，在发挥财政创新引导作用的同时充分运用市场机制调节作用，政府引导基金开始从理论走向实践。

如上文所述，政府引导基金连接政府和市场两端，具有双重属性。从政策端来看，政府引导基金引导创新的政策目标是天然存在的，这种政策目标在市场化运作方式下是否能得以实现，是衡量政府引导基金政策效果的关键。政府引导基金实际效应与政策目标是否一致，取决于政策端与市场端二者之间的博弈权衡，对于任何一端的过度强调，都会导致政府引导基金效应的扭曲。实践中，过度强调政策端，会导致市场机制作用有限，某些项目即使政府财政资金到位且子基金成立，也往往难以充分吸收社会资本，导致总资金募集不到位，项目搁浅。过度强调市场端，财政资金和社会资本将过多流入能迅速产生收益的行业和领域，这与政府引导基金引导创新的初衷背道而驰。随着政府引导基金设立规模的理性回归，学者们开始强调应加强其市场属性，减少其政策属性。但作为政府之手的有效补充，政府引导基金不可能忽略其政策属性而完全放手于市场，这将使引导创新的政策效应大打折扣，甚至会对市场化投资产生挤出效应。

政府引导基金参股子基金的管理人由于其市场化身份，更倾向于为原本并未面临严重融资约束的企业提供资金，而对于面临较高融资约束的企业，出于风险与收益的考量，并不愿意提供资金，进而使得缓解融资约束激励企业创新的政策效应不显著。分析其原因在于：首先，创新类项目发展的"长周期"要求与子基金投资的"短周期"特征不相融合，政府引导基金参股基金的投资期维持在 3～5 年，基金存续期限多稳定在 7～10年，但企业创新类项目尤其是早期项目的成长周期往往超过 10 年，这就使得此类项目难以得到基金管理机构市场投资者的青睐，基金实际投出方向产生偏差。其次，政府引导基金由地方政府主导设立，地方政府官员基于"晋升锦标赛"的竞争压力（周黎安，2007），会设立有利于区域经济发展的投资限制，如返投比例要求等，这一方面会带来政府引导基金的超规模发展，造成基金资源的浪费；另一方面会降低投资效率，扭曲创新投资方向。问题的根源都在于"政府＋市场"模式下的政府引导基金，出现了政策端和市场端的短暂失衡。但这些仍无法改变我们得到的结论，政府引导基金所遵循的"政府＋市场"模式，对我国企业研发投入水平提升及企业创新具有明显推动作用。

12.7　研究结论与政策建议

12.7.1　研究结论

政府引导基金作为一种"政府＋市场"的新兴财政政策工具，已在我国运行多年，并对我国区域企业创新产生一定影响。本章使用 2012～2018年我国 A 股上市公司数据，对政府引导基金这一宏观财政政策的微观效应进行实证检验。结论如下：融资约束是制约我国企业创新的重要因素，而政府引导基金能够通过缓解企业融资约束，推动区域企业创新水平提升；政府引导基金发挥创新引导效应的路径，是对低融资约束企业的创新再推动而非对高融资约束企业的创新激励；在民营企业、市场化程度较高地区、资本密集型行业中，政府引导基金的创新引导效应发挥更为明显。此外还发现，政府引导基金在一定程度上推动了我国产业结构的优化升级。

12.7.2 政策建议

针对本章研究结论，提出如下政策建议：在坚持政府引导基金市场化运行的同时，注重把握其引导创新的政策目标，减少实际运行过程中的政策偏离，把握政策端和市场端的平衡；准确把握政府引导基金子基金投资方向，继续坚持政府引导基金对民营企业的扶持，加强对市场化程度较低地区的政策倾斜，适度控制对资本密集型企业的投资规模，延长子基金投资期限，最大化企业创新效应；注重政府引导基金配套政策的实施，优化地区营商环境，增强区域投资吸引力。

12.7.3 研究不足与展望

在本章研究结论的基础上，我们也应认识到，虽然政府引导基金对缓解企业融资约束进而推动区域企业研发投入提升具有显著效应，但这种效应的规模有限，无法根本扭转融资约束的市场强度。促进企业创新，根本上还依赖于经济发展水平的提高、金融市场的发展和各项政策制度的优化和执行。既然凭政府引导基金一己之力难以使企业摆脱融资约束的创新困局，就需要探索其他相配合的财政支持方式和手段。政府引导基金与推动企业创新的其他财政手段的配合，应是值得关注和进一步研究的方向。

第 13 章 地方政府债务对区域企业创新的影响

13.1 引 言

近年来，我国经济发展面临愈加深刻复杂的国内外环境，如何寻求突破以应对百年未有之大变局中的国际竞争挑战，是当前我国面临的重要课题。2020 年 7 月，中央政治局会议提出，要依靠科技创新实现稳增长和防风险的长期均衡；党的十九届五中全会进一步强调，要坚持创新在我国现代化建设全局中的核心地位。由此可见，激励和保障创新是我国实施更加积极有为的财政政策的着眼点和发力点，是我国在复杂环境下赢得大国竞争的关键。

企业作为市场经济最重要的微观主体，既是科技创新的引领者，也是社会创新的推动者。企业创新需要研发资金的长期持续性供给，但因研发活动的高风险、长期性和缺乏抵押物等特征，我国企业研发面临较严重的融资约束，难以获得我国金融资源的主要载体——银行信贷资金的支持，这已成为学界共识（解维敏和方红星，2011；陈旭东等，2020）。地方政府债务的主要资金来源同样为银行信贷资金，其在获取银行信贷资金上的优势加剧了对我国信贷资源的挤占，进一步加剧了我国企业创新面临的融资约束。因此，处于地方政府债务重重围困下的企业创新，因持续恶化的融资约束更显力不从心。许友传（2018）、吉富星（2018）等学者亦指出，我国地方政府债务问题不仅在于规模的膨胀，更在于隐性债务占比远超显性债务的结构性风险。据财政部数据，截至 2017 年末，我国地方政府债务余额为 16.47 万亿元（包括一般政府债务和专项政府债务，即本章所指显性债务），地方政府债务负担率为 19.91%，距国际警戒线水平 60% 还有一定差距。但如果将隐性债务也纳入债务余额计算，截至 2017 年末，我国地方政府债务余额已达 33.22 万亿 ~ 40.36 万亿元[①]，债务负担率为 41.16% ~ 48.80%，债务空间明显压缩。债务规模的激增和债务结构的失调可能迅速淹没地方政府债务对经济社会发展的正向效应，也使得科技型财政补贴、研发型税收优惠等创新支持手段黯然失色。

在"防风险"和"稳增长"的总体要求下，尤其是面对疫情冲击后我国收支矛盾更加激化的现实（吕冰洋和李钊，2020），通过对地方政府债务规模的控制和结构的调整，将信贷资源从低层次的债务膨胀中集约出来，释放并引导资金回归实体企业进而用于创新能力的培育，似乎更有其客观必要性。地方政府债务和企业创新分别作为"防风险"和"稳增长"的重要内容，将二者置于同一研究框架，探索如何在防范和化解可能出现的债务违约风险的同时，走出符合我国国情的创新发展之路，具有一定理论和现实意义。本章的主要贡献在于：第一，区别于大多数文献采用的城投债、地方政府负有偿还责任的债务等指标，本章选用更为稳健、合理的方法衡量全口径地方政府债务规模，并进一步估算反映债务结构的显性债务及隐性债务规模，作为分析地方政府债务与区域企业创新内在关联机制的数据基础。第二，本章从融资挤出和投资挤出两个维度进行理论和实证检验，以验证地方政府债务对区域企业创新的双重挤出效应及其结构异质性，为地方政府"隐性债务显性化"搭建合理性框架。第三，以自上而下的债务规制约束，及自下而上的舆论监督约束探索"隐性债务显性化"实施路径，以期为区域创新推动政策的制定提供借鉴。

13.2　制度背景、文献述评与研究假设

13.2.1　制度背景

学者对我国地方政府债务的研究大多以 1994 年分税制改革为始点，地方政府财权与事权不相匹配，加之 1994 年《预算法》规定"地方政府

[①]　刘尚希等（2012）、韩瑞雪等（2021）认为，我国地方政府债务期限以中短期债务为主，5 年期以下（包括 5 年期）债务占比达 80%。本章估算的地方政府债务数据为年度新增债务流量数据，以 4 年期和 6 年期为跨度估算的地方政府债务存量余额应在 33.22 万亿 ~ 40.36 万亿元间。同期，惠普公司的估计值为 35 万亿元，标普估计值为 30 万亿 ~ 40 万亿元，均与本章估计值较为一致。

不得发行地方政府债券"的法律约束，使得地方政府不断寻求预算外融资模式弥补财政缺口，投融资平台得以迅速发展。2008 年后，为应对全球经济危机，我国积极扩内需保增长，地方政府债务规模开始膨胀，债务问题也日益引起政策制定者和学界关注。但这一时期的债务规制政策虽零星出现却时紧时松，债务规模也呈波动上升趋势。直至 2014 年底，修订后的《预算法》和《国务院关于加强地方政府性债务管理的意见》等政策文件相继颁布，我国地方政府显性债务融资环境开始放松，但隐性债务规制环境正式严格起来。伴随相关债务政策的趋松或趋紧，我国地方政府债务从无到有、从被动举债到主动负债、从快速扩张到有序增长，向着更加规范化、科学化的方向发展（毛捷和徐军伟，2019）。

我国地方政府债务是指中央以下的各级政府作为债务人承担的债务，但随实践发展，除法律层面的显性债务外，地方政府债务还应包含地方政府作为公共主体所承担的隐性债务（刘尚希等，2012）。本章研究对象是以会计主体身份参与市场活动的地方政府，政府负债是指"由政府会计主体过去的经济业务或者事项形成的，预期会导致经济资源流出的现时义务"①。《中共中央、国务院关于防范化解地方政府隐性债务风险的意见》中，首次对隐性债务作了权威界定，认定地方政府在法定政府债务限额外，以任何形式违法违规或变相举借的债务，都为隐性债务。由此，遵循谨慎性及实质重于形式原则，本章借鉴吕健（2015）等学者的研究方法，通过测算地方政府在固定资产上的投资支出，减去地方政府可用的各种收入，差额就是通过负债来弥补的建设资金，即全口径地方政府债务，计算方法如式（13.1）。在此基础上，依据毛捷和黄春元（2018）的研究，剔除可以准确计量的显性债务②后，倒挤得出地方政府隐性债务③，如式（13.2）和式（13.3）。与若干其他估算或衡量方法相比，本章估算结果中除包含地方政府负有偿还责任的债务（显性债务）外，还包括地方政府负有担保和救助责任的债务（隐性债务），尽可能地避免了债务数据的遗漏。

---

① 出自《政府会计准则第 8 号——负债》。

② 显性债务中，有价证券净收入和地方政府向国外借款收入分别于 1998 年和 2001 年之后不再统计，而国有企业国有债务金额变化较小，因此，显性债务主要由国债转贷收入和地方政府债券净收入构成。

③ 为与下文模型构建中的企业年度财务数据相对应，经本章测算的全口径地方政府债务、显性债务、隐性债务数据，均为年度新增债务流量数据。

$$\begin{matrix} \text{全口径地方} \\ \text{政府债务} \end{matrix} = \begin{matrix} \text{市政领域} \\ \text{固定资产投资} \end{matrix} - \begin{matrix} \text{预算内} \\ \text{资金投入} \end{matrix} - \begin{matrix} \text{土地出让收入中} \\ \text{用于投资的资金} \end{matrix} - \begin{matrix} \text{投资项目的} \\ \text{盈利现金流入} \end{matrix} \tag{13.1}$$

$$\begin{matrix} \text{显性} \\ \text{债务} \end{matrix} = \begin{matrix} \text{国债转} \\ \text{贷收入} \end{matrix} + \begin{matrix} \text{地方政府} \\ \text{债券净收入} \end{matrix} + \begin{matrix} \text{有价证券} \\ \text{净收入} \end{matrix} + \begin{matrix} \text{其他债务} \\ \text{净收入} \end{matrix} \tag{13.2}$$

$$\text{隐性债务} = \text{全口径地方政府债务} - \text{显性债务} \tag{13.3}$$

图 13.1 为考虑债务结构的我国地方政府债务年度新增规模变化趋势图。可直观看出，隐性债务较显性债务在债务规模上占据绝对优势；尤其值得注意的是，自 2015 年底开始，我国地方政府隐性债务规模开始下降，显性债务规模逐渐上升，债务结构开始发生明显变化。

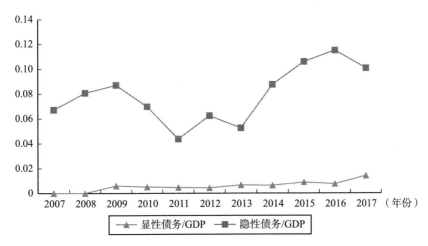

图 13.1　考虑债务结构的我国地方政府债务年度新增规模

注：显性债务、隐性债务年度新增规模数据由作者自行估算和整理。

13.2.2　文献述评与研究假设

科斯（Coase，1937）认为，政府可被认定为一个超级企业，可以利用市场规则进行生产、交易或投资。因此，从市场角度研究政府债务和企业创新，首先要厘清公共投资与微观主体投资的相互作用机制。新凯恩斯主义"黏性价格"理论认为，流动性陷阱情况下公共投资具有明显的经济促进作用，因而对私人投资的挤出效应并不明显。但古典排挤论学者大多认为，至少作为债务融资来源的公共投资会对私人投资产生等量挤出效应。相关研究通过对比发达国家和发展中国家样本，发现政府债务融资会显著降低发展中国家企业信贷融资水平。更多学者持中立观点，认为债务融资来源的公共投资扩张，在提高利率和挤出私人投资的同时，也具有强大的提高私人部门生产率的外部效应，两种力量的相互博弈使得其对私人投资的影响具有不确定性，这也是分析财政政策效应的始点。

国内相关研究虽起步较晚，但也形成了较为丰富的理论成果。伏润民等（2017）、车树林（2019）、马树才等（2020）结合我国债务实际，均发现地方政府债务对企业投资具有挤出效应。创新投入作为最具敏感性的企业投资类型，政府融资方式或市场利率波动，都会对其产生放大折射效应。而现有研究多单独针对地方政府债务或企业创新，甚少关注二者相互作用机制，极少数与本章研究主旨类似的文献，如朱晨赫等（2018）、熊虎和沈坤荣（2019）、熊虎和张郁（2019）的研究均发现，地方政府债务或显著抑制地区创新投入，或导致企业创新产出下降。但相关研究在研究方法、样本选择及变量衡量方法上与本章存在较大差异，且并未考虑债务结构异质性的影响，这为本章提供了进一步研究的空间。由此，本章在对地方政府债务规模进行重新估算的基础上，再次考察地方政府债务与区域企业创新的关联关系，并提出如下假设：

假设13.1：地方政府债务对区域企业创新具有制约作用，即地方政府债务规模膨胀对区域企业创新投入产生挤出效应。

根据优序融资理论，梅叶斯和梅吉拉夫（Myers and Majluf, 1984）研究指出企业创新投入来源包括内部融资和外部融资，当内部资金不足时，企业创新只能寻求外部资金支持，囿于股权融资的高成本，银行信贷融资就成为企业创新融资的首选。与之类似，地方政府债务中，高达80%的债务资金同样来自银行信贷[①]。资金来源的同质性和信贷资源的有限性决定了地方政府债务和企业创新投入间存在融资竞争，而银行对信贷资源投向的偏好决定了信贷资源配置结构。地方政府通过行政干预，更有可能以较低利率优先获取较长期限贷款，某种意义上说，地方政府通过对银行信贷资源的"绑架"实现了对信贷资源的长期占用（胡援成和张文君，2012）。随着地方政府债务规模的膨胀，信贷资源配置结构不断向地方政府倾斜（华夏等，2020），打破了债务资源配置的效率原则，陷入社会福利最大化目标悖论（缪小林和程李娜，2015）。汪金祥等（2020）认为，地方政府债务融资引起政府与企业间的资金需求竞争，通过价格竞争机制

---

① 根据《审计署审计结果公告》（2011年第35号），银行贷款是我国地方政府性债务中最主要的债务形式，大约占到各种债务工具的80%。

减少了银行对企业的贷款。徐彦坤（2020）也指出，地方政府债务率偏高已成为影响企业融资约束的重要因素。

此外，企业创新具有准公共品属性，创新投入的高风险性、创新产出的不确定性与企业追求短期利润回报的诉求不相符合，形成了企业内部对创新投入的挤出效应。与地方政府及其所属投融资平台相比，企业债务人居于选择弱势（魏志华等，2012）；与固定资产类融资相比，创新投入类融资居于选择弱势。造成的后果是，企业难以获得信贷融资尤其是长期融资，"短债常借"极为普遍，即使企业极具创新冲动，且偶然能够打破融资挤出效应获得银行信贷，有限的融资资源也不可能投入或全部投入风险极大的企业创新中。再从债务结构来看，无论是显性债务还是隐性债务，都以政府信用背书或由政府提供隐性担保。显性债务中，商业银行持有超过80％的地方政府债券（杨松和张建，2020）。这与隐性债务的银行信贷融资渠道没有本质区别，对区域企业创新的融资挤出效应大概率同时存在。由此，本章提出如下假设：

假设 13.2a：地方政府债务对区域企业创新具有融资挤出效应，且融资挤出效应在显性债务和隐性债务中同时存在。

地方政府债务对房地产投资的刺激和推动，形成对区域企业创新的投资挤出效应。伴随地方政府债务规模的膨胀，与分税制改革并行的土地出让收入分配制度实际上成为地方政府财政赖以存在的根本（张平，2013）。土地财政的快速增长带动了地价的持续走高，这为地方政府获得更多土地抵押贷款奠定了基础，但同时也推动了私人部门房地产投资偏好的形成。规模庞大的房地产投资占据了大量社会资源，导致市场利率上升、原料价格上涨，一定程度上引发了房地产市场泡沫，进而触发了高额的短期回报（刘红忠和史霜霜，2017；杨畅等，2020）。地方政府债务驱使的高收益、短周期的房地产市场获利模式也招致企业资本的趋之若鹜。据社科院统计，我国直接涉足房地产业的上市公司占 1300 多家 A 股上市公司的60.53％[①]。房地产投资扭曲了企业的投资方向，瓜分了企业有限的信贷资源，减少了企业投资机会，研发投资更是首当其冲。从债务结构异质性看，显性债务和隐性债务的主要投资方向都为基础设施建设，但与显性债务相比，隐性债务规模更为庞大，更倾向于通过刺激房地产投资带动下一

---

① 根据中国社科院财政与贸易经济研究所、社科文献出版社联合发布的 2011 年《住房绿皮书》。

轮的土地财政规模扩张，其对区域企业创新的投资挤出效应大概率更为明显。由此，我们提出假设：

假设 13.2b：地方政府债务对区域企业创新具有投资挤出效应，且投资挤出效应的发挥具有债务结构异质性。

13.3　研究设计

13.3.1　样本选择与数据来源

本章选取 2008～2017 年间沪深两市 A 股上市公司作为微观企业样本①，并以总部注册地为结点，匹配微观企业数据和宏观区域数据。企业层面数据来自 Wind 数据库、CCER 数据库及 CSMAR 数据库等；区域层面数据来源于中国宏观经济数据库、《中国财政年鉴》、《中国统计年鉴》、《中国国土资源统计年鉴》、《中国固定资产统计年鉴》及各省份预决算公开及统计部门快报等。本章对原始数据进行如下筛选：（1）剔除货币、银行、保险等金融类行业企业样本；（2）剔除首次公开募股当年企业样本；（3）剔除交易机制异常的处于 ST 和 *ST 阶段的企业样本；（4）剔除关键变量数据缺失样本。根据证监会《上市公司行业分类指引（2017 年修订）》对样本企业进行行业归属划分，最终获得我国 30 个省份（西藏数据缺失较多，故剔除）、19 个行业、10 年期、2811 家企业共 18775 个样本观测值。为减轻异常值影响，本章在 1% 和 99% 水平下对连续型变量进行了缩尾处理。

13.3.2　模型构建与变量定义

本章旨在考察地方政府债务与区域企业创新的内在关联机制，首先要检验地方政府债务对区域企业创新的制约作用是否存在，即假设 13.1。因此，构建如下模型（13.1）做基准检验分析：

$$RD_{ipt} = \alpha_0 + \alpha_1 DEBT_{p,t-1}^{(c)} + \alpha_2 \sum Control_{ip,t-1} + \sum Ind + \sum Year + \varepsilon_{ipt}$$

$$(13.1)$$

---

① 我国地方政府债务规模自 2008 年起开始膨胀，本章所需相关变量数据源更新至 2017 年，因此样本区间选择为 2008～2017 年，由于模型含滞后一期变量，总体样本区间为 2007～2017 年。

模型被解释变量为区域企业创新（RD），以上市公司研发费用总额除以总资产表示。核心解释变量为地方政府债务（$DEBT^{(c)}$），估算方法为省级年度新增地方政府债务（显性债务、隐性债务）除以该省国内生产总值，其中，c 表示考虑债务结构的债务种类划分（c 缺失表示全口径地方政府债务，$c=1$ 表示显性债务，$c=2$ 表示隐性债务）。下标 i、p、t 分别表示企业、地区和年份，$\sum Control$ 表示控制变量集合，Ind、$Year$ 分别表示行业和年份固定效应，ε 为随机误差项。

为考察地方政府债务制约区域企业创新的内在机制，本章引入中介效应变量，在模型（13.1）基础上构建中介效应模型，以检验假设 13.2a 和假设 13.2b。中介效应包括融资挤出效应和投资挤出效应，对应的中介效应变量（$Mech^{(d)}$）分别用融资约束指数①和企业房地产投资率②进行衡量，其中，d 表示效应类型划分（$d=1$ 表示融资挤出效应，$d=2$ 表示投资挤出效应）。

$$Mech_{ipt}^{(d)} = \beta_0 + \beta_1 DEBT_{p,t-1}^{(c)} + \beta_2 \sum Control_{ip,t-1} + \sum Ind + \sum Year + \varepsilon_{ipt}$$

$$(13.2)$$

$$RD_{ipt} = \gamma_0 + \gamma_1 DEBT_{p,t-1}^{(c)} + \gamma_2 Mech_{ip,t-1}^{(d)} + \gamma_3 \sum Control_{ip,t-1}$$

$$+ \sum Ind + \sum Year + \varepsilon_{ipt}$$

$$(13.3)$$

模型中控制变量包括企业层面控制变量和区域层面控制变量。企业层面控制变量包括：（1）成长性（GROW），用企业营业收入同比增长率衡量；（2）总资产净利率（ROA），等于企业净利润除以总资产；（3）企业年龄（AGE），用企业成立年限衡量；（4）企业规模（SIZE），用企业总资产（元）的自然对数衡量；（5）股权集中度（TOP），用第一大股东持股比例衡量；（6）自由现金流（FCF），用企业自由现金流除以总资产表示。区域层面控制变量包括：（1）科学技术支出（GOV），用省级人均科学技术支出（亿元/万人）的自然对数表示；（2）产业结构（IND），等于省级第二产业增加值除以该省国内生产总值；（3）金融发展水平（FIN），等于省级金融增加值除以该省国内生产总值；（4）市场化程度（MAR），等于省级规模以上国有控股工业企业工业销售产值除以规模以上工业企业

---

① 同第 12 章融资约束变量的度量方法。

② 本章使用企业投资性房地产与总资产的比值衡量企业房地产投资率，即企业房地产投资率＝投资性房地产/总资产。

工业销售产值。考虑到解释变量滞后效应及减少模型内生性的需要，本章对解释变量均采取滞后一期处理。

13.4　计量结果分析

13.4.1　我国地方政府债务与区域企业创新的关联性分析

随着 2012 年创新驱动发展战略的实施，我国企业创新投入水平大幅提升。研发费用与总资产的比值由 2007 年的平均值 0.14% 提升至 2017 年的平均值 1.41%，直接投入规模增长近十倍。图 13.2 报告了我国分年度各省份地方政府债务与区域企业创新的关联关系：（1）从总体趋势看，我国地方政府债务与区域企业创新呈反向变动关系，即随地方政府债务规模的膨胀，企业创新投入水平趋向降低，地方政府债务对区域企业创新可能存在制约作用；（2）从债务结构看，隐性债务与区域企业创新的反向变动关系更为明显（趋势线斜率更大），但显性债务与区域企业创新却呈现正向变动关系。原因可能在于，债务结构异质性导致创新制约作用发挥的异质性，隐性债务对企业创新的制约作用掩盖了显性债务对企业创新的促进作用。但是，散点图只是变量间关系的简单描述，无法排除时间趋势和区域差异对变量及变量间关系的影响，制约作用是否客观存在及债务结构的异质性影响需实证模型进一步检验。

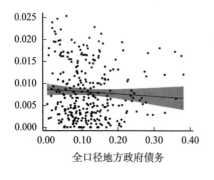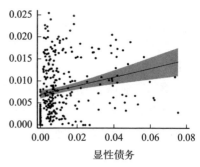

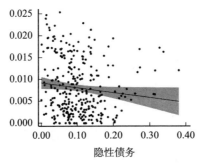

图 13.2　我国地方政府债务与区域企业创新的相关性拟合

注：横轴代表考虑债务结构的地方政府债务规模与各省份 GDP 的比值，纵轴代表研发费用与总资产比值的省份平均值；图中直线为线性拟合结果，灰色区域为 95％ 的置信区间；研发费用数据来自 Wind 数据库。

13.4.2　描述性统计

表 13.1 为各变量描述性统计结果。剔除异常值后，各变量特征表现为：（1）样本企业平均创新投入占总资产的比重仅为 1.3％，中间值位于均值左侧，说明我国大多数企业创新投入水平较低甚至无创新投入，且企业间创新投入振幅较大，存在较大变异；（2）全口径地方政府债务的负债率均值为 6.8％，标准差达 0.066，最大值所在省份债务对 GDP 的贡献率甚至高达 37.6％，说明地方经济增长对债务的依赖程度普遍偏高且差异巨大；（3）从债务结构异质性看，显性债务负债率的均值 1.1％ 大幅低于隐性债务的均值 5.9％，标准差 0.012 也显著低于隐性债务标准差 0.060，说明无论从债务规模还是从债务稳定性来看，显性债务都优于隐性债务。

表 13.1　　　　　　　　　　　变量描述性统计

变量类型	变量名称	变量符号	均值	最小值	中间值	最大值	标准差	样本量
被解释变量	企业创新	RD	0.013	0	0.006	0.092	0.017	18775
主要解释变量	地方政府债务	$DEBT$	0.068	0	0.049	0.376	0.066	300
	显性债务	$DEBT$（1）	0.011	0	0.006	0.122	0.012	300
	隐性债务	$DEBT$（2）	0.059	0	0.041	0.351	0.060	300
企业层面控制变量	成长性	$GROW$	0.165	-0.767	0.111	2.923	0.380	18775
	总资产净利率	ROA	0.042	-0.299	0.038	0.318	0.059	18775
	企业年龄	AGE	17.498	5	17	37	5.242	18775
	企业规模	$SIZE$	22.031	18.738	21.869	26.206	1.295	18775

变量类型	变量名称	变量符号	均值	最小值	中间值	最大值	标准差	样本量
企业层面控制变量	股权集中度	TOP	0.354	0.081	0.335	0.760	0.151	18775
	自由现金流	FCF	0.011	-1.490	0.016	0.446	0.171	18775
区域层面控制变量	科学技术支出	GOV	-3.704	-5.979	-3.804	-1.792	0.992	300
	产业结构	IND	0.443	0.190	0.466	0.590	0.092	300
	金融发展水平	FIN	0.073	0.019	0.065	0.174	0.038	300
	市场化程度	MAR	0.277	0.085	0.219	0.994	0.173	300

13.4.3 基准回归分析

表 13.2 报告了利用模型（13.1）估计地方政府债务对区域企业创新制约作用的基准检验结果。我们尝试使用固定效应模型（Fixed - Effect Model）和随机效应模型（Random - Effect Model），Hausman 检验支持采用固定效应模型。表 13.2 中，列（1）、列（2）为全口径地方政府债务的检验结果，列（3）、列（4）为显性债务检验结果，列（5）、列（6）为隐性债务检验结果；其中，列（1）、列（3）、列（5）和列（2）、列（4）、列（6）分别为单变量和加入控制变量后的回归结果。

表 13.2　　　　地方政府债务与区域企业创新——基准检验

变量	被解释变量：RD					
	(1)	(2)	(3)	(4)	(5)	(6)
$DEBT$ (c)	-0.1296 *** (-19.4379)	-0.0440 *** (-4.5675)	-0.1250 *** (-19.1911)	-0.0347 *** (-3.7173)	-0.1484 *** (-10.8115)	-0.0588 *** (-4.4717)
GROW		0.0235 *** (3.9761)		0.0236 *** (3.9951)		0.0231 *** (3.9066)
ROA		0.1236 *** (18.7700)		0.1239 *** (18.8095)		0.1237 *** (18.7671)
AGE		-0.0953 *** (-14.5476)		-0.0955 *** (-14.5709)		-0.0968 *** (-14.8035)
SIZE		-0.0758 *** (-11.9330)		-0.0758 *** (-11.9290)		-0.0759 *** (-11.9435)
TOP		-0.0183 *** (-3.0545)		-0.0183 *** (-3.0647)		-0.0186 *** (-3.1183)

续表

变量	被解释变量：RD					
	（1）	（2）	（3）	（4）	（5）	（6）
FCF		0.0138 *** （2.5906）		0.0139 *** （2.6004）		0.0138 ** （2.5752）
GOV		0.1073 *** （7.7111）		0.1101 *** （7.8839）		0.1149 *** （8.5012）
IND		−0.0621 *** （−5.6867）		−0.0624 *** （−5.7056）		−0.0677 *** （−6.2775）
FIN		−0.0648 *** （−4.0507）		−0.0609 *** （−3.8125）		−0.0532 *** （−3.3273）
MAR		−0.0696 *** （−8.5104）		−0.0730 *** （−8.9399）		−0.0776 *** （−10.6166）
Cons.	−0.9662 *** （−27.7722）	−0.9719 *** （−25.4025）	−0.9518 *** （−27.3398）	−0.9601 *** （−25.2769）	−1.1030 *** （−29.8554）	−0.9970 *** （−24.5324）
Ind	控制	控制	控制	控制	控制	控制
Year	控制	控制	控制	控制	控制	控制
Obs	18775	18775	18775	18775	18775	18775
Adj − R²	0.3434	0.3763	0.3428	0.3760	0.3371	0.3764

注：*** 、** 和 * 分别表示在 1% 、5% 和 10% 水平上显著；括号内为经怀特异方差调整后的 t 值。

基准检验结果显示，全口径地方政府债务与区域企业创新的回归系数在 1% 水平上显著为负，这与熊虎和沈坤荣（2019）等的研究结论较为一致，证实了地方政府债务对区域企业创新确实存在不可忽视的制约作用的预测。同时，无论是显性债务抑或隐性债务，其与区域企业创新的回归系数均在 1% 水平上显著为负，说明显性债务和隐性债务对区域企业创新都存在显著制约作用，债务结构异质性并未导致地方政府债务总体制约作用发挥的异质性。但从回归系数看，隐性债务的回归系数绝对值较显性债务更大，对区域企业创新的制约作用较显性债务更为明显。

从控制变量来看，企业成长性、总资产净利率、自由现金流、省级科学技术支出与企业创新的回归系数均显著为正，说明企业成长性越好、总资产净利率越高、自由现金流越充裕及省级科学技术支出总量越大，区域内企业创新投入力度越大。而企业年龄、企业规模、股权集中度、区域内产业结构、金融发展水平、市场化程度与企业创新的回归系数均显著为负，说明新生代企业、中小型企业、股权较为分散的企业更具创新活力，而引领创新的企业力量也不再局限于第二产业发达地区及金融发展水平、市场化程度较高地区，企业创新的影响因素日趋复杂化和多元化。

13.4.4 稳健性检验

为得到更为稳健可靠的回归结果，本章从以下方面进行稳健性检验。第一，替换回归方法。考虑到模型设立过程中可能存在的变量遗漏、衡量误差等问题，本章以企业创新的滞后一期作为工具变量，采用系统 GMM 法重新回归，以减轻内生性问题对回归结果的影响，结果见表 13.3 列（1）、列（2）、列（3）。同时，为保证模型平稳性及工具变量的有效性，分别进行扰动项序列相关检验和工具变量过度识别检验。此外，数据获得过程中发现，我国上市公司数据库有大量样本企业研发费用为零或缺失，此类企业在以往研究中大多被认定为未发生研发费用，但更为可能的原因是，我国 2018 年前的《企业会计准则》虽规定企业应对研发费用等指标进行强制性披露，但实际执行并不到位，导致若干企业实际发生的研发费用未体现在报表中，统计过程中被直接赋值为零或认定为缺失值。为减轻此影响，本章使用 Tobit 截尾模型重新回归，结果见表 13.3 列（4）、列（5）、列（6）。第二，替换地方政府债务衡量指标。政府债务需要以地方政府综合财力进行偿还，债务率反映的即是地方政府债务与区域综合财力的直接关联关系。参照刁伟涛和傅巾益（2019）等学者的研究，本章用各省地方政府债务率替代负债率衡量地方政府债务规模，其中，地方政府综合财力用地方一般公共预算收入与政府性基金收入①衡量，重新回归后结果见表 13.3 列（7）、列（8）、列（9）。第三，更换样本范围。直辖市在行政管理方式、经济发展水平、市场发育程度等方面具有一定特殊性，本章删除北京、天津、上海和重庆四个直辖市的企业样本重新回归，结果见表 13.3 列（10）、列（11）、列（12）。其中，列（1）、列（4）、列（7）、列（10）为全口径地方政府债务的回归结果，列（2）、列（5）、列（8）、列（11）与列（3）、列（6）、列（9）、列（12）分别为显性债务和隐性债务的回归结果。由表 13.3 可知，稳健性检验结果与上文基准检验基本一致，说明本章基准检验结果对回归模型选择、债务指标选择、样本范围选择不存在过度敏感问题，回归结果较为稳健可靠。

---

① 各省份 2008～2013 年的政府性基金收入数据，来自《地方财政研究》登载的"2008～2013 年全国各地区政府性基金收入情况"，2014～2017 年地方一般公共预算收入数据来自各省份预决算公开。

表 13.3 稳健性检验

变量	被解释变量：RD					
	系统 GMM 回归			TOBIT 回归		
	（1）	（2）	（3）	（4）	（5）	（6）
L. RD	0.6617 *** (87.9321)	0.6563 *** (86.8208)	0.6632 *** (88.1700)			
DEBT（c）	− 0.0088 ** (− 2.1565)	− 0.0066 * (− 1.6872)	− 0.0086 ** (− 2.1732)	− 0.0610 *** (− 2.9344)	− 0.0486 ** (− 2.3672)	− 0.0617 *** (− 2.6101)
控制变量	控制	控制	控制	控制	控制	控制
固定效应	控制	控制	控制	控制	控制	控制
Obs	18775	18775	18775	18775	18775	18775
AR（2）	通过	通过	通过			
Sargan 检验	通过	通过	通过			
Pseudo R^2				0.2311	0.2310	0.2310
变量	债务指标替换（债务率）			删除直辖市样本		
	（7）	（8）	（9）	（10）	（11）	（12）
DEBT（c）	− 0.0440 *** (− 4.5675)	− 0.0347 *** (− 3.7173)	− 0.0588 *** (− 4.4717)	− 0.0344 *** (− 3.0036)	− 0.0245 ** (− 2.2540)	− 0.0505 *** (− 3.6870)
控制变量	控制	控制	控制	控制	控制	控制
固定效应	控制	控制	控制	控制	控制	控制
Obs	18775	18775	18775	15018	15018	15018
Adj − R^2	0.3763	0.3760	0.3764	0.3535	0.3533	0.3538

注：*** 、** 和 * 分别表示在 1%、5% 和 10% 水平上显著；括号内为经怀特异方差调整后的 t 值。

13.4.5 影响机制分析

表 13.4 报告了地方政府债务对区域企业创新的效应机制检验结果，即建立在模型（13.1）、模型（13.2）、模型（13.3）基础上的中介效应检验结果（第一阶段回归结果见表 13.2 基准检验，表 13.4 为第二、三阶段回归结果）。其中，Panel A 为融资挤出效应的检验结果，Panel B 为投资挤出效应的检验结果；列（1）、列（4），列（2）、列（5）与列（3）、列（6）分别为全口径债务、显性债务与隐性债务的挤出效应检验结果。

表 13.4　地方政府债务与区域企业创新——效应机制检验

Panel A：融资挤出效应

变量	被解释变量：Mech (1)			被解释变量：RD		
	(1)	(2)	(3)	(4)	(5)	(6)
DEBT (c)	0.0170 *	0.0156 *	0.0244 **	− 0.0432 ***	− 0.0343 ***	− 0.0583 ***
	(1.8494)	(1.7418)	(2.3527)	(− 4.4699)	(− 3.5766)	(− 4.7063)
Mech (1)				− 0.0392 ***	− 0.0391 ***	− 0.0394 ***
				(− 5.4191)	(− 5.4019)	(− 5.4367)
控制变量	控制	控制	控制	控制	控制	控制
固定效应	控制	控制	控制	控制	控制	控制
Obs	18775	18775	18775	18775	18775	18775
$Adj - R^2$	0.2367	0.2367	0.2367	0.3809	0.3806	0.3810

Panel B：投资挤出效应

变量	被解释变量：Mech (2)			被解释变量：RD		
	(1)	(2)	(3)	(4)	(5)	(6)
DEBT (c)	0.0332 ***	0.0094	0.0337 ***	− 0.0428 ***	− 0.0335 ***	− 0.0585 ***
	(2.9079)	(0.8593)	(3.0377)	(− 4.4465)	(− 3.5908)	(− 4.4450)
Mech (2)				− 0.0338 ***	− 0.0339 ***	− 0.0342 ***
				(− 7.4207)	(− 7.4453)	(− 7.5354)
控制变量	控制	控制	控制	控制	控制	控制
固定效应	控制	控制	控制	控制	控制	控制
Obs	18775	18775	18775	18775	18775	18775
$Adj - R^2$	0.1683	0.1680	0.1683	0.3772	0.3770	0.3773

注： *** 、 ** 和 * 分别表示在 1% 、 5% 和 10% 水平上显著；括号内为经怀特异方差调整后的 t 值。

　　基准检验已证实，全口径地方政府债务或体现债务结构的显性债务及隐性债务对区域企业创新均存在显著制约作用。在此基础上，遵循巴伦和肯尼（Baron and Kenny, 1986）提出的中介效应检验步骤，据表 13.4 列（1）、列（2）、列（3）结果可知，无论是全口径地方政府债务还是显性债务、隐性债务，均对企业融资约束存在显著的正向影响，但与显性债务相比，隐性债务对企业融资约束的正向影响更为显著；同时，只有全口径地方政府债务及隐性债务对企业房地产投资率存在显著正向影响，显性债务对企业房地产投资率的影响虽为正但并不显著。此外，由列（4）、列（5）、列（6）回归结果可知，企业融资约束和房地产投资率对区域企业创新都存在显著的负向影响，且地方政府债务对区域企业创新的影响依然显著。由此可得出结论，融资约束部分中介全口径地方政府债务及显性债务、隐性债务与区域企业创新之间的关系；房地产投资率部分中介全口径地方政府债务及隐性债务与区域企业创新之间的关系。即地方政府债务对区域企业创新具有融资挤出效应，且融资挤出效应在显性债务和隐性债务中同时存在，假设 13.2a 得证。但是，从系数绝对值和显著性程度来看，隐性债务对企业融资约束的影响程度更大且更为显著，与之对比，显性债务的融资挤出效应则较轻。再者，地方政府债务对区域企业创新的投资挤出效应只在全口径债务及隐性债务中存在，显性债务并未发挥显著的投资挤出效应，说明投资挤出效应发挥具有债务结构异质性，假设 13.2b 得证。与显性债务相比，隐性债务对企业融资约束的提升和房地产投资的推动更为显著，资金被大量占用的后果是，企业面临的创新投资机会越多则错失的投资机会也越多，隐性债务对区域企业创新的制约作用也愈加明显。

13.5　债务规制约束与舆论监督约束—— "隐性债务显性化" 的实施路径

上文理论分析及经验检验结果均表明，与隐性债务相比，显性债务对区域企业创新的融资挤出效应较轻且并不存在投资挤出效应，那么，既然短时期内无法扭转债务刚性增长趋势，则以 "隐性债务显性化" 推动的债务结构变迁，对于现阶段缓解地方政府债务刚性增长与区域企业创新间的矛盾，具有重要意义。如何合理推进 "隐性债务显性化"？特米纳斯（Ter - Minassian，1997）指出单纯依赖市场约束解决地方政府债务问题很难取得成功，规则管理比行政控制更为可取。因此，要从源头上遏制地方政府债务尤其是隐性债务持续膨胀，需要两手抓，一手严格自上而下的债务规制，一手强化自下而上的舆论监督，以 "隐性债务显性化" 路径促进地方政府债务持续健康发展。结合上述分析，构建如下理论模型，如图 13.3 所示。

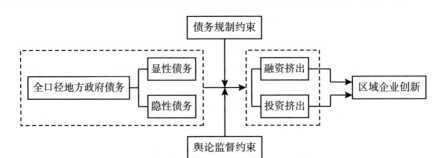

图 13.3　债务规制和舆论监督的调节作用

13.5.1　自上而下的债务规制约束

我国地方政府债务自 2008 年起进入膨胀期，但系列债务规制政策自 2015 年起才开始真正落地实施。在此之前，地方政府通过投融资平台等手段变相举债，中央政府并不能确切掌握地方政府债务状况，再加上救助或兜底预期以及“公共池”效应，地方政府举债行为基本未受到自上而下的有效规制。学者们普遍认为，2015 年是我国地方政府债务分门别类地纳入全口径预算管理并实行规模控制和限额管理的起始之年（辜胜阻和刘伟，2014）。2015 年后，政府债券融资模式取代原投融资平台模式，债务风险预警和应急处置机制逐步完善，常态化监督机制亦开始形成，债务规制的日趋严格使得地方政府“隐性债务显性化”进程得以推进。基于此，本章加入债务规制虚拟变量（*RULE*），以 2015 年为分割点，将 2015 ～ 2017 年设为 1，2008 ～ 2014 年设为 0。遵循史青春和妥筱楠（2016）、万良勇等（2020）学者对有调节的中介效应模型的分析步骤，采用层级回归分析来检验债务规制对地方政府债务融资挤出效应和投资挤出效应的调节作用。

如表 13.5 列（1）、列（2）、列（3）所示，债务规制分别与全口径债务、隐性债务的交乘项对企业融资约束存在显著的负向影响，但与显性债务的交乘项系数虽为负但并不显著，同时，债务规制分别与全口径债务、显性债务及隐性债务的交乘项对企业房地产投资的影响均不显著。由列（4）、列（5）、列（6）可知，加入中介变量后，融资约束和房地产投资率对区域企业创新仍存在显著负向影响。综上说明，债务规制对全口径债务及隐性债务的融资挤出效应具有调节作用，即债务规制越严格，越能缓解全口径债务及隐性债务的融资挤出效应，其对区域企业创新的制约作用也越小。从债务结构看，自上而下的债务规制的强化很大程度上抑制了隐性债务的融资挤出效应，但对原本已实施规范化管理的显性债务并无明显效果。我们还注意到，对于显性债务和隐性债务的投资挤出效应，债务规制均未起到显著调节作用。原因可能在于，作为政策端的债务规制强化，通过对地方政府形成上层压力，能够迅速作用于地方政府债务融资行为，倒逼地方政府规范化融资渠道和融资手段，减少地方政府债务尤其是隐性债务的融资挤出效应。但对于地方政府债务的投资挤出效应，由于企业投资粘性的存在使得企业的房地产投资倾向也具有延续性，自上而下的债务规制约束传导至企业投资端的路径和时滞都较长，因而并未起到显著调节作用。

表 13.5　　"隐性债务显性化"路径：自上而下的债务规制约束

Panel A：融资挤出效应

变量	被解释变量：Mech（1）			被解释变量：RD		
	（1）	（2）	（3）	（4）	（5）	（6）
DEBT（c）	0.0152 * (1.8813)	0.0123 * (1.8410)	0.0249 * (1.9529)	− 0.0311 ** (− 2.1880)	− 0.0177 (− 1.3442)	− 0.0232 *** (− 6.3005)
RULE	− 0.1042 *** (− 2.6184)	− 0.1002 *** (− 2.5901)	− 0.1303 ** (− 2.1619)	0.8099 *** (24.2702)	0.7921 *** (24.4586)	0.9983 *** (21.1865)
DEBT（c）× RULE	− 0.0600 *** (− 3.4424)	− 0.0555 (− 1.5642)	− 0.0736 *** (− 3.3392)	− 0.0162 (− 1.1509)	− 0.0222 * (− 1.6522)	0.1712 *** (4.7894)
Mech（1）				− 0.0394 *** (− 5.4435)	− 0.0393 *** (− 5.4374)	− 0.0390 *** (− 5.3894)
控制变量	控制	控制	控制	控制	控制	控制
固定效应	控制	控制	控制	控制	控制	控制
Obs	18775	18775	18775	18775	18775	18775
$Adj - R^2$	0.2448	0.2447	0.2444	0.3809	0.3807	0.3816

Panel B：投资挤出效应

变量	被解释变量：Mech（2）			被解释变量：RD		
	（1）	（2）	（3）	（4）	（5）	（6）
DEBT（c）	0.0249 ** (2.4550)	0.0196 ** (2.3496)	0.0288 ** (1.9755)	− 0.0332 ** (− 2.3762)	− 0.0197 (− 1.5299)	− 0.0255 *** (− 6.5039)
RULE	− 0.3811 *** (− 7.7059)	− 0.3734 *** (− 7.7569)	− 0.4196 *** (− 6.0871)	0.8027 *** (24.7027)	0.7851 *** (24.8930)	0.9921 *** (21.6082)
DEBT（c）× RULE	− 0.0144 (− 0.8568)	− 0.0079 (− 0.4926)	− 0.0878 (− 1.5129)	− 0.0119 (− 0.8638)	− 0.0182 (− 1.3879)	0.1755 *** (5.0051)

变量	被解释变量：Mech（1）			被解释变量：RD		
	（1）	（2）	（3）	（4）	（5）	（6）
Mech（2）				−0.0339 *** （−7.4299）	−0.0340 *** （−7.4545）	−0.0338 *** （−7.4447）
控制变量	控制	控制	控制	控制	控制	控制
固定效应	控制	控制	控制	控制	控制	控制
Obs	18775	18775	18775	18775	18775	18775
Adj − R²	0.1683	0.1683	0.1681	0.3772	0.3770	0.3780

Panel B：投资挤出效应

注：***、** 和 * 分别表示在 1%、5% 和 10% 水平上显著；括号内为经怀特异方差调整后的 t 值。

13.5.2　自下而上的舆论监督约束

受制于地方政府债务的特殊性、复杂性及政府会计改革的滞后，我国地方政府债务信息披露并不充分。尤其是现行政府资产负债表并未对政府承担的隐性债务进行列报或披露，隐性债务长期游离于有效监管之外，已经成为地方政府债务的主要出险区。社会公众对政府举债行为的知情权、表达权和监督权行使的意识较为薄弱，难以形成有效的舆论监督约束。进一步加剧了本不具备融资优势的部分地方政府以高利率等手段透支政府信誉获得债务融资，用于债务偿还或者低效率重复投资，形成投融资市场"劣币驱除良币"的恶性循环，金融资源错配现象严重（周煜皓和张盛勇，2014）。从另一角度看，网络公民的崛起和对信息资源的需求使得政府这一最大的信息所有者不得不主动、半主动或者被动地向社会公众开放其所拥有的部分信息。因此，政府债务等相关财务信息公开已成为各级地方政府所必须面对的一个严峻问题（刁伟涛，2017）。

财政透明度是现代政府公共治理和民主财政的基本价值体现，有助于为地方政府债务管理提供自下而上的舆论监督路径。2015 年起，伴随系列债务规制政策的实施，政府债务信息公开逐渐引起重视，债务情况也被列入政府预算公开范围①。为检验舆论监督约束是否能够调节地方政府债

---

① 2014 年修订的《预算法》明确要求，将地方政府债务情况作为重要事项列入预算公开的范围；2018 年 12 月 20 日财政部下发《关于印发〈地方政府债务信息公开办法（试行）〉的通知》，明确要求"县级以上地方各级财政部门……随同预算公开上一年度本地区、本级及所属地区地方政府债务限额及余额"。

务的创新挤出效应，表 13.6 中引入财政透明度变量（*TRANS*），列（1）、列（2）、列（3）回归结果显示，财政透明度与全口径债务、隐性债务的交乘项对企业融资约束存在显著的负向影响，但与显性债务的交乘项系数虽为负但并不显著，且财政透明度与隐性债务的交乘项对企业房地产投资也存在显著负向影响，但与全口径债务及显性债务的交乘项并不显著。由列（4）、列（5）、列（6）可知，加入中介变量后，融资约束和房地产投资率对区域企业创新都存在显著负向影响。综上所述，财政透明度对全口径债务和隐性债务的融资挤出效应，及对隐性债务的投资挤出效应具有调节作用。从债务结构异质性来看，财政透明度越高，越能缓解隐性债务对区域企业创新的融资挤出和投资挤出效应，但对显性债务的融资挤出效应却无明显效果，即强化舆论监督约束能够使得"不透明"的隐性债务"透明化"，却对本已"透明化"的显性债务作用微弱。这恰恰说明，自下而上的舆论监督约束是实现"隐性债务显性化"的有效路径，而"隐性债务显性化"是弱化地方政府债务对区域企业创新制约作用的有效手段。

表 13.6　　"隐性债务显性化"路径：自下而上的舆论监督约束

Panel A：融资挤出效应

变量	被解释变量：*Mech*（1）			被解释变量：*RD*		
	（1）	（2）	（3）	（4）	（5）	（6）
DEBT（*c*）	0.0105 (0.0337)	0.0055 (0.3625)	0.0207 (1.0950)	−0.0426*** (−3.7858)	−0.0339*** (−3.0190)	−0.0526*** (−4.3747)
TRANS	−0.0008 (−0.0753)	−0.0007 (−0.0695)	−0.0023 (−0.2200)	0.0047 (0.5067)	0.0053 (0.5753)	0.0050 (0.5428)
DEBT（*c*）× *TRANS*	−0.0013** (−2.1374)	−0.0009 (−0.1027)	−0.0065*** (−2.7530)	−0.0391*** (−5.3874)	−0.0450*** (−6.4296)	0.0029 (0.3527)
Mech（1）				−0.0453*** (−6.0158)	−0.0451*** (−5.9942)	−0.0456*** (−6.0426)
控制变量	控制	控制	控制	控制	控制	控制
固定效应	控制	控制	控制	控制	控制	控制
Obs	18775	18775	18775	18775	18775	18775
Adj − R²	0.2398	0.2399	0.2400	0.3831	0.3832	0.3820

变量	被解释变量：Mech（2）			被解释变量：RD		
	（1）	（2）	（3）	（4）	（5）	（6）
DEBT（c）	0.0269 **	0.0135 **	0.0296 **	− 0.0420 ***	− 0.0324 ***	− 0.0579 ***
	(2.5420)	(2.3808)	(2.4460)	（− 3.6142）	（− 2.9294）	（− 3.9365）
TRANS	− 0.0406 ***	− 0.0395 ***	− 0.0423 ***	0.0074	0.0079	0.0020
	（− 4.2342）	（− 4.1564）	（− 4.3204）	(0.8289)	(0.8875)	(0.2248)
DEBT（c）× TRANS	− 0.0076	− 0.0048	− 0.0041 *	− 0.0402 ***	− 0.0457	0.0008
	（− 0.9141）	（− 0.5880）	（− 1.6779）	（− 5.6439）	（− 6.6577）	(0.1076)
Mech（2）				− 0.0333 ***	− 0.0334 ***	− 0.0333 ***
				（− 6.9318）	（− 6.9462）	（− 6.9385）
控制变量	控制	控制	控制	控制	控制	控制
固定效应	控制	控制	控制	控制	控制	控制
Obs	18775	18775	18775	18775	18775	18775
Adj − R2	0.1714	0.1713	0.1712	0.3790	0.3791	0.3778

Panel B：投资挤出效应

注：***、** 和 * 分别表示在 1%、5% 和 10% 水平上显著；括号内为经怀特异方差调整后的 t 值。

13.6　研究结论与政策建议

"防风险"和"稳增长"是目前我国面临的两个需要平衡的目标，防范债务风险和实施创新驱动发展战略分别是"防风险"和"稳增长"的重要方面。现阶段，既要暂时权衡不确定性因素，以经济增长为先，又要避免债务风险积累引致系统性风险。创新作为经济增长的重要推动因素，其与地方政府债务的内在关联机制研究尤显必要。为此，本章基于重新估算的全口径地方政府债务数据，推算得出显性债务和隐性债务规模，实证检验了地方政府债务对区域企业创新的影响机制及其结构异质性，并在此基础上提出了"隐性债务显性化"实施路径。研究发现：第一，全口径地方政府债务抑或进一步分类的显性债务及隐性债务，均对区域企业创新具有显著制约作用。第二，全口径地方政府债务对区域企业创新的制约作用具有融资挤出和投资挤出双重效应，但从债务结构异质性看，只有隐性债务同时具有双重挤出效应，显性债务则只具有融资挤出效应，且融资挤出的程度弱于隐性债务。第三，本章发现债务规制的强化能够显著弱化地方政府债务尤其是隐性债务对区域企业创新的融资挤出效应，舆论监督约束的加强能够显著弱化隐性债务对区域企业创新的融资挤出和投资挤出双重效应，但二者对原已实施规范化、透明化管理的显性债务并无明显效果，进一步说明，自上而下的债务规制约束，及自下而上的舆论监督约束是"隐性债务显性化"的有效路径，"隐性债务显性化"是弱化地方政府债务创新制约作用的有效手段。

根据上述结论，本章提出如下建议：强化地方政府债务规制，硬化预算约束，明确中央政府对无力偿债的地方政府的不救助原则，稳步推进隐性债务去杠杆；提升债务信息透明度，完善债务信息披露相关法律法规，提高公众对地方政府举债决策的参与权、监督权、表决权行使的意识；建立健全权责发生制的政府债务会计报告制度，全面、准确、及时地披露地方政府债务规模及风险；把地方政府债务纳入政绩考核，对债务规模、投向、偿还等情况实施全口径、动态监管；严格债务总额控制和限额管理，弱化地方政府债务的融资挤出效应，强化债务资金流向监管，降低地方政府对土地出让收入的依赖，将土地出让收支纳入政府性基金预算流程管理，推动地方政府规范化、透明化投融资，减少地方政府债务的投资挤出效应。

此外，囿于数据可得性等因素，本章使用的地方政府债务规模数据由估算得到，且只能获取至 2017 年，一定程度上制约了本章的实证检验效果；且受篇幅所限，本章对地方政府"隐性债务显性化"的分析是以政府行为作为研究视角，实际上，债务压力下的区域企业创新，更需要企业自身融资策略、投资决策及战略规划的配合。在本章结论基础上，我们也应认识到，稳健的债务规制政策并不能替代稳健的财政货币政策，地方政府债务规制需要与稳健的宏观经济政策相配合来抵御危机，"防风险"与"稳增长"的权衡需要根据不断变化的国内外政治经济环境相机调整。地方政府债务只是制约区域企业创新的重要因素之一，要实现创新水平的质的飞跃，归根结底仍需依靠供给侧结构性改革推动的经济高质量发展。

本研究发表的成果

[1] 陈旭东，刘畅．政府创业投资引导基金带动创业了吗？[J]．上海经济研究，2017（11）：22 – 32．（CSSCI）．

[2] 陈旭东，穆雪迎．政府补助对科技创新类企业经营绩效的影响——以创业板上市企业为例 [J]．科技进步与对策，2018（12）：85 – 91．（CSSCI）．

[3] 陈旭东，刘畅．财政支出差异性对创业活动的激励效应分析——基于中国省级动态面板数据的 GMM 估计 [J]．科技进步与对策，2019（4）：25 – 32．（CSSCI）．

[4] 陈旭东，杨硕，周煜皓．地方政府债务对区域企业创新的影响——基于"隐性债务显性化"视角的探讨 [J]．南开经济研究，2021（4）：76 – 96．（CSSCI，被人大复印资料全文转载）．

[5] 陈旭东，王雪滔．我国财政基础研究投入现状、问题与对策 [J]．地方财政研究，2021（5）：31 – 42．（CSSCI 扩展版）．

[6] 陈旭东，杨硕，周煜皓．政府引导基金与区域企业创新——基于"政府 + 市场"模式的有效性分析 [J]．山西财经大学学报，2021（11）：30 – 41．（CSSCI）．

[7] 陈旭东，王雪滔，董凤．环境保护税与区域创新能力：抑制还是强化？[J]．理论与现代化，2022（4）：38 – 50．（CSSCI）．

[8] 陈旭东，王誉，李思梦．京津冀科技园区科技创新与政府协同治理效应研究 [J]．科技进步与对策，2022（14）：44 – 51．（CSSCI）．

[9] 郭青华，陈旭东．论预算绩效管理与预算的衔接机制 [J]．财政监督，2021（5）：51 – 57．

[10] 陈旭东，沈利芸，等．高新技术产业集聚对提高区域税收竞争力的影响 [R]．国家税务总局科研所《研究报告》，2022（6）．

［11］陈旭东，李君，阴晓雨，等．上海打造"千亿级"同济大学科技园好经验好做法值得借鉴［R］．政务参考，2021（11）．

［12］陈旭东，沈利芸，等．以税源建设推动我市制造业高质量发展的政策建议［R］．社科界咨政要报，2022（9）．

参 考 文 献

[1] 安同良，周绍东，皮建才. R&D 补贴对中国企业自主创新的激励效应 [J]. 经济研究，2009（10）：87 - 98.

[2] 白俊红. 中国的政府 R&D 资助有效吗？来自大中型工业企业的经验证据 [J]. 经济学（季刊），2011（4）：1375 - 1399.

[3] 毕茜，于连超. 环境税与企业技术创新：促进还是抑制？ [J]. 科研管理，2019，40（12）：116 - 125.

[4] 蔡乌赶，李青青. 环境规制对企业生态技术创新的双重影响研究 [J]. 科研管理，2019，40（10）：87 - 95.

[5] 车树林. 政府债务对企业杠杆的影响存在挤出效应吗？——来自中国的经验证据 [J]. 国际金融研究，2019（1）：86 - 96.

[6] 陈诗一，陈登科. 雾霾污染、政府治理与经济高质量发展 [J]. 经济研究，2018（2）：20 - 34.

[7] 陈旭东，刘畅. 政府创业投资引导基金带动创业了吗？ [J]. 上海经济研究，2017（11）：22 - 32.

[8] 陈旭东，杨硕，周煜皓. 政府引导基金与区域企业创新——基于“政府 + 市场”模式的有效性分析 [J]. 山西财经大学学报，2020，42（11）：30 - 41.

[9] 陈远燕. 财政补贴、税收优惠与企业研发投入——基于非上市公司 20 万户企业的实证分析 [J]. 税务研究，2016（10）：34 - 39.

[10] 程聪慧，王斯亮. 创业投资政府引导基金能引导创业企业创新吗？ [J]. 科学学研究，2018，36（8）：1466 - 1473.

[11] 崔志新，陈耀. 区域技术协同创新效率测度及其演变特征研究——以京津冀和长三角区域为例 [J]. 当代经济管理，2019，41（3）：61 - 66.

[12] 戴晨，刘怡. 税收优惠与财政补贴对企业 R&D 影响的比较分析

[J]. 经济科学，2008（3）：58－71.

[13] 邓晓兰，孙长鹏. 企业创新、产业升级与政府引导基金的作用机制 [J]. 山西财经大学学报，2019，41（5）：54－67.

[14] 邓子基，唐文倩. 政府公共支出的经济稳定效应研究 [J]. 经济学动态，2012（7）：19－24.

[15] 刁伟涛. 中国地方政府债务透明度评估：2014－2015 [J]. 上海财经大学学报，2017，19（5）：80－90.

[16] 董建卫，等. 政府引导基金参股创投基金对企业创新的影响 [J]. 科学学研究，2018（8）：1474－1486.

[17] 龚锋，曾爱玲. 我国财政直接支持科技方式的缺陷及其完善 [J]. 财经问题研究，2014（11）：50－53.

[18] 辜胜阻，刘伟. 实施新预算法亟需完善地方债治理机制 [J]. 财政研究，2014（12）：2－7.

[19] 郭晓丹. 我国财政投入改善创业环境的调查与思考 [J]. 财政研究，2010（3）：46－49.

[20] 郭新强，胡永刚. 中国财政支出与财政支出结构偏向的就业效应 [J]. 经济研究，2012（2）：5－17.

[21] 郭研，郭迪，姜坤. 政府资助、项目筛选和企业的创新产出——来自科技型中小企业创新基金的证据 [J]. 产业经济研究，2015（2）：33－46.

[22] 韩瑞雪，徐军伟，毛捷. 公共债务全口径测算与债务风险特征研究：以北京市为例 [J]. 现代财经，2021，41（8）：3－17.

[23] 韩霞. 加快我国服务业自主创新的公共政策选择 [J]. 中国软科学，2011（11）：21－28.

[24] 何玉梅，罗巧. 环境规制、技术创新与工业全要素生产率——对"强波特假说"的再检验 [J]. 软科学，2018，32（4）：20－25.

[25] 胡援成，张文君. 地方政府债务扩张与银行信贷风险 [J]. 财经论丛，2012（3）：59－65.

[26] 吉富星. 地方政府隐性债务的实质、规模与风险研究 [J]. 财政研究，2018（11）：62－70.

[27] 贾康，刘薇. 论支持科技创新的税收政策 [J]. 税务研究，2015（1）：16－20.

[28] 江静. 公共政策对企业创新支持的绩效——基于直接补贴与税

收优惠的比较分析［J］. 科研管理，2011（4）：1 - 8.

［29］ 江涛，郭亮玺. 政府研发补贴、融资约束与企业创新绩效——基于所有权性质视角［J］. 商业经济与管理，2021（2）：44 - 55.

［30］ 蒋海军. 科技园区推动区域协同创新研究——以中关村科技园区为例［J］. 中国特色社会主义研究，2016（3）：36 - 41.

［31］ 解洪涛，陈昶旭，张建顺. 研发补贴引致作用研究的 Meta 分析——异质性、发表偏倚与真实效应［J］. 管理评论，2022，34（3）：114 - 126.

［32］ 解维敏，唐清泉，陆姗姗. 政府 R&D 资助，企业 R&D 支出与自主创新——来自中国上市公司的经验证据［J］. 金融研究，2009（6）：86 - 99.

［33］ 康志勇. 政府科技创新资助政策对企业产品创新影响研究——基于匹配模型的检验［J］. 研究与发展管理，2018（2）：103 - 113.

［34］ 黎文靖，郑曼妮. 实质性创新还是策略性创新——宏观产业政策对微观企业创新的影响［J］. 经济研究，2016（4）：60 - 73.

［35］ 李峰，徐付娟，郭江江. 京津冀、长三角、粤港澳科技人才流动模式研究——基于国家科技奖励获得者的实证分析［J］. 科学学研究，2022，40（3）：454 - 463.

［36］ 李宏舟. 对国外产业集群经济效果及其形成机制的综述与评论［J］. 经济地理，2008（4）：607 - 611 + 616.

［37］ 李树培. 我国企业自主创新动力不足：原因与对策的博弈分析［J］. 南开经济研究，2009（3）：116 - 127.

［38］ 李涛，朱俊兵，伏霖. 聪明人更愿意创业吗？——来自中国的经验发现［J］. 经济研究，2017（3）：91 - 105.

［39］ 李政，杨思莹. 财政分权、政府创新偏好与区域创新效率［J］. 管理世界，2018（12）：29 - 42 + 110 + 193 - 194.

［40］ 林强，姜彦福，张健. 创业理论及其架构分析［J］. 经济研究，2001（9）：85 - 96.

［41］ 林毅夫，苏剑. 论我国经济增长方式的转换［J］. 管理世界，2007（11）：5 - 13.

［42］ 林毅夫. 中国经验：经济发展和转型中有效市场与有为政府缺一不可［J］. 行政管理改革，2017（10）：12 - 14.

［43］ 林志帆，刘诗源. 税收负担与企业研发创新—来自世界银行中国

企业调查数据的经验证据［J］. 财政研究，2017（2）：100 – 102.

［44］刘宾. 协同发展中提升区域创新能力路径探讨：以京津冀为例［J］. 理论探讨，2021（4）：84 – 90.

［45］刘畅，曹光宇，马光荣. 地方政府融资平台挤出了中小企业贷款吗？［J］. 经济研究，2020，55（3）：50 – 64.

［46］刘丰云，沈亦凡，何凌云. 补贴时点对新能源研发创新的影响与区域差异［J］. 中国人口·资源与环境，2021，31（1）：57 – 67.

［47］刘尚希，赵全厚，孟艳，等. "十二五"时期我国地方政府性债务压力测试研究［J］. 经济研究参考，2012（8）：3 – 58.

［48］柳光强，杨芷晴，曹普桥. 产业发展视角下税收优惠与财政补贴激励效果比较研究——基于信息技术、新能源产业上市公司经营业绩的面板数据分析［J］. 财贸经济，2015（8）：38 – 47.

［49］鲁继通. 京津冀区域协同创新能力测度与评价——基于复合系统协同度模型［J］. 科技管理研究，2015，35（24）：165 – 170 + 176.

［50］鲁桐，党印. 公司治理与技术创新：分行业比较［J］. 经济研究，2014，49（6）：115 – 128.

［51］吕冰洋，李钊. 疫情冲击下财政可持续性与财政应对研究［J］. 财贸经济，2020，41（6）：5 – 18.

［52］吕鹏，黄送钦. 环境规制压力会促进企业转型升级吗［J］. 南开管理评论，2021（6）：1 – 20.

［53］罗森. 财政学：第四版［M］. 北京：中国人民出版社，2000.

［54］马嘉楠，翟海燕，董静. 财政科技补贴及其类别对企业研发投入影响的实证研究［J］. 财政研究，2018（2）：77 – 87.

［55］马树才，华夏，韩云虹. 地方政府债务如何挤出实体企业信贷融资？——来自中国工业企业的微观证据［J］. 国际金融研究，2020（5）：3 – 13.

［56］缪小林，程李娜. PPP 防范我国地方政府债务风险的逻辑与思考——从"行为牺牲效率"到"机制找回效率"［J］. 财政研究，2015（8）：68 – 75.

［57］尚洪涛，黄晓硕. 政府补贴、研发投入与创新绩效的动态交互效应［J］. 科学学研究，2018，36（3）：446 – 445 + 501.

［58］邵桂根，李艳艳，朱庆锋. 风险投资税收政策国际经验与启示［J］. 国际税收，2016（1）：74 – 77.

[59] 邵剑兵，朱芳芳．地域因素、CTO 股权激励与创新投入——基于财务灵活性视角 [J]．现代财经（天津财经大学学报），2017 (5)：74－85.

[60] 沈能．环境规制对区域技术创新影响的门槛效应 [J]．中国人口·资源与环境，2012，22 (6)：12－16.

[61] 盛彦文，苟倩，宋金平．城市群创新联系网络结构与创新效率研究——以京津冀、长三角、珠三角城市群为例 [J]．地理科学，2020，40 (11)：1831－1839.

[62] 施国平，党兴华，董建卫．引导基金能引导创投机构投向早期和高科技企业吗？——基于双重差分模型的实证评估 [J]．科学学研究，2016，34 (6)：822－832.

[63] 史青春，妥筱楠．政府经济干预、公司管理层过度投资与公司业绩——一个有调节的中介效应模型 [J]．中央财经大学学报，2016 (9)：73－82.

[64] 苏文松，方创琳．京津冀城市群高科技园区协同发展动力机制与合作共建模式——以中关村科技园为例 [J]．地理科学进展，2017，36 (6)：657－666.

[65] 孙隆英．企业研发费用税收政策的国际比较 [J]．国际税收，2014 (11)：23－24.

[66] 谈毅．我国创新政策绩效评价研究 [M]．上海：上海交通大学出版社，2013.

[67] 唐开翼，欧阳娟，甄杰．区域创新生态系统如何驱动创新绩效？基于 31 个省市的模糊集定性比较分析 [J]．科学学与科学技术管理，2021，42 (7)：53－72.

[68] 万良勇，查媛媛，饶静．实体企业金融化与企业创新产出——有调节的中介效应 [J]．会计研究，2020 (11)：98－111.

[69] 汪金祥，吴世农，吴育辉．地方政府债务对企业负债的影响——基于地市级的经验分析 [J]．财经研究，2020，46 (1)：111－125.

[70] 王晗，刘慧侠，董建卫．政府引导基金参股创投基金能促进企业创新吗？——基于零膨胀负二项分布模型的实证研究 [J]．研究与发展管理，2018，30 (2)：93－102.

[71] 王利政．我国基础研究经费来源分析及政策建议 [J]．科学学

与科学技术管理，2011，32（12）：26 – 31.

[72] 王玺，张嘉怡. 税收优惠对企业创新的经济效果评价 [J]. 财政研究，2015（1）：58 – 62.

[73] 魏志华，王贞洁，吴育辉，等. 金融生态环境、审计意见与债务融资成本 [J]. 审计研究，2012（3）：98 – 105.

[74] 魏志华，曾爱民，李博. 金融生态环境与企业融资约束——基于中国上市公司的实证研究 [J]. 会计研究，2014（5）：73 – 80 + 95.

[75] 吴非，杜金岷，杨贤宏. 财政 R&D 补贴、地方政府行为与企业创新 [J]. 国际金融研究，2018（5）：35 – 44.

[76] 肖兴志，王伊攀. 政府补贴与企业社会资本投资决策——来自战略性新兴产业的经验证据 [J]. 中国工业经济，2014（9）：148 – 160.

[77] 谢荣辉. 环境规制、引致创新与中国工业绿色生产率提升 [J]. 产业经济研究，2017（2）：38 – 48.

[78] 熊虎，沈坤荣. 地方政府债务对创新的挤出效应研究 [J]. 经济科学，2019（4）：5 – 17.

[79] 徐彦坤. 地方政府债务如何影响企业投融资行为？ [J]. 中南财经政法大学学报，2020（2）：90 – 99.

[80] 许文. 环境保护税与排污费制度比较研究 [J]. 国际税收，2015（11）：49 – 54.

[81] 许友传. 中国地方政府债务的结构性风险 [J]. 统计研究，2018，35（2）：14 – 28.

[82] 亚当·斯密. 国民财富的性质和原因的研究 [M]. 北京：商务印书馆，1972.

[83] 杨畅，白雪洁，赵洋. 营商法治环境、融资歧视与债务“期限悖论”——基于中国制造业企业的研究 [J]. 山西财经大学学报，2020，42（8）：102 – 113.

[84] 杨敏利，李昕芳，仵永恒. 政府创业投资引导基金的引导效应研究 [J]. 科研管理，2014（11）：8 – 16.

[85] 杨敏利，王晗，董建卫. 政府引导基金能引导社会资金进入创投市场吗？ [J]. 中国科技论坛，2015（11）：107 – 111.

[86] 杨松，张建. 中国地方政府债券金融风险的法律防控 [J]. 社

会科学战线，2020（3）：192 – 202.

［87］杨洋，魏江，罗来军．谁在利用政府补贴进行创新？——所有制和要素市场扭曲的联合调节效应［J］．管理世界，2015（1）：75 – 86 + 98 + 188.

［88］姚东旭．京津冀协同创新是否存在"虹吸效应"——基于与珠三角地区对比分析的视角［J］．经济理论与经济管理，2019（9）：89 – 97.

［89］姚凤民．财政支出绩效评价：国际比较与借鉴［J］．财政研究，2006（8）：77 – 79.

［90］姚洋，章齐．中国工业企业技术效率分析［J］．经济研究，2001（10）：13 – 19.

［91］叶琴，曾刚，戴劭劲，等．不同环境规制工具对中国节能减排技术创新的影响——基于 285 个地级市面板数据［J］．中国人口·资源与环境，2018（2）：115 – 122.

［92］余典范，王佳希．政府补贴对不同生命周期企业创新的影响研究［J］．财经研究，2022，48（1）：19 – 33.

［93］袁建国，范文林．税收优惠与企业技术创新——基于中国上市公司的实证研究［J］．税务研究，2016（10）：28 – 33.

［94］臧志彭．政府补助、研发投入与文化产业上市公司绩效——基于 161 家文化上市公司面板数据中介效应实证［J］．华东经济管理，2015（6）：80 – 88.

［95］张帆，张友斗．竞争性领域财政补贴、税收优惠政策对企业经营绩效的影响［J］．财贸研究，2018（3）：80 – 89.

［96］张杰，芦哲，郑文平，等．融资约束、融资渠道与企业 R&D 投入［J］．世界经济，2012，35（10）：66 – 90.

［97］张平，张鹏鹏，蔡国庆．不同类型环境规制对企业技术创新影响比较研究［J］．中国人口·资源与环境，2016，26（4）：8 – 13.

［98］张平．"后土地财政时代"我国地方政府财政可持续性实证研究［J］．经济体制改革，2013（2）：131 – 134.

［99］张文君．积极的财政政策缓解了企业的融资约束吗？［J］．中央财经大学学报，2015（10）：10 – 15.

［100］张艺，陈凯华．官产学三螺旋创新的国际研究：起源、进展与展望［J］．科学学与科学技术管理，2020，41（5）：116 – 139.

[101] 张艺．京津冀地区科技创新投入产出效率比较研究［J］．经济体制改革，2016（5）：3-5．

[102] 张宗和，彭昌奇．区域技术创新能力影响因素的实证分析—基于全国 30 个省市区的面板数据［J］．中国工业经济，2009（11）：35-44．

[103] 周海涛，林映华．政府支持企业科技创新市场主导型政策构建研究——基于"市场需求—能力供给—环境制度"［J］．科学学与科学技术管理，2016（5）：3-16．

[104] 周华伟．企业 R&D 税收激励政策效应分析［J］．财政研究，2013（8）：63-65．

[105] 周黎安．中国地方官员的晋升锦标赛模式研究［J］．经济研究，2007（7）：36-50．

[106] 周霞．我国上市公司的政府补助绩效评价——基于企业生命周期的视角［J］．当代财经，2014（2）：40-49．

[107] 周煊，刘燕红，刘然．中国创业投资企业税收政策现状、问题及政策建议［J］．财政研究，2012（7）：37-40．

[108] 周煜皓，张盛勇．金融错配、资产专用性与资本结构［J］．会计研究，2014（8）：75-80+97．

[109] 周煜皓．我国企业创新融资约束结构性特征的表现、成因及治理研究［J］．管理世界，2017（4）：184-185．

[110] 朱晨赫，杨筝，程晨．地方政府债务与企业创新——基于省级面板数据和国务院 43 号文件的实证研究［J］．当代财经，2018（8）：77-89．

[111] 朱平芳，徐伟民．政府的科技激励政策对大中型工业企业 R&D 投入及其专利产出的影响——上海市的实证研究［J］．经济研究，2003（6）：45-53．

[112] 朱松，夏冬林．稳健会计政策、投资机会与企业投资效率［J］．财经研究，2010，36（6）：69-79．

[113] 朱晓红，刘振．创新型创业机会的生成机制研究——创业者与利益相关者互动视角［J］．现代财经，2014（11）：24-35．

[114] 朱云欢，张明喜．我国财政补贴对企业研发影响的经验分析［J］．经济经纬，2010（5）：77-81．

[115] 庄涛．京津冀协同创新关系：主体协同与空间关联［J］．科学

学与科学技术管理, 2021, 42 (12): 35 - 48.

[116] Albrizio S, Koźluk Zipperer V. Environmental Policies and Productivity Growth: Evidence across Industries and Firms [J]. Journal of Environmental Economics & Management, 2017 (81): 209 - 226.

[117] Atkinson R D. Expanding the R&E Tax Credit to Drive Innovation, Competitiveness and Prosperity [J]. Journal of Technology Transfer, 2007 (32): 617 - 628.

[118] Bai C, C Hsieh, Z M Song. The Long Shadow of China's Fiscal Expansion [J]. Brookings Papers on Economic Activity, 2016 (2): 129 - 181.

[119] Baliamounelutz M, Garello P. Tax Structure and Entrepreneurship [J]. Small Business Economics, 2013, 42 (1): 165 - 190.

[120] Baron R M, Kenny D A. The Moderator-mediator Variable Distinction in Social Psychological Research: Conceptual, Strategic, and Statistical Considerations [J]. Journal of Personality and Social Psychology, 1986, 51 (6): 1173 - 1182.

[121] Berman E, Bui L. Environmental Regulation and Productivity: Evidence from Oil Refineries [J]. The Review of Economics and Statistics, 2001, 83 (3): 498 - 510.

[122] Bernstein Jeffrey I. The Effect of Direct and Indirect Tax Incentives on Canadian Industrial R&D Expenditures [J]. Canadian Public Policy, 1986 (3): 438.

[123] Bertoni F, Colombo M G, Quas A. The Patterns of Venture Capital Investment in Europe [J]. Small Business Economics, 2015, 45 (3): 543 - 560.

[124] Bertoni F, Tykvov T. Does Governmental Venture Capital Spur Invention and Innovation? Evidence from Young European Biotech Companies [J]. Research Policy, 2015, 44 (4): 925 - 935.

[125] Berube C, Mohnen P. Are Firms That Received R&D Subsidies More Innovative? [J]. Canadian Journal of Economics, 2009 (42): 206 - 225, 44 (3): 669 - 683.

[126] Bloom, N, Griffith, R, Reenen, John Van. Do R&D Tax Credits Work? Evidence from a Panel of Countries 1979 - 1997 [J].

Journal of Public Economics, 2002 (85): 1 –31.

[127] Borghesi S, Cainelli G, Mazzanti M. Linking Emission Trading to Environmental Innovation: Evidence From the Italian Manufacturing Industry [J]. Research Policy, 2015, 44 (3): 669 –683.

[128] Brander J A, Du Q, Hellmann T. The Effects of Government – Sponsored VenturCapital: International Evidence [J]. Review of Finance, 2015, 19 (2): 571 –618.

[129] Bronzini R, Iachini E. Are Incentives for R&D Effective? Evidence from a Regression Discontinuity Approach [J]. American Economic Journal: Economic Policy, 2014 (6): 100 –134.

[130] Bronzini R, Piselli P. The Impact of R&D Subsidies on Firm Innovation [J]. Research Policy, 2016 (2): 442 –445.

[131] Bronzini R, Piselli P. The Impact of R&D Subsidies on Firm Innovation [J]. Research Policy, 2016 (45): 442 –457.

[132] Brunje J, Diez, Revilla J. "Recession push" and "prosperity pull" Entrepreneurship in a Rural Developing Context [J]. Entrepreneurship and Regional Development, 2013 (25): 251 –271.

[133] Carmichael J. The Effects of Mission-oriented Public R&D Spending on Private Industry [J]. Journal of Finance, 1981 (36): 617 –627.

[134] Castellacci F, Lie C M. Do the Effects of R&D Tax Credits Vary across Industries? A Meta-regression Analysis [J]. Research Policy, 2015 (44): 819 –832.

[135] Chen Feng, Beibei Shi, Rong Kang. Does Environmental Policy Reduce Enterprise Innovation? —Evidence from China [J]. Sustainability, 2017, 9 (6): 1 –24.

[136] Chen M C, Gupta S. The Incentive Effects of R&D Tax Credits: An Empirical Examination in an Emerging Economy [J]. Journal of Contemporary Accounting & Economics, 2017 (13): 52 –68.

[137] Cole M A, Elliott R J R, Shanshan Wu. Industrial Activity and the Environment in China: An industry-level analysis [J]. China Economic Review, 2008, 19 (3): 393 –408.

[138] Cropper M, Oates W. Environmental Economics: A Survey [J].

Journal of Economic Literature, 1992 (30): 675 – 740.

[139] Cumming D J, Macintosh J G. Crowding Out Private Equity: Canadian Evidence [J]. Journal of Business Venturing, 2006 (21): 569 – 609.

[140] Cumming D J. Government Policy Towards Entrepreneurial Finance: Innovation Investment Funds [J]. Journal of Business Venturing, 2007 (22): 193 – 235.

[141] Czarnitzki D, Hanel P, Rosa J M. Evaluating the Impact of R&D Tax Credits on Innovation: A Microeconometric Study on Canadian Firms [J]. Research Policy, 2011 (40): 217 – 229.

[142] Czarnitzki D, Licht G. Additionality of Public R&D Grants in a Transition Economy [J]. Economics of Transition, 2006 (14): 101 – 131.

[143] Czarnitzki, Dirk, Hanna Hottenrott. R&D Iinvestment and Financing Constraints of Small and Medium-sized Firms [J]. Small Business Economics, 2011, 36 (1): 65 – 83.

[144] Duch N, Montolio D, Mediavilla M. Evaluating the Impact of Public Subsidies on a Firms Performance: a Two-stage Quasi – experimental Approach [J]. Investigations Regionales, 2009 (16): 143 – 165.

[145] Duguet E. Are R&D Subsidies a Substitute or a Complement to Privately Funded R&D? An Econometric Analysis at the Firm Level [J]. Revue D Economie Politique, 2004 (114): 245 – 274.

[146] Fan J P H, Titman S, Twite G. An International Comparison of Capital Structure and Debt Maturity Choices [J]. Journal of Financial and Quantitative Analysis, 2012, 47 (1): 23 – 56.

[147] Gonzalez X, Pazo C. Do Public Subsidies Stimulate Private R&D Spending? [J]. Research Policy, 2008 (37): 371 – 389.

[148] González X, Jaumandreu J, Pazó C. Barriers to Innovation and Subsidy Effectiveness [J]. RAND Journal of Economics, 2005 (36): 930 – 950.

[149] Gorg H, Strobl E. The Effect of R&D Subsidies on Private R&D [J]. Economica, 2007 (294): 215 – 234.

[150] Griliches Z. Patent Statistics as Economic in Dicators: a Survey [J]. Journal of Economic Literature, 1979 (28): 1661 – 1707.

[151] Grilichese Z. R&D and Productivity Slowd Own [J]. American Ecnomic Review, 1980, 70 (2): 343 – 348.

[152] Grossman G M, Helpman E. Trade, Knowledge Spil-lovers and Growth [J]. European Economic Reviews, 1991, 35 (3): 517 – 526.

[153] Guerini M, Quas A. Governmental Venture Capital in Europe: Screening and Certification [J]. Journal of Business Venturing, 2016 (31): 175 – 195.

[154] Hall B H, Lotti F, Mairesse J. Innovation and Productivity in SMEs: Empirical Evidence for Italy [J]. Small Business Economics, 2009 (33): 13 – 33.

[155] Hall B H. R&D Tax Policy During the 1980s: Success or Failure? [J]. Production Engineer, 1993 (7): 1 – 36.

[156] Hall, B H, van Reenen, J. How Effective are Fiscal Incentives for R&D? A Review of the Evidence [J]. Research Policy, 2000, 29 (4): 449 – 469.

[157] Hanamoto M. Environmental Regulation and the Productivity of Japanese Manufacturing Industries [J]. Resource and Energy Economics, 2006, 28 (4): 299 – 312.

[158] Hemert P, Nijkamp P, Masurel E. From Innovation to Commercialization through Networks and Agglomerations: Analysis of Sources of Innovation, Innovation Capabilities and Performance of Dutch SMEs [J]. The Annals of Regional Science, 2013, 50 (2): 425 – 452.

[159] Henrekson M. Entrepreneurship: A Weak Link in the Welfare State [J]. Industrial and Corporate Change, 2005, 3 (14): 437 – 467.

[160] Herrera L, Ibarra E. Distribution and effect of R&D subsidies: A comparative Analysis according to Firm Size [J]. Intangible Capital, 2010 (2): 272 – 299.

[161] Hewitt – Dundas N, Roper S. Output Additionality of Public Support for Innovation: Evidence for Irish Manufacturing Plants [J]. European Planning Studies, 2010, 18 (1): 107 – 122.

［162］ Hines, J. No Place Like Home : Tax Incentives and the Location of R&D by American Multinationals ［J］. Tax Policy and the Economy, 1994 (8): 5 – 104.

［163］ Hottenrott H, Lopesbento C, Veugelers R. Direct and Cross-scheme Effects in a Research and Development Subsidy Program ［J］. Research Policy, 2017 (46): 1118 – 1132.

［164］ Hussinger K. R&D and Subsidies at the Firm Level : An Application of Parametric and Semi – Parametric Two – Step Selection Models ［J］. Journal of Applied Econometrics, 2008 (23): 729 – 747.

［165］ Jaaskelainen M, Markku V J Maula, Gordon Murray. Profit Distribution and Compensation Structures in Publicly and Privately Funded Hybrid Venture Capital Funds ［J］. Research Policy, 2007 (7): 913 – 929.

［166］ Jaffe A B, Le T. The Impact of R&D Subsidy on Innovation: a Study of New Zealand firms ［J］. Economics of Innovation and New Technology, 2017, 26 (5): 429 – 452.

［167］ Kang K, Park H. Influence of Government R&D Support and Inter-firm Collaborations on Innovation in Korean Biotechnology SMEs ［J］. Technovation, 2012 (32): 68 – 78.

［168］ Klassen K J et al. A Cross-national Comparison of R&D Expenditure Decisions: Tax Incentives and Financial Constraints ［J］. Contemporary Accounting Research, 2004 (21): 639 – 680.

［169］ Koellinger P, Minniti M. Unemployment Benefits Crowd Out Nascent Entrepreneurial Activity ［J］. Economic Letters, 2009, 103 (2): 96 – 98.

［170］ Koellinger P. Why Are Some Entrepreneurs More Innovative Than Others? ［J］. Small Business Economics, 2008, 31 (1): 21 – 37.

［171］ Koga, Tadahisa. Firm Size and R&D Tax Incentive ［J］. Technovation, 2003 (23): 643 – 648.

［172］ Lach S. Do R&D Subsidies Stimulate or Displace Private R&D, Evidence from Israel ［J］. The Journal of Industrial Economics, 2002 (50): 369 – 390.

［173］ Leleux B, Surlemont B. Public versus Private Venture Capital :

Seeding or Crowding Out? A pan – European analysis [J]. Journal of Business Venturing, 2003 (18): 81 – 104.

[174] Lerner J. The Government as Venture Capitalist: The Long-run Effects of the SBIR Program [J]. Journal of Business, 1999, 72 (3): 285 – 318.

[175] Lichtenberg F R. The Effect of Government Funding on Private Industrial Research and Development: A Reassessment [J]. Journal of Industrial Economics, 1987 (36): 97 – 104.

[176] Link A N. Productivity Growth, Environmental Regulations and the Composition of R&D [J]. Bell Journal of Economics, 1982, 13 (2): 548 – 554.

[177] Mamuneas Nadri. Public R&D Policies and Cost Behavior of the US Manufacturing Industries [J]. Journal of Public Economics, 1996 (63): 7 – 81.

[178] Mansfield E, Switzer L. The Effects of R&D Tax Credits and Allowances in Canada [J]. Resrarch Policy, 1985 (14): 97 – 107.

[179] Martin M G, Mendez Picaz M T, Alfaro Navarro J L. Entrepreneurship, Income Distribution and Economic Growth [J]. International Entrepreneurship and Management Journal, 2010, 6 (2): 131 – 141.

[180] Mohmen P. Introduction: Input-output Analysis of Inter-industry R&D Spillovers [J]. Economic Systems Research, 1997 (1): 3 – 8.

[181] Nola Hetitt Dundas, S. R. Output Additionality of Public Support for Innovation: Evidence for Irish Manufacturing Plants [J]. European Planning Studies, 2010 (1): 107 – 122.

[182] Obaji N, Olugu M. The Role of Government Policy in Entrepreneurship Development [J]. Science Journal of Business and Management, 2014, 2 (4): 109 – 115.

[183] Porter M E. America's Green Strategy. Scientific American [J]. Scientific American, 1991, 264 (4): 193 – 246.

[184] Porter M E, Linde. Toward a New Conception of the Environment – Competitiveness Relationship [J]. Economic Perspectives, 1995, 9 (4): 97 – 118.

[185] Rin M D, Nicodano G, Sembenelli A. Public Policy and the Creation of Active Venture Capital Markets [J]. Journal of Public Economics, 2006 (90): 1699 – 1723.

[186] Romer, P. Endogenous Technological Change [J]. Journal of Political Economy. 1990, 98 (5): 71 – 102.

[187] Russo B. A Cost – Benefit Analysis of R&D Tax Incentives [J]. Canadian Journal of Economics, 2004 (37): 313 – 335.

[188] Ruta Aidis, Saul Estrin, Tomasz Mickiewicz. Size Matters: Entrepreneurial Entry and Government [J]. Small Business Economics, 2010 (39): 119 – 139.

[189] Sorenson O, Audia P G. The Social Structure of Entrepreneurial Activity: Geographic Concentration of Footwear Production in the United States [J]. The American Journal of Sociology, 2000, 106 (2): 424 – 461.

[190] Swenson C W. Some Tests of the Incentive Effects of the Research and Experimentation Tax Credit [J]. Journal of Public Economics, 1992 (49): 203 – 218.

[191] Tassey G. Underinvestment in Public Good Technologies [J]. Journal of Technology Transfer, 2004 (30): 89 – 113.

[192] Ter – Minassian T. Fiscal Federalism in Theory and Practice [M]. Washington, D. C.: International Monetary Fund, 1997.

[193] Unger J M, Rauch A, Frese M, et al. Human Capital and Entrepreneurial Success: A Meta-analytical Review [J]. Journal of Business Venturing, 2011, 26 (3): 341 – 358.

[194] Wagener A. Entrepreneurship and Social Security [J]. Finanzarchiv, 2000, 57 (3): 284 – 315.

[195] Walley N. It's Not Easy Being Green [J]. Harvard Business Review, 1994, 72 (3): 46 – 51.

[196] Wallsten S J. The Effects of Government – Industry R&D Programs on Private R&D: The Case of the Small Business Innovation Research Program [J]. The RAND Journal of Economics, 2000 (31): 82 – 100.

[197] Wennekers S, Thurik S. Linking Entrepreneurship and Economic

Growth [J]. Small Business Economics, 1999, 13 (1): 27 –55.

[198] Wolff G, Reinthaler V. The Effectiveness of Subsidies Revisited: Accounting for Wage and Employment Effects in Business R&D [J]. Research Policy, 2008 (8): 1403 – 1412.

[199] Yan A, Hübner G, Lobet F. How Does Governmental Versus Private Venture Capital Backing Affect a Firm's Efficiency? Evidence from Belgium [J]. Journal of Business Venturing, 2015, 30 (4): 508 – 525.

[200] Yang C H, Tseng Y H. Environmental Regulations, Induced R&D, and Productivity: Evidence from Taiwan's Manufacturing Industries [J]. Resource and Energy Economics, 2012, 34 (4): 514 – 532.

[201] Yang C, Huang C, Hou T C. Tax Incentives and R&D Activity: Firm – Level Evidence from Taiwan [J]. Research Policy, 2012 (41): 1578 – 1588.

[202] Zunigavicente J, Alonsoborrego C, Forcadell F, et al. Assessing the Effect of Public Subsidies on Firm R&D Investment: A Survey [J]. Journal of Economic Surveys, 2014 (1): 36 – 67.

后　记

创新是引领发展的第一动力。党的十八大以来财税政策支持科技创新的"组合拳"频频出招，促进财政科技经费稳定投入，落实科技创新税收优惠不打折，引导政府基金激励效应放大，努力提高财政资金运用效率。政策一再"扩围""加码"，为中小微企业提供税费"大礼包"、给先进制造业企业配置"加速器"，企业研发投入增长良性循环，政策红利变创新动力，为实施创新驱动发展提供根本保障，创新创业发展有环境，区域协调并进有基础。当前，中国式现代化关键在于科技现代化。科技实力由量的增长迈向质的提升的关键时期，面向核心技术突破的基础研究投入亟待切实加强，企业创新支持方式仍需优化改进，财政科技经费分配使用机制还要深化改革，各类支持政策合力更待蓄力强化，真正围绕服务创新驱动发展战略，更好实现经济高质量发展。

自 2010 年以来，笔者先后主持并完成了"促进我市科技型中小企业自主创新的政策研究""基于创新驱动战略的财政科技投入机制优化研究""促进京津冀科技协同的财税政策研究""科技型中小企业财税政策激励机制及绩效评价研究——基于天津市的政策分析""发挥财政资金作用推动科技创新发展"等重要科研项目工作。为了将科研过程中的财税科技创新理论思想与调研实践素材互动结合，助力政策生实效，我们多年来进行跟踪式研究，也是在这个基础上 2020 年有幸得到全国哲学社会科学工作办公室的国家社科基金后期资助项目，使得我们在这个领域继续集思广益，系统性研究科技创新中的财政税收政策，并形成此专著。感谢在研究中提供帮助的同事、朋友及各界人士。我们希望，将以往研究"问题清单"变成"成果清单"，为推动创新财税政策转化为实现科技自立自强的"妙策良方"贡献一份力量。

陈旭东

2023 年 9 月 27 日

图书在版编目（CIP）数据

创新驱动战略下的财税政策激励效应与优化研究/
陈旭东等著 . -- 北京：经济科学出版社，2024.8
国家社科基金后期资助项目
ISBN 978 - 7 - 5218 - 5826 - 6

Ⅰ. ①创…　Ⅱ. ①陈…　Ⅲ. ①财政政策 - 研究 - 中国
②税收政策 - 研究 - 中国　Ⅳ. ①F812.0②F812.422

中国国家版本馆 CIP 数据核字（2024）第 079879 号

责任编辑：王　娟　李艳红
责任校对：王肖楠
责任印制：张佳裕

创新驱动战略下的财税政策激励效应与优化研究
CHUANGXIN QUDONG ZHANLÜEXIA DE CAISHUI
ZHENGCE JILI XIAOYING YU YOUHUA YANJIU
陈旭东　等著
经济科学出版社出版、发行　新华书店经销
社址：北京市海淀区阜成路甲 28 号　邮编：100142
总编部电话：010 - 88191217　发行部电话：010 - 88191522
网址：www. esp. com. cn
电子邮箱：esp@ esp. com. cn
天猫网店：经济科学出版社旗舰店
网址：http：//jjkxcbs. tmall. com
北京季蜂印刷有限公司印装
710 × 1000　16 开　16.5 印张　290000 字
2024 年 8 月第 1 版　2024 年 8 月第 1 次印刷
ISBN 978 - 7 - 5218 - 5826 - 6　定价：68.00 元
（图书出现印装问题，本社负责调换。电话：010 - 88191545）
（版权所有　侵权必究　打击盗版　举报热线：010 - 88191661
QQ：2242791300　营销中心电话：010 - 88191537
电子邮箱：dbts@ esp. com. cn）